Soziale Integration Behinderter
Band 2

Erika Schuchardt

Soziale Integration Behinderter

Band 2

Weiterbildung als Krisenverarbeitung

westermann

Theorie und Praxis der Erwachsenenbildung

Herausgegeben von der
Pädagogischen Arbeitsstelle des Deutschen Volkshochschul-Verbandes

Die Pädagogische Arbeitsstelle des Deutschen Volkshochschul-Verbandes versucht als wissenschaftlicher Dienstleistungsbetrieb zwischen Forschung und Berufspraxis zu vermitteln. Sie stellt den Volkshochschulen und anderen Einrichtungen der Erwachsenenbildung Hilfen für ihre Arbeit zur Verfügung. Sie wird mit Mitteln des Bundesministeriums für Bildung und Wissenschaft institutionell gefördert und gibt folgende Publikationsreihen heraus: Theorie und Praxis der Erwachsenenbildung – Materialien zur Erwachsenenbildung – Bibliographien zur Erwachsenenbildung – Dokumentationen zur Geschichte der Erwachsenenbildung – Berichte, Materialien, Planungshilfen – Forschung, Begleitung, Entwicklung.

Georg Westermann Verlag
Druckerei und Kartographische Anstalt GmbH & Co.,
Braunschweig 1980

1. Auflage 1980
Einbandgestalter: Gerd Gücker
Gesamtherstellung: Lokay, Reinheim 1980

CIP-Kurztitelaufnahme der Deutschen Bibliothek

Schuchardt, Erika:
Soziale Integration Behinderter / Erika Schuchardt.
– Braunschweig: Westermann.

Bd. 2. Weiterbildung als Krisenverarbeitung. –
1980.
(Westermann-Taschenbuch; 207) (Theorie und
Praxis der Erwachsenenbildung)
ISBN 3–14–167207–5

ISBN 3–14–167207–5

Inhaltsverzeichnis

Band 1: Biographische Erfahrung und wissenschaftliche Theorie

Band II: Weiterbildung als Krisenverarbeitung

II. Teil: Analyse von Lebenswelten und Deutungsmustern in Biographien Behinderter und ihrer Bezugspersonen

1. Soziale Integration als Ergebnis des Lernprozesses Krisenverarbeitung (Band 1)

2. Darstellung des Lernprozesses Krisenverarbeitung anhand ausgewählter Biographien-Analysen (Band 1)

3. Faktoren der Krisenintervention und -prävention im Lernprozeß Krisenverarbeitung (Biographische Längsschnitt-Fallstudien)

'Weiterbildung als Krisenverarbeitung' wird ab Seite 328 anhand von Lernsituationen aus dem Hannoverschen Interaktions-Modell veranschaulicht.

Es kann jedoch hilfreich sein, zuvor mögliche Faktoren im Lernprozeß Krisenverarbeitung am Beispiel 'Biographischer Längsschnitt-Fallstudien' kennenzulernen.

3. Faktoren der Krisenintervention und -prävention im Lernprozeß Krisenverarbeitung (Biographische Längsschnitt-Fallstudien)

Der Lernprozeß Krisenverarbeitung zur sozialen Integration wurde im Kapitel 1 in acht Spiralphasen dargestellt und im Vergleich unterschiedlicher Theorieansätze diskutiert; sodann wurde er im Kapitel 2 anhand von Biographie-Analysen exemplarisch nachgewiesen. Im folgenden Kapitel 3 soll dieser Lernprozeß auf seine Bedingungsfaktoren hin untersucht werden, um Voraussetzungen für Prognosen zur Krisenintervention und -prävention in pädagogischen Handlungsfeldern zu gewinnen.

Die Biographie-Analyse läßt eindeutig folgende Prognosen zu, die zunächst als Ergebnisse vorangestellt werden sollen, um anschließend im einzelnen nachgewiesen zu werden:

1. *Biographen unterschiedlicher Behinderungsarten beschreiben gleiche Lernprozeß-Verläufe in der Krisenverarbeitung.*

Das bedeutet: Der Lernprozeß Krisenverarbeitung verläuft analog bei geistiger, Sinnes-, Körper- und seelischer Behinderung; er wird dementsprechend diagnostizierbar und prognostizierbar und in Abhängigkeit von dem Betroffenen je spezifisch intervenierbar.

2. *Innerhalb des Lernprozesses Krisenverarbeitung hat die Aggression als Katharsis Schlüsselfunktion.*

Das bedeutet: Fehlt die Spiralphase der Aggression im Lernprozeß, so zeigen sich Tendenzen zur Nicht-Annahme und zur sozialen Isolation; ist umgekehrt die Spiralphase Aggression im Lernprozeß eingeschlossen, verstärken sich Tendenzen zur Annahme und zur sozialen Integration. Demzufolge muß durch Krisenintervention die fehlende Aggression ausgelöst werden, um den Lernprozeß zur sozialen Integration zu ermöglichen.

3. *Religiöser Glaube als Wertbestimmung kann Agression ersetzen oder kompensieren.*

Das bedeutet: Glaube kann als passive Einstellung zur ‚a-pathischen' Lösung gegenüber der Krise führen, oder aber christlicher Glaube kann als kritische Reaktion zur ‚sym-pathischen' Antwort gegenüber der Krise werden; [270] beiden gemeinsam ist ein angemessener Lernweg der Krisenverarbeitung mit Tendenz zur sozialen Integration.

4. *Prozeßbegleitung zeichnet sich als Bedingungsfaktor im Lernprozeß Krisenverarbeitung ab.*

Das bedeutet: Bei fehlender oder unangemessener Prozeßbegleitung wird der Lernprozeß Krisenverarbeitung aufgegeben, abgebrochen oder gar nicht erst aufgenommen und tendiert zwangsläufig zur sozialen Isolation, oder umgekehrt, durch angebotene und angemessene Prozeßbegleitung kann der Lernprozeß Krisenverarbeitung zur sozialen Integration präventiv und intervenierend angebahnt werden.

Nachfolgend werden die genannten Bedingungsfaktoren als Voraussetzungen für Prognosen exemplarisch anhand von Biographien-Analysen dargestellt und im einzelnen untersucht.

3.1 Analoge Prozeßverläufe unterschiedlicher Behinderungsarten im Spiralphasen-Lernprozeß Krisenverarbeitung

Die bisher im Kapitel 2 dargestellten Beispiele der Prozeßverläufe könnten die Meinung aufkommen lassen, daß bestimmte Spiralphasen an bestimmte Arten von Behinderungen gebunden sind.

Diese Frage wurde in allen sechzig Biographien untersucht und soll im folgenden exemplarisch anhand von vier Lernprozeßverläufen der Krisenverarbeitung bei verschiedenen Behinderungsarten als Längsschnitt-Fallstudien behandelt werden, und zwar in der Reihenfolge

geistige Behinderung	bei *Pearl S. Buck,*
Sinnes-Behinderung	bei *Helen Keller,*
Körper-Behinderung	bei *Christy Brown,*
seelische Behinderung	bei *Clara Park.*

Erst wenn sich nachweisen läßt, daß die im Vorangegangenen entdeckten Spiralphasen unabhängig von der Art der Behinderung auftreten, wird eine gewisse Prozeßstruktur bei allen Abläufen konstatiert werden können, die als Grundlage für Diagnose und Prognose zur Krisenintervention und -prävention gewertet werden kann.

I.

3.1.1 Lernprozeß Krisenverarbeitung bei geistiger Behinderung

Buck, Pearl, S.: Geliebtes unglückliches Kind. 1952
Amerikanischer Originaltitel: The Child Who Never Grew. o.A.

Daten: Pearl S. *Buck* schreibt als Mutter ihrer hirngeschädigten Tochter, Ursache unbekannt; adoptierte Geschwisterkinder.
Vater: o.A., Mutter: Schriftstellerin.

„Es ist nicht leicht zu lernen, wie man diese unausweichliche Sorge trägt. Heute, da ich die Aufgabe gelernt habe, kann ich darauf zurücksehen und die S t u f e n erkennen; aber sie zu erklimmen, war wirklich hart: jede einzelne schien unübersteigbar". (S. 41/42)

„Heute habe ich den Abstand von diesen Dingen, der notwendig ist, um von ihnen sprechen zu können, denn nun sind sie vorbei. Ich habe meine Aufgabe gelernt. Aber es ist interessant für mich selbst und kann für manchen anderen zumindest als V o r g a n g ein wenig wichtig sein, daß ich davon spreche, wie man l e r n t , mit einer Sorge zu leben, die nicht wegzuschaffen ist. Und darum will ich davon sprechen." (S. 45/46)

„Nochmals: ich spreche als eine, die es weiß." (S. 96)

So beschreibt *Pearl S. Buck* mit der großen Erzählkunst der Nobelpreisträgerin und mehr noch mit der unendlichen Liebe einer Mutter das Leben ihres einzigen Kindes, eines Kindes, das nie erwachsen werden wird, ‚The child who never grew', verbunden mit ihrem bewegenden Bekenntnis über den Vorgang ihres Selbst-Lern-Prozesses. ‚Wie man lernt, mit einer Sorge zu leben, die nicht wegzuschaffen ist.'

Pearl S. Buck unterscheidet *zwei Phasen ihres ‚Lehrganges'*: die *erste Phase*, in der sie ihre eigene Zerstörung erlebt, als sie ‚das unvermeidliche Wissen, das mir aufgezwungen ward', verstehen lernen muß; und die *zweite Phase*, in der sie die ‚Wende ... aus sich selbst' erfährt, in der sie ihr Schicksal als ‚gegeben' annehmen und als ihr ‚aufgegeben' zu gestalten erkennen lernt.

> *„Die e r s t e Phase dieses P r o z e s s e s war schrecklich zerstörerisch. Ich sagte es schon: an nichts war mir Freude geblieben. Alle menschlichen Beziehungen, alle Dinge waren bedeutungslos. Nichts ... bereitete Vergnügen ... – das war leer ... Es währte Jahre ... Selbst als der L e h r g a n g schon recht weit fortgeschritten war, als das Verständnis meinen Geist schon fast beruhigt hatte ... tat (ich) meine P f l i c h t ... Aber nichts davon hatte irgendwie Bedeutung. Meine Hände leisteten Routinearbeit ...*
>
> *Wirklich lebte ich nur in den Stunden, da ich mit meinem Kind allein war. Wenn ich wirklich allein war, konnte ich meinem Kummer seinen Lauf lassen ...(S. 46). Doch trachtete ich, meine Tränen vor meinem Kind zu verbergen." (S. 47)*

Deutlich erkennen wir in der von *Pearl S. Buck* beschriebenen ersten Phase ihre rezeptive Trauerarbeit in der *Depression* (5) über das bereits Aufgegebene: „ ... Aber, nichts davon hatte irgendeine Bedeutung." Die totale Leere weicht nur in den Augenblicken des Alleinseins dem Erfülltsein von wirklichem Leben, „wirklich lebte ich nur ... Wenn ich wirklich allein war ...", wenn sie, mit sich allein ganz bei sich selbst seiend, in sich versunken im Zustand des Sich-selbst-Vergessens, sich ihren sprachlosen Tränen überlassend darin sich selbst und ihrem Kummer überlassen war: dann „konnte ich meinem Kummer seinen Lauf lassen!"

Wie sehr sie in diesem Loslassen ihrer Trauerarbeit wieder sich selber fand, zeigt ihre Aussage über die eigene Wende zur *Annahme* (6):

> *„Ich weiß nicht, wie und wodurch die Wende kam. Sie kam irgendwie a u s m i r s e l b s t ...*
> *In dieser Zeit war es, da ich lernte, zweierlei Menschen in der Welt zu unterscheiden: solche, die unentrinnbaren*

Kummer kennengelernt hatten, und solche, denen dies nicht widerfuhr ... (S. 47)
Man muß d a m i t leben, und mehr als das: man muß damit irgendwie a n d e r s leben, als man in gesunden Tagen geplant hat ... ; aber eine lebende Sorge ist immer gleich hart. Sie ist ein Stein, der in den Strom geworfen wurde ..., und nun muß das Wasser sich teilen und anpassen, da es den Stein nicht wegräumen kann!" (S. 48)
„Es war überraschend und traurig, zu erfahren, wie viele solcher Menschen es gab ... Das tröstete mich nicht ..., aber es ließ mich erkennen, daß andere gelernt hatten, damit zu leben, und daß ich das also auch könnte. Ich nehme an, das war der Beginn der Wende." (S. 48/49)

Anschaulich beschreibt *Pearl S. Buck* die eigene Wandlung von ihrer Zerstörung in der ersten Phase zum Wiederaufbau eines neuen veränderten Lebens in der zweiten Phase, das mit der *Annahme* (6) ihrer geistig behinderten Tochter als ihr aufgegebenes Schicksal beginnt, das sie in die *Aktivität* (7) treibt, zuerst nur begrenzt für ihr eigenes Kind, sodann aber ausgeweitet auf die Gesamtheit aller geistig behinderten Menschen als Aufruf zur handelnden *Solidarität* (8). Sie selbst praktiziert und löst Solidarität aus durch intensive Öffentlichkeitsarbeit, durch Elterninitiativen (S. 37, S. 41, S. 73), durch die Finanzierung von Forschungsprojekten der ‚Training School in Vineland'; und nicht zuletzt ist auch ihr ‚autobiographisches Bekenntnis' selbst ein solcher Aufruf zur Solidarität:

„Wer Kinder hat, die nicht heranwachsen können – und es gibt wenige Familien, die nicht irgendwo ein solches haben –, wird und muß mit erneuter Kraft arbeiten, wenn er begreift, daß mehr als die Hälfte der jetzt geisteskranken Kinder nicht hätte so sein müssen.
Er muß und wird noch härter arbeiten, wenn er sich klarmacht, daß mehr als die Hälfte der Geisteskranken bei geeigneter Erziehung und Umgebung in der normalen Gesellschaft leben und arbeiten könnte, statt in ungeeigneten Anstalten müßigzugehen ...
Was gewesen ist, muß nicht immer so bleiben. Für manche unserer Kinder ist es zu spät, aber wenn ihr Zustand dazu beiträgt, die Menschen erkennen zu lassen, wie unnötig diese Tragödien sind, wird ihr Leben in all seiner Verkümmerung doch nicht sinnlos gewesen sein." (S. 96)

Für *Pearl S. Buck* konnten ihre ‚Stufen eines Lehrgangs' zum Erlernen ihrer Aufgabe, mit ihrem geistig behinderten Kind zu leben, erst mit dem Bewußtsein der *Gewißheit* (2) der tatsächlichen Behinderung einsetzten, sie läßt also das EINGANGS-Stadium I aus und beginnt ihre Reflexion über den „Vorgang ... wie man lernt, mit einer Sorge zu leben" (S. 45/46), mit ihrer Reaktion auf das „unvermeidliche Wissen, (das) mir aufgezwungen ward" (S. 38) in der zerstörenden Depression (S. 46/47).

Interessanterweise erkennt aber auch sie den Zusammenhang zwischen dem vorausgegangenen EINGANGS-Stadium I der primär kognitiven Dimension des geistigen Erkennens und dem darauf reagierenden DURCHGANGS-Stadium II, der primär affektiven Dimension des gefühlsmäßigen Verstehens, wenn sie reflektiert: „Selbst als der Lehrgang schon recht weit fortgeschritten war, als das Verständnis meinen Geist schon fast beruhigt hatte ..." (S. 46/47), mußte die Auflehnung des Geistes – die implizite Leugnung – mühsam über den Verstand ins Herz verinnerlicht werden, um im ‚fortgeschrittenen' Lehrgang als angenommen von Geist und Seele personintegriert wieder handlungsfähig zu werden.

Nur so verarbeitend kann auf das reaktive DURCHGANGS-Stadium II auch bei *Pearl S. Buck* das bereits vorgestellte ZIEL-Stadium III mit der handelnden Dimension folgen.

Nachzufragen ist, was das biographische Material für das von *Pearl S. Buck* noch nicht bewußt in ihrem Lehrgang eingeplante EINGANGS-Stadium I hergibt. Im Unterschied zu *Pearl S. Buck* wurde mehrfach darauf hingewiesen, daß für uns dieser Lehrgang oder Lernprozeß Krisenverarbeitung entscheidend mit dem EINGANGS-Stadium I der Erkennungsphase von Wahrheitsentdeckung und -vermittlung von der *Ungewißheit* (1) zur *Gewißheit* (2) beginnt. *Pearl S. Buck* liefert dazu eindrucksvolles, erschütterndes biographisches Material, das im folgenden das von ihr noch nicht bewußt analysierte EINGANGS-Stadium des Lernprozesses nachtragen soll:

Übereinstimmend mit der Mehrzahl aller 60 Biographen stellt auch *Pearl S. Buck* fassungslos nach einem über drei Jahre andauernden Erkennungsprozeß fest:

„Ich glaube, ich war die letzte, die erfaßte, daß etwas mit ihr nicht in Ordnung war ... Sie war drei Jahre alt, als ich mich zu wundern begann." (S. 20)

Bewegend läßt sie den Leser teilhaben an ihrer Sehnsucht nach diesem Kind, das sie gebar, „als ich auf dem Höhepunkt meines Lebens als junge Frau stand. Ich war erfüllt von Kraft, Energie und Lebenslust." Sie schildert sich selbst als eine Frau, die sich „immer ein Leben der Fülle und des Überschwangs gewünscht" hatte, die zu denen gehörte, „die geboren werden, um glücklich zu sein, und hielt Glück für mein Vorrecht. Ich sah mein Heim mit Kindern erfüllt." (S. 16/17) Und sie nimmt den Leser in ihre frühen Erinnerungen mit hinein, um ihn mitverstehen zu lassen:

„daß ich mein Kind schon lange vor seiner Geburt liebte." (S. 15)

und sie öffnet uns den Zauber der ersten Begegnung, des ersten Erkennens:

„Ich entsinne mich so gut des ersten Males, da mein Kind und ich einander sahen ...
Ich hatte ein hübsches, ein ungewöhnlich hübsches Kind. Seine Züge waren klar, seine Augen sogar damals schon, so schien es mir, klug und ruhig. Wir sahen einander an ...
Ich erinnere mich, (daß die Pflegerin erklärte), ... ‚Dieses Kind hat eine besondere Bestimmung!' " (S. 17/18)

Über drei lange Jahre wurde *Pearl S. Buck* von dem Zauber dieser Worte geblendet, nachhaltig geprägt durch die Deutungsmuster ihrer Lebens- und Lerngeschichte, die ihr die Bewußtheit gaben:

„Ich hatte mit meinen Ahnenreihen beiderseits Glück ...
ich war beinahe zu unberührt von Furcht ...
Jedenfalls hätte keine junge Mutter weniger als ich auf das vorbereitet sein können, was kommen sollte ..." (S. 18/19)

So nur wird die langandauernde *Ungewißheit* (1) und die rational kaum nachvollziehbare *Unwissenheit* (1.1) verständlich, die daraus spricht, daß *Pearl S. Buck* sich erst über ihre dreijährige Tochter zu wundern begann:

„Sie war drei Jahre alt, als ich mich zu wundern begann ... denn mit drei Jahren sprach sie noch nicht.“ (S. 20)

Sie beschreibt dann den Übergang von der *Ungewißheit* (1.1) *zur Unsicherheit* (1.2) als rastlose Bestätigungssuche bei Freunden:

„Doch kann ich mich erinnern, wie meine Unruhe über mein Kind wuchs. Es sah so gut aus ... Warum blieb dann das Sprechen aus?
Ich befragte Freunde über ihre Kinder und erzählte ihnen von meiner neuen Furcht um das meine. Ihre Antwort war tröstlich, zu tröstlich.“ (S. 21)

Treffend charakterisiert *Pearl S. Buck* die typische Verhaltensweise der Irrelevanzregel, so zu tun, als ob alles in Ordnung wäre, sie erspürt das ‚zu viel‘ der unangemessenen zu tröstlichen Worte.

„Sie sagten alle die leeren Worte der Beruhigung, die wohlmeinende Freunde verwenden, i c h g l a u b t e ihnen.
Später, als ich die ganze tragische Wahrheit kannte, fragte ich sie, ob sie tatsächlich keine Kenntnis davon gehabt hätten, was meinem Kind widerfahren sei.
Ich erfuhr, dies sei wohl der Fall gewesen; sie hätten es erraten oder vermutet, die älteren hatten es sogar gewußt, aber s i e hatten sich g e s c h e u t, e s m i r z u s a g e n.“ (S. 21)

Und unbegreiflich bleibt ihr bis heute, warum die Furcht der Freunde diese davon abhielt, ihr die Wahrheit zu sagen. Wiederholt betont sie nachdrücklich:

„Mir ist die W a h r h e i t um so vieles lieber als tröstlicher Betrug, sie scheint mir in ihrer klar-trennenden Schärfe um so vieles g ü t i g e r als Finten und Ausflüchte, daß ich den für meinem besten Freund halten muß, der mir am besten die Wahrheit sagt ...“

Und nur aus dieser von aller Umwelt praktizierten Irrelevanzregel blieb *Pearl S. Buck* dann verdammt, bis zum vierten Lebensjahr ihres Kindes in der Zwischenphase der *Unannehmbarkeit* (1.3) zu verharren:

„So war mein Kind fast vier Jahre alt, als ich selbst entdeckte, daß die Entwicklung seines Geistes stillstand.
Für uns alle kommt die Stunde, da wir zur düsteren Wahrheit erwachen. Manchmal kommt dieses Erwachen auf einmal, in einem einzigen Augenblick. In anderen Fällen, so etwa bei mir, kommt es langsam, nach und nach.
Ich blieb widerspenstig und ungläubig bis zuletzt ...“ (S. 22)

Wie sie dann selber aus Unerträglichkeit der über vier Jahre andauernden *Ungewißheit* (1) zur *Gewißheit* (2) entgegen inneren Widerständen drängt, schildert sie so:

„Immerhin muß ich mehr Angst gehabt haben, als mir bewußt war. Ich erinnere mich, ich ging eines Tages in die Vorlesung einer gastierenden amerikanischen Ärztin über das Vorschulkind, und was ich da hörte, brachte mir die Erkenntnis, daß irgendetwas bei meinem Kind wirklich gar nicht in Ordnung war ...
Nach der Vorlesung bat ich die Ärztin, mein Kind zu besuchen ...
Aber ich wollte keinen Trost.
Ich wollte jetzt und rasch die ganze Wahrheit.“ (S. 23/24)

Die Ärztin kam, beobachtete mein Kind und stellte die übliche Diagnose:

„Etwas stimmt nicht ..., ich weiß nicht, was es ist. Sie müssen ein Ärztekonzilium befragen ...“ (S. 24)

Erneut bittet sie schon am darauffolgenden Tag die Doktoren zu sich ins Haus, und aus dem drängenden Bedürfnis nach Gewißheit versucht sie, allen ihren Fragen „mit aller Aufrichtigkeit, die ich hatte“ zu begegnen. „Nur Aufrichtigkeit konnte jetzt helfen.“ (S. 25)
Und aus ihrem ehrlichen Bemühen um Hilfe erhält sie die Diagnose:

„Sie müssen sie nach Amerika bringen ... Die dortigen Ärzte mögen wissen, was ihr fehlt. Wir können nur sagen, daß ihr etwas fehlt.“ (S. 26)

Mit dieser *Gewißheit* (2), „daß ihr etwas fehlt“, beginnt *Pearl S. Buck* die qualvoll endlose Reise durch alle Kontinente, die sogenannte *Verhandlung* (4) im *Ärzte-Welt-Warenhaus*, um Hoffnung einzukaufen:

„Dann begann die lange Reise, die Eltern solcher Kinder so gut kennen. Ich habe seitdem mit vielen gesprochen, und immer ist es das gleiche. Von der Überzeugung getrieben, daß es doch irgendjemand geben müsse, der heilen kann, s c h l e p p e n w i r u n s e r e K i n d e r ü b e r d i e g a n z e E r d e und suchen den einen, der hilft." (S. 26/27)

Ausführlich schildert sie, wie sie anfängt, aus falscher, aber unüberwindlicher Scham ihr heranwachsendes fünfjähriges Mädchen zu verbergen, um der Grausamkeit der in Worte gekleideten Wahrheit aus der Umwelt zu entgehen. Und sie zieht die Bilanz der vergeblichen *Verhandlung* (4):

„Es ist nutzlos, die Einzelheiten der langen, kummervollen Reise zu erzählen. Wir fuhren über das Meer und gingen überall hin, in Kliniken, zu Drüsenspezialisten, zu Psychiatern. Heute weiß ich, daß alles nutzlos war. Von Anfang an war keine Hoffnung – es war nie anders gewesen ...
Jedenfalls war das Ende jeder Besprechung, daß wir zu jemand anderem geschickt wurden, vielleicht tausend Meilen weit weg ..." (S. 30)

Und sie schildert das Ende der Reise, als ihr die unentrinnbare Wahrheit in einem einzigen Augenblick kundgetan wird:

„Das Ende der Reise kam in Rochester, Minnesota. – Wir waren schließlich in die Mayoklinik geschickt ... (S. 31)
Wir gingen zuletzt in das Büro des Leiters der Kinderabteilung ... (S. 32)
‚Ich weiß nicht. Irgendwo auf dem Lebensweg, vor der Geburt oder danach, hat das Wachstum aufgehört ...
Ich glaube, ich würde die Versuche nicht aufgeben', sagte er endlich ... (S. 33)
Und dann kam d e r A u g e n b l i c k, für den ich dankbar sein muß, solange ich lebe ...
Ich (habe) dem Menschen zu danken, der eben, als ich vorbei ging, aus einem leeren Zimmer trat ...
Ich hatte ihn ein- oder zweimal im Chefzimmer gesehen. Er hatte lediglich die Sammlung der Berichte hereinge-

bracht und war dann wortlos gegangen ...
Er kam beinahe verstohlen heraus und winkte mir, ihm in das leere Zimmer zu folgen ...
Mit beinahe barscher Stimme, die Augen streng auf mich gerichtet, begann er in seinem gebrochenen Englisch zu sprechen. ‚Sagte er, das Kind könne geheilt werden?'
‚Hören Sie, was ich Ihnen sage', befahl er.
‚Ich sage Ihnen, gnädige Frau, das Kind kann niemals normal werden. T ä u s c h e n S i e s i c h n i c h t! Sie werden Ihr Leben zerstören und Ihre Familienangehörigen zu Bettlern machen, ‚wenn Sie nicht die Hoffnung aufgeben und der Wahrheit ins Auge sehen. Es wird nie gesund werden – hören Sie mich? ...
Ich sage Ihnen die Wahrheit – zu Ihrem eigenen Wohl!' "
(S. 34/35)

Ihre Erschütterung und Betroffenheit auf diese Wahrheitsvermittlung versucht sie dem Nachempfinden verständlich zu machen, indem sie sie schildert ...

‚daß ich innerlich verblutete – hoffnungslos.'

Und nur so wird verständlich, daß sie auch danach trotz allem ihre Versuche der Verhandlungen noch nicht aufgab, wider all ihr besseres Wissen.

Als Ausdruck ihrer grenzenlosen Verzweiflung auf diese Wahrheitsvermittlung wird auch die *Aggression* (3) als *Todeswunsch gegen das Kind* verständlich:

„Tod wäre viel leichter zu ertragen, denn der Tod ist endgültig; was war, ist nicht mehr. Wie oft entrang sich meinem Herzen der Aufschrei, es wäre besser, wenn mein Kind stürbe. Euch, die ihr solches nicht kennt, mag dies Entsetzen einflößen, aber nicht jenen, die gleiches erfuhren. Ich hätte den Tod für mein Kind willkommen geheißen, denn dann wäre es für immer gesichert.
... daß ein Mann oder eine Frau ihrem geisteskranken Kind den Tod gegeben haben.
Mein Herz fühlt mit diesen Eltern.
Ich verstehe die Liebe wie die Verzweiflung, die diese Handlung eingaben." (S. 42)

Und mit dem großen Verständnis der Mutter weist sie nachdrücklich darauf hin:

„Es ist ja nicht die erste Verzweiflung, die sich herabsenkt, wenn das Unausweichliche sich kundgibt, es ist auch die wachsende Verzweiflung jedes neuen Tages.“

Und dennoch trifft sie für sich die Entscheidung:

„Und dennoch weiß ich, daß die Eltern ... Unrecht begehen, wenn sie sich ein Recht herausnehmen, das ihnen nicht zukommt ...
Das Leben trägt in sich eine Heiligkeit, die keiner von uns ergründen kann ...“ (S. 43)

und mit ihrer fast beschämenden schonungslosen Offenheit gesteht *Pearl S. Buck:*

„Trotzdem wäre es nur eine Ausflucht, vorzugeben, daß es leicht war, das Unabwendbare auf sich zu nehmen. Um der anderen willen, die den gleichen steinigen Weg gehen müssen, muß ich sagen, daß meine innere Auflehnung Jahre dauerte ...
... Vernunft und Pflichtgefühl können nicht immer die Oberhand haben, wenn das Herz gebrochen ist.“ (S. 45)

Die Zeit der *Depression* (5) wurde schon gekennzeichnet, weil sie von *Pearl S. Buck* als erste Phase ihres Lehrgangs reflektiert wurde. Hinzuweisen ist noch darauf, daß sie selbst die zwei vorgestellten Arten der *Depression* als ihre eigenen beschreibt:

Die *antizipierende* und die *rezipierende Depression* als Trauer über die ungesicherte Zukunft des Kindes, das einmal aufgegeben werden wird, und die Trauerarbeit an dem bereits *Aufgegebenen,* dem eigenen glanzvollen Leben, für einen Rückzug in die Isolation:

„ ... stand ich vor zwei Problemen, und es schien mir, daß beide unerträglich seien.
Das erste war die Frage ihrer Zukunft ... (S. 38)
Denn zu der praktischen Frage, wie man das Leben des Kindes praktisch sichern soll, das länger währen kann als das der Eltern, kommt noch das Problem des eigenen Lebens im Elend.
Aller Glanz des Lebens ist verschwunden, aller Stolz der Elternschaft dahin, man hat das Gefühl, daß das eigene

Leben in dem des Kindes tatsächlich abgeschnitten ist. Der Strom der Generationen ist zum Stillstand gekommen ...“ (S. 42)

Die für *Pearl S. Buck* nicht rational erklärbare ‚Wende‘ zur *Annahme* (6) wurde schon als von ihr bezeichnete zweite Phase ihres Lehrgangs vorgestellt. Wie intensiv und immer wieder neu aber auch sie das Durchleben der Phasen in dem hier geprägten Denkmodell der Spiralphasen erlebt, wird deutlich von ihr ausgesagt:

„Der erste Schritt war: die Tatsachen als gegeben hinzunehmen ...
... Aber praktisch mußte dieser Schritt viele Male gemacht werden. Immer und immer wieder glitt ich hinein in den Sumpf ...
Denn die Verzweiflung war zum Sumpf geworden ...
Der Anblick von des Nachbarn gesundem Töchterlein ...
Aber ich lernte, nicht unten zu bleiben. Ich tauchte wieder auf und war imstande zu sagen:
‚Dies ist mein Leben, das ich zu leben habe‘.“ (S. 49)

Und analog zur schon beschriebenen *Annahme* (6) sagt auch *Pearl S. Buck:*

‚Ich erkenne erst ...!‘ jetzt ...
„ ... mich wieder daran zu freuen, was mir dieses Leben noch bieten konnte ...
Bücher waren das erste ...
Dann kamen ... Blumen ...
All das begann in einer Art von Verwunderung darüber, daß diese Dinge fortbestanden wie bisher, und dann mit der E r k e n n t n i s , daß das, was vorgefallen war, in Wahrheit n i c h t s g e ä n d e r t hatten, a u ß e r m i c h s e l b s t.“ (S. 50)

Die *Aktivität* (7) „Ich tue das ...!“ als Zukunftsvorsorge für ihre Tochter auf der Suche nach einem Heim löst eine neue Reisezeit aus, einerseits aus dem Wunsch der Mutter, „den Anpassungsprozeß“ der Tochter „durchzumachen, solange ich noch lebte, solange ich noch helfen konnte!“ und andererseits als Ausdruck eigener Lebensgestaltung.

„Und doch begann das Leben in Wahrheit erst wieder, als die Notwendigkeit mich zwang, darüber nachzuden-

ken, was ich für das Leben des Kindes zu tun habe ...
Nur im Hinblick auf die Sicherung ihrer Zukunft traf ich meine Entscheidung." (S. 51)

Und sie bestätigt, welch eine „unendliche Hilfe in einem einmal gefaßten Entschluß" liegt. Sie bezeichnet das gesetzte Ziel als „Führungstau", das „in den Sumpf geflogen" war, und „nun klammerte ich mich daran und drängte herauf aus der Verzweiflung, Tag für Tag, wie mir das Ziel klarer wurde."
Treffend charakterisiert sie die *Aktivität* (7):

„Daß ich nun wußte, was i c h z u t u n habe, und darüber nachdenken konnte, wie ich es tun sollte, heilte freilich meinen unentrinnbaren Kummer nicht, aber es half mir, m i t ihm zu leben ...
Darin, daß ich aufhörte, an mich selbst zu denken, und nur noch an mein Kind zu denken begann, lag das wahre Geheimnis." (S. 56)

Hier muß widersprochen werden, *Pearl S. Buck* kann nicht meinen, „nur noch an das Kind denken", das würde ihrer Gesamtintention und der nachfolgenden Solidarität nicht entsprechen. Gemeint ist hier statt „daß ich aufhörte, an mich selbst zu denken" vielmehr „daß ich aufhörte, über mich selbst nachzudenken"; jenes Geheimnis, das sie umschreibt, ist die Selbstvergessenheit des ‚Von-sich-Losseins', die aber nicht ins Gegenteil der blinden Aktion des ‚Nur-für-dich-Daseins' flüchtete, sondern lediglich dem kausalen Denkprinzip von Ursache und Wirkung absagt, um nicht mehr vergeblich nach dem ‚Warum' zu fragen, sondern nach dem ‚Wozu' zu suchen und handelnd die lebenslange Chance des Andersseins zu erproben. Das verdeutlichen ihre Aussagen am Anfang und am Ende der Autobiographie:

„Man muß das Leid tragen, muß wissen, daß Leid, das man ganz auf sich nimmt, seine eigenen Gaben in sich schließt.
Denn das Leid hat seine besondere Alchimie: Es kann in Weisheit gewandelt werden, die zwar nicht Freude bringt, aber inneres Glück." (S. 8)

So ist das Schreiben und Publizieren der Autobiographie, die vor jeder anderen durch grenzenlose Wahrheit als Aufbau einer Beziehungsstruktur zum Leser ausgezeichnet ist, einer von *Pearl S. Bucks* sichtbaren Akten der *Solidarität* (8):

> *„Es wird nicht leicht sein, in allem die Wahrheit zu sagen, aber anderes zu erzählen wäre nutzlos." (S. 14)*

Die Nobelpreisträgerin und Mutter macht sich mit jedem Betroffenen auf den gemeinsamen Weg: *vom Todeswunsch über das Ja zur Tat im gemeinsamen Lernen!*

3.1.1.1 Zusammenfassung: Lernprozeß Krisenverarbeitung bei geistiger Behinderung

1. In Übereinstimmung mit dem hier vorgestellten Lernprozeß Krisenverarbeitung spricht *Pearl S. Buck* als Betroffene von ihrem an sich selbst erfahrenen L e h r g a n g oder den Phasen, „wie man lernt, mit einer Sorge zu leben, die nicht wegzuschaffen ist."

2. In Unterscheidung zu dem hier vorgestellten Lernprozeß Krisenverarbeitung unterscheidet *Pearl S. Buck* rational in der Reflexion nur 2 Phasen, beschreibt aber emotional aus ihrem unmittelbaren Erleben im Praxisvollzug ihr Leiden und Lernen durch alle acht Spiralphasen hindurch. Diese Differenz ist in den abweichenden Anfangszeitpunkten zu sehen: *Pearl S. Buck* beginnt ihren Lehrgang mit der *Phase I Zerstörung* = bei uns *Depression* (5), der die *Phase 2 Wandlung* = bei uns *Annahme* (6) folgt. So wird das EINGANGS-Stadium I zur Erkennung der Wahrheitsentdeckung bzw. -vermittlung bei ihr schon vorausgesetzt, bevor daraufhin der beschriebene Lehrgang der *Phase 1 Zerstörung* einsetzt, die in ihrem praktischen Vollzug *Aggression* (3), *Verhandlung* (4), *Depression* (5) vereinigt, also unserem DURCHGANGS-Stadium II entspricht. Ihre *Phase 2 Wandlung* schließt wieder im praktischen Vollzug die *Annahme* (6), *Aktivität* (7) und *Solidarität* (8) ein und kennzeichnet unser ZIEL-Stadium III.

Bemerkenswert ist ihre Feststellung, daß ein notwendiges Wechselverhältnis zwischen Geist und Verständnis, also kognitiver und affektiver Dimension im Lehrgang besteht.

3. Im Vergleich zu allen anderen Behinderungsarten weist der Lernprozeß Krisenverarbeitung bei geistiger Behinderung keinen Unterschied auf: auch hier werden, wie das Beispiel von *Pearl S. Bucks* Biographie – entgegen ihrer eigenen Annahme – gezeigt hat, alle acht Spiralphasen durchlebt. Spezifisch für die Behinderungsart ist, daß die Biographie niemals vom Betroffenen selbst geschrieben werden kann.

4. Das Denkmodell der Spiralphasen wird von *Pearl S. Buck* eindrücklich erlebt; mit dem sie auszeichnenden Spezifikum unbedingter Offenheit und dem Ringen um Wahrheit verweist sie auf ihren eigenen insgesamt 10 Jahre andauernden Lernprozeß, in dem jede Phase auf immer wieder mühsam errungenen Ebenen neu von ihr durchlitten und erlernt werden mußte.

5. Als zentralen Faktor im Lernprozeß Krisenverarbeitung stellt *Pearl S. Buck* Einstellung und Verhalten gegenüber dem Betroffenen heraus und vertritt nachdrücklich die Gleichberechtigung von geistig Behinderten und Nichtbehinderten unter dem Kriterium ihrer Erlebnisfähigkeit in ausdrücklicher Abgrenzung von der normgemäßen Beurteilung einer Wesensgleichheit unter dem Kriterium der Leistungsfähigkeit.

   Ferner verweist auch *Pearl S. Buck* darauf, daß der Lernprozeß Krisenverarbeitung niemals nur den isolierten Lernweg einzelner Betroffener, sondern immer auch die Gesamtheit seines Beziehungsfeldes und dessen Veränderung betrifft.

7. Die fehlende Prozeßbegleitung wird gerade auch von *Pearl S. Buck,* die ihren eigenen Lehrgang reflektiert, als irreparabler Mangel empfunden; aus der Retrospektive erkennt sie die unverhältnismäßig lange Lernzeit. Es ist kein Zufall, daß sie als hochintellektuelle Mutter über vier Jahre im EINGANGS-Stadium I in der Zwischenphase der *Unannehmbarkeit* (1.3) verharrt, rational geprägt und abhängig von ih-

rer Lebens- und Lerngeschichte, und daß sie trotz der Wahrheitsvermittlung noch weitere sechs Jahre für das DURCHGANGS-Stadium II benötigt, wechselseitig zwischen *Aggression* (3), *Verhandlung* (4) und *Depression* (5) schwankend, bis sie endlich nach insgesamt zehn Jahren Lehrgangszeit autodidaktisch ihren Lernweg beendet hatte: „Ich habe meine Aufgabe gelernt!"

3.1.2 Lernprozeß Krisenverarbeitung bei Sinnes-Behinderung

Keller, Helen: Die Geschichte meines Lebens. 1903 (Autobiographie A I).
Mitten im Lebensstrom. o.J., m.E. 1935 (Autobiographie A II).

Daten: Taub-Blindheit, erworben, seit dem 19. Lebensmonat, Ursache Scharlach, älteste von zwei Schwestern.
Vater: Zeitungsverleger, Mutter: ohne Beruf.
Hauslehrerin: *Anne Sullivan,* ab 6,9 Lebensjahren.

Helen Kellers Lernprozeß Krisenverarbeitung bei Taub-Blindheit kann aus den beiden Autobiographien, aus der „Geschichte meines Lebens" von der 23-Jährigen und aus den Erinnerungen „Mitten im Lebensstrom" von der 55-Jährigen, sowie aus dem aufschlußreichen Briefwechsel ihrer Lehrerin *Anne Sullivan* wechselseitig ergänzt und erschlossen werden.

Der Tenor der Autobiographien *Helen Kellers* ist Dank und Freude über ihr wiedergefundenes Leben:

> *„In ... meiner ‚Lebensgeschichte' grüße ich meine Freunde ... Gerne möchte ich glauben, daß mein Buch etwas Vergnügen gäbe, um die große geistige Freude ... zu vergelten, die ich ... schuldig bin." (A I, 1903, erste S., Widmung)*
>
> *„Ich habe in diesem Buch versucht zu zeigen, daß es möglich ist, frohe und genußreiche Tage zu verleben nur durch inneres Erleben, abgeschlossen von der hörbaren und sichtbaren Welt.*
> *Mein Leben ist eine Chronik der Freundschaften.*
> *Meine Freunde ... schaffen meine Welt täglich aufs neue." (A II, 1935, S. 249)*

Im Unterschied zum Lernprozeß anderer Behinderungsarten, und zwar in Abhängigkeit von dem Bedingungsfaktor der Behinderung Taub-Blindheit, ist eine Zweiteilung der Lebens- und Lerngeschichte in eine *vor- und eine nach-sprachliche Zeit zu erkennen,* von *Helen Keller* bezeichnet als Zeit im *Kerker* und im *Licht.*

> *„Die Geschichte meines Lebens" zu schreiben, ist die „schwierigste Aufgabe"; mühsam nur werden jene „paar Eindrücke aus meinen ersten Lebensjahren" lebendig, doch „alles andere deckt der K e r k e r s c h a t t e n" zu (A I, S. 11, Einleitung)*
> *„Als sie (Anne Sullivan) die geschlossenen Tore meines Wesens aufstieß, bebte mein Herz vor Freude, und meine Füße fühlten das Wogen des weiten brausenden Lebensstromes. Glückseligkeit überflutete meine Seele, wie das L i c h t der Sonne die Erde überflutet, und ich streckte verlangend die Hände aus, dem Leben entgegen." (A II, S. 302, Schluß)*

Übereinstimmend mit dem Lernprozeß anderer Biographen, und das in Unabhängigkeit vom Bedingungsfaktor der Behinderungsart, durchläuft die Krisenverarbeitung der taub-blinden *Helen Keller* alle acht Spiralphasen und dabei – wie nachgewiesen werden soll – parallel sowohl in der vor-sprachlichen Zeit bis zum 7. Lebensjahr als auch in der danach anbrechenden nach-sprachlichen Zeit.

Die Biographie *Helen Kellers* zeichnet sich aus durch das gleichzeitige Einbeziehen des Lernprozesses Krisenverarbeitung bei ihrer Mutter; insofern nimmt sie eine Sonderstellung unter den Autobiographien ein. Dazu wird im folgenden Kapitel 3.2 unter dem Bedingungsfaktor ‚Aggression als Katharsis im Lernprozeß Krisenverarbeitung' ausführlich Stellung bezogen.

Lernprozeß in der vor-sprachlichen Zeit im Kerker:

EINGANGS-Stadium I: *Ungewißheit* (1) – *Gewißheit* (2)

Aus dem alles verdeckenden Kerkerschatten (S. 11) tauchen einige Lichtpunkte auf, die den Lernweg markieren: *Helen*

Keller erinnert aus der Zeit, da ihr mit 1,5 Jahren Augen und Ohren infolge der Scharlach-Erkrankung verschlossen blieben, die sie „überhäufende Zärtlichkeit" der Mutter und die „Angst" als charakteristisches Merkmal der *Ungewißheit* (1):

> *„die entsetzliche Angst, mit der ich erwachte und meine ach so heißen Augen nach der Wand kehrte, hinweg von dem ... Tageslicht ... Nach und nach gewöhnte ich mich an die Stille und Dunkelheit und vergaß, daß ich jemals ein anderes Los gehabt hatte, bis sie kam – meine Lehrerin –, die meinen Geist befreite.*
> *Aber während der ersten neunzehn Monate meines Lebens hatte ich einen Schimmer von ... Feldern ... Himmel ... Bäumen und Blumen erhascht, den die nachfolgende Dunkelheit nicht ganz auslöschen konnte.*
> *Haben wir einmal gesehen, so ‚ist unser der Tag und was der Tag gezeigt hat.'" (S. 14/15)*

Zur Frage, zu welchem Zeitpunkt und wodurch das Bewußtsein über ihr Anderssein erwachte und *Gewißheit* (2) wurde, äußert sie:

> *„Ich entsinne mich nicht genau, wann ich zuerst erkannte, daß ich mich von den anderen unterschied: ich weiß jedoch, daß es vor der Ankunft meiner Lehrerin der Fall war." (S. 16)*

Sie beschreibt, wie sie wiederholt entdeckte, daß ihre Mutter und ihre Bekannten sich keiner Zeichen bedienten, sondern mittels ihres Mundes sprachen, und diese *Gewißheit* (2) über ihr davon Ausgeschlossensein und das mangelnde Begreifenkönnen treibt sie in den Zorn:

> *„Bisweilen stand ich zwischen zwei Personen, die sich miteinander unterhielten, und berührte ihre Lippen. Ich konnte dies nicht begreifen und war ganz verwirrt. Ich bewegte meine Lippen und gestikulierte heftig – natürlich ohne Erfolg. Dies machte mich zuweilen so wütend, daß ich mit Füßen stampfte und schrie, bis ich erschöpft war." (A I, S. 17)*

DURCHGANGS-Stadium II:
Aggression (3) – *Verhandlung* (4) – *Depression* (5)

Ihre *Aggression* (3) aufgrund der Enttäuschung über ihr entdecktes Ausgeschlossensein bricht aus *Helen Keller* als tyrannische Macht gegen Spielgefährten, als Todeswunsch gegen die kleinere Schwester, als Zorn gegen alle Umwelt aus. Dazu die biographischen Nachweise:

Aggression (3) als tyrannische Macht gegen Spielgefährten:

> *„Zu jener Zeit waren ein kleines, farbiges Mädchen, Martha Washington, die Tochter unserer Köchin, und ein alter Jagdhund meine beständigen Gefährten. Martha verstand meine Zeichen, und ich hatte selten Schwierigkeiten, ihr begreiflich zu machen, was ich wünschte. Es machte mir Vergnügen, sie zu beherrschen, und sie unterwarf sich in der Regel meiner Tyrannei lieber, als daß sie es auf einen Faustkampf hätte ankommen lassen." (A I, S. 17, vgl. auch A I, S. 59)*

Diese Tyrannei wird wenig später auch von ihrer Lehrerin *Anne Sullivan* in den Briefen bestätigt: „Sie hat jedermann tyrannisiert ... Im guten konnte ich gar nichts von ihr erreichen." (A I, S. 164/165)

Aggression (3) als Todeswunsch gegen die kleinere Schwester:

> *„Lange Zeit betrachtete ich meine kleine Schwester als Eindringling ... Zu jener Zeit besaß ich eine viel gehätschelte, viel mißhandelte Puppe ... Ach, sie war das wehrlose Opfer meiner maßlosen Zornes- und Zärtlichkeitsausbrüche ... Ich bewachte Puppe und Wiege mit der eifersüchtigsten Sorgfalt, aber eines Tages entdeckte ich, daß meine kleine Schwester friedlich in der Wiege schlummerte. Ich stürzte auf die Wiege zu und warf sie um, und das Kind hätte tot sein können, hätte meine Mutter es nicht im Falle aufgefangen." (A I, S. 22)*

Die erwachsene Biographin interpretiert ihre Aggression:

> *„Ein solcher Ausbruch kommt daher, daß, wenn wir in dem Tale doppelter Einsamkeit wandeln, wir wenig von den zärtlichen Empfindungen wissen, die aus liebevollen Worten und Handlungen sowie aus dem Zusammensein mit anderen emporsprießen." (A I, S. 22)*

Aggression (3) als Zorn gegen alle Umwelt:

> *„Inzwischen wuchs mein Verlangen, meinen Gedanken genügend Ausdruck zu geben, von Tag zu Tag. Die wenigen Zeichen, deren ich mich bedienen konnte, wurden immer unzureichender, und das Fehlschlagen meiner Versuche, mich verständlich zu machen, war stets von einem Ausbruche der Leidenschaft begleitet. Es war mir, als hielten mich unsichtbare Hände, und ich machte verzweifelte Anstrengungen, mich zu befreien. Ich kämpfte – nicht als ob dieser Kampf mir etwas genützt hätte, sondern weil der Geist des Widerstandes in mir lebendig war." (A I, S. 23)*

> *„Nach einiger Zeit wurde das Bedürfnis nach Verständigungsmitteln so dringend, daß diese leidenschaftlichen Auftritte alltäglich, bisweilen sogar allstündlich erfolgten." (A I, S. 23)*

Die reflektierende 55-Jährige Biographin *Keller* zieht Parallelen zwischen ihrer notwendigen *Aggression* (3) und dem Schicksals- und Lernweg bei *Laura Bridgeman,* der Pionierin der ‚Taubblinden-Sprechenden':

> *„Mein Schicksal war dem von Laura Bridgeman so ähnlich, daß wir oft verglichen worden sind. Im selben Alter verloren wir Gesicht und Gehör. Trotz der großen Güte und Liebe, mit welcher uns Eltern und Freunde behandelten, wurden wir beide unruhig, eigensinnig und zerstörungslustig, weil wir keine Möglichkeit hatten, unsere Wünsche auszudrücken. Laura war etwa 7 Jahre, als Dr. Howe sich ihrer annahm." (A II, S. 237)*

Weitere Gemeinsamkeiten als die der Aggression läßt *Helen Keller* nicht zu, da ihrer Ansicht nach unterschiedliche Erziehungsweisen sie beide prägten. *Laura* war ‚wissenschaftliches Objekt' im *Perkinschen Blindeninstitut,* sie selbst, *Helen,* persönliches Subjekt' in der Hauserziehung durch *Anne Sullivan.*

Die *Depression* (5) aufgrund der Erfahrung hoffnungsloser Ohnmacht in ihren kindlichen aggressiven Kämpfen gegen die Übermacht von Blindsein und Taubsein beschreibt sie als physische Erschöpfung:

> *„... ich brach in der Regel weinend und in völliger physischer Erschöpfung zusammen. War meine Mutter zu-*

fällig in der Nähe, so flüchtete ich mich in ihre Arme, zu elend, um mich auch nur der Ursache des Sturmes entsinnen zu können." (A I, S. 23)

Die sich verschärfende Zuspitzung ihrer Depressionen zur Verbitterung und Resignation, die mit Sicherheit den Abbruch ihres schon begonnenen Lernweges zur sozialen Integration bedeutet hätte, ist jenes Stadium, in dem die verzweifelten Eltern einen neuen Verhandlungsversuch mit dem Schicksal wagen, mit dem Angebot der Lehrerin *Anne Sullivan. Helen* beschreibt ihre totale soziale Isolation der apathischen Zustandsbefindlichkeit:

„Zorn und Verbitterung waren seit Wochen unausgesetzt auf mich eingestürmt. Dieser verzweifelte Kampf hatte eine tiefe Ermattung bei mir zurückgelassen ...
Licht! gebt mir Licht! lautete der wortlose Aufschrei meiner Seele, und das Licht der Liebe erhellte bereits in dieser Stunde meinen Pfad." (A I, S. 27)

Daß diese Wende zum Licht, zum Anbruch der nach-sprachlichen Zeit überhaupt vollzogen werden konnte, war ein Ergebnis der ungezählten *Verhandlungen* (4) der Eltern *Helen Kellers* im *Ärzte-Welt-Warenhaus,* sie zogen aus, medizinische Heilung für das Augen-Licht ihrer Tochter zu finden, und sie kehrten zuletzt heim mit dem pädagogischen Hinweis, daß allein der unterrichtliche Lernprozeß das innere Erkennens-Licht wiederfinden könnte.

„Als ich etwa 6 Jahre alt war, hörte mein Vater von einem berühmten Augenarzt in Baltimore, der in vielen, anscheinend hoffnungslosen Fällen noch Erfolg erzielt hatte. Meine Eltern entschlossen sich sofort dazu, mit mir nach Baltimore zu reisen, um zu sehen, ob sich etwas für meine Augen tun ließe." (A I, S. 24)
„Dr. Chisholm ... er konnte aber nichts tun, doch erklärte er, ich könne Unterricht erhalten, und wies meinen Vater an Dr. Alexander Graham Bell in Washington, der in der Lage sein würde, ihm nähere Auskunft zu erteilen ..." (A I, S. 25)
„... diese Unterredung (sollte) das Tor sein, durch das ich schließlich aus der Finsternis zum Licht, aus der Vereinzelung zur Freundschaft, zur Gemeinschaft mit anderen, zur Erkenntnis, zur Liebe gelangte." (A I, S. 26)

Hier bahnt sich die *Annahme* (6) schon in der vor-sprachlichen Zeit als jenes Urerlebnis der Fremd-Annahme an, die Voraussetzung zur Selbst-Annahme ist und von dem taubblinden, bisher ausgeschlossenen Kind vielfältig nachgeholt werden muß.

Sie wird von *Helen Keller* als das eindruckvollste Erlebnis ihrer Kerkerzeit beschrieben, das sie übersensibel intensivst mit allen Fasern ihrer noch verbliebenen Sinne erfühlt, und dem sie sich vertrauensvoll überläßt, als sie intuitiv die ihr entgegengebrachte Fremdannahme ihrer Lehrerin erspürt – die sie irrtümlich, aber eben nicht zufällig und eindrucksvoll gefühlssicher zuerst als ihre ‚Mutter' identifiziert: *Helen* ist ergriffen von der sie annehmenden Liebe, „die gekommen war ... mich zu lieben".

> *„Der wichtigste Tag, dessen ich mich Zeit meines ganzen Lebens entsinnen kann, ist der, an dem meine Lehrerin, Fräulein Anne Mansfield Sullivan, zu mir kam. Ich kann kaum Worte finden, um den unermeßlichen Gegensatz zu meinem Leben vor und nach ihrer Ankunft zu schildern. Es war der 3. März 1887, drei Monate vor meinem 7. Geburtstag ..." (A I, S. 26)*
> *„Ich fühlte sich nähernde Schritte. Ich streckte meine Hand aus, weil ich glaubte, meiner Mutter entgegen zu gehen. Irgend jemand ergriff sie, ich ward von der emporgehoben und fest in die Arme geschlossen, die gekommen war, den Schleier, der mir die Welt verbarg, zu lüften und, was mehr als dies bedeutete, mich zu lieben." (A I, S. 27)*

Daß *Anne Sullivan* zu dieser pädagogischen Aufgabe so außerordentlich befähigt war, war weniger in einer speziellen Ausbildung, als vielmehr in ihrer eigenen Biographie verwurzelt:

Anne Sullivan war zeitweilig seit früher Jugend selbst erblindet und erst mit 14 Jahren Schülerin, später Lehrerin der *Perkinschen Anstalten* geworden; sie hatte das zu Lehrende an sich selbst als Lebens- und Lerngeschichte erfahren. (Vgl. dazu A I, S. 38, 43, 44, 157 und A II, S. 301, 302).

Lernprozeß in der nach-sprachlichen Zeit im Licht:

Der Lernprozeß der nach-sprachlichen Zeit veranschaulicht besonders eindrücklich das Denkmodell der Spiralphasen. War das EINGANGS-Stadium der vor-sprachlichen Zeit von der Angst der *Ungewißheit* (1) und dem Entdecken des globalen Andersseins als *Gewißheit* (2) ohne bewußtes Begreifen geprägt, so tritt jetzt eine neue abstraktere Ebene der *Gewißheit* (2) ein; *Helen Keller* beginnt erst jetzt einzusehen, warum sie nicht wie andere Kinder ist, und so fragte sie 6 Monate nach Ankunft ihrer Lehrerin:

> *„‚What do my eyes do?' ...*
> *Ich kann mit Augen nie wie mit Fingern sehen. ‚My eyes are bad', bös, das verbessert sie nach einem Augenblick: ‚are sick', krank," (A I, S. 191)*

Und wieder in einer höheren Spiralphase gewinnt sie mit 10 Jahren Gewißheit darüber, daß zwischen ihrer Zeichensprache des Fingeralphabets und der gesprochenen Lautsprache eine sie immer noch isolierende Diskrepanz besteht:

> *„Wer gänzlich auf das Fingeralphabet angewiesen ist, trägt stets eine Empfindung mit sich herum, als werde er durch etwas zurückgehalten, eingeengt. Diese Empfindung begann mich mit einem beunruhigendem, vorwärts treibenden Bewußtsein eines Mangels, der beseitigt werden müsse, zu erfüllen." (A I, S. 60)*

Auch die *Aggression* (3) wird jetzt auf einer anderen Ebene ausgelebt, sie richtet sich nicht mehr nach außen gegen andere als Tyrannei, Todeswunsch oder Zorn, sondern sie richtet sich jetzt verstärkt *gegen ihr eigenes Selbst,* das ihr nicht fähig genug dazu erscheint, dem Angebot ihrer Lehrerin zu folgen; es ist Zorn über ihr Unvermögen, über die Diskrepanz zwischen ihrem eigenen Anspruch und ihren realen Fähigkeiten.

> *„Ich wußte damals noch nicht, daß ich ein Wort buchstabierte, ja nicht einmal, daß es überhaupt Wörter gab; ich bewegte einfach meine Finger in affenartiger Nachahmung ... Aber meine Lehrerin weilte schon Wochen bei mir, ehe ich begriff, daß jedes Ding seine Bezeichnung habe.*

... Bei ihren wiederholten Versuchen wurde ich ungeduldig, ergriff die neue Puppe und schleuderte sie zu Boden. Ich empfand eine lebhafte Schadenfreude ...
In der stillen dunklen Welt, in der ich lebte, war für starke Zuneigung oder Zärtlichkeit kein Raum. Ich fühlte, wie meine Lehrerin die Bruchstücke auf die eine Seite des Kamins fegte und empfand eine Art von Genugtuung darüber, daß die Ursache meines Unbehagens beseitigt war." (A I, S. 28)

Eindrucksvoll schildert sie danach die Wandlung, die erste Erkenntnis ihres inneren wiedergefundenen Lichts, ihres ‚seltsam neuen Gesichts", das sie als beglückende Erkenntnis ihrer selbst „Ich erkenne jetzt erst ...!" erfährt und aus der sie die erfahrene *Fremdannahme* ihrer Lehrerin in eine *Selbstannahme* (6) verwandelt:

„Wir schlugen den Weg zum Brunnen ein ...
Während der kühle Strom über die eine meiner Hände sprudelte, buchstabierte sie mir in die andere Hand das Wort WATER, zuerst langsam, dann schnell.
... Mit einem Male durchzuckte mich eine nebelhaft verschwommene Erinnerung an etwas Vergessenes, ein Blitz des zurückkehrenden Denkens, und einigermaßen offen lag das Geheimnis der Sprache vor mir. Ich wußte jetzt, daß WATER jenes wundervolle kühle Etwas bedeutete, das über meine Hand hinströmte.
Dieses lebendige Wort erweckte meine Seele zum Leben, spendete ihr Licht, Hoffnung, Freude, befreite sie von ihren Fesseln!" ...
„Ich verließt den Brunnen voller Lernbegier. Jedes Ding hatte eine Bezeichnung, und jede Bezeichnung erzeugte einen neuen Gedanken. Als wir in das Haus zurückkehrten, schien mir jeder Gegenstand, den ich berührte, vor verhaltenem Leben zu zittern. Dies kam daher, daß ich alles mit dem seltsamen Gesicht, das ich erhalten hatte, betrachtete." (A I, S. 28)

Die Selbst-Erkenntnis ihrer Selbst-Annahme führt sie zur ersten Reue und innerem Schmerz:

„Beim Betreten des Zimmers erinnerte ich mich der Puppe, die ich zertrümmert hatte. Ich tastete mich zum Kamin, hob die Stücke auf und suchte sie vergeblich wieder zusammenzufügen. Dann füllten sich meine Augen

mit Tränen; ich erkannte, was ich getan hatte, und zum ersten Mal in meinem Leben empfand ich Reue und Schmerz." (A I, S. 28)

Und zum ersten Mal in ihrem nun 7 Jahre andauernden Leben bejaht sie ihr Leben, erkennt sie ‚sehend' geworden Sinn, entdeckt sie Zukunft und ist erfüllt von der Annahme dieses neuen so verheißungsvollen Lebens in ihr selbst:

„Ich lernte an diesem Tag eine große Menge neuer Wörter ... Wörter, die die Welt für mich erblühen machten ... Es dürfte schwer gewesen sein, ein glücklicheres Kind als mich zu finden, als ich am Schluß dieses ereignisreichen Tages in meinem Bettchen lag und der Freuden gedachte, die mir heut zuteil geworden waren, und zum ersten Mal sehnte ich mich nach dem anbrechenden Morgen." (A I, S. 30)

Diese Wandlung zur Annahme ist auch ein Schlüsselerlebnis für *Anne Sullivan,* sie schreibt in ihrem Brief vom 5. April 1887:

„Der zweite Schritt:
Sie hat gelernt, daß jedes Ding einen Namen hat und daß das Fingeralphabet der Schlüssel zu allem ist, was sie zu wissen verlangt ...
(mug – Milch / water – Wasser). Im Laufe weniger Stunden hat sie dreißig neue Wörter ihrem Wortschatz einverleibt ..." (A I, S. 171)

Die Selbst-Annahme befähigt *Helen,* sich selbst zu geben und sich darin als sinnvoll ‚glücklich' zu erleben:

„Helen stand heute früh wie eine strahlende Fee auf. Sie flog von einem Gegenstand zum anderen, fragte nach der Bezeichnung jedes Dinges und küßte mich vor lauter Freude ..., danach warf sich Helen aus eigenem Antrieb in meine Arme und küßte mich zum ersten Mal!"
(A I, S. 172/173)

Dazu ein weiteres Beispiel:

„Vater kam mit dem Hund ...
Dann setzte sich Helen neben das Tier und begann, sich an seinen Pfoten zu schaffen zu machen ..., als wir aber

bemerkten, daß sie die Buchstaben d o l l mit den Fingern bildete, wußten wir, daß sie Bell das Buchstabieren beizubringen suchte." (A I, S. 167)

In welch einem Tempo das wiedergefundene Licht als versäumtes Leben nachgeholt wird, zeigt *Anne Sullivans* Brief vom 24. April 1887, also knapp drei Wochen später:

„Die neue Methode bewährt sich vorzüglich. Sie lernt, weil sie nicht anders kann, genau wie der Vogel fliegen lernt. (A I, S. 174)
Sie kennt jetzt 300 Wörter und eine große Menge alltäglicher Redensarten, und es sind noch nicht drei Wochen her, seit sie ihr erstes Wort lernte." (A I, S. 178)

Die *Annahme* (6) wird auch für *Helen Keller* zur Initialzündung für die handelnde Dimension der *Aktivität* (7). Sie stürzt sich in das Lernen und ist besessen vom Abenteuer des Lebens wie jedes andere Kind auch, mit dem einzigen Ziel, gemeinsam mit anderen das College und die Universität zu besuchen. Dazu lernt sie die Lautsprache (A I, S. 30), besucht das College, durchkämpft den Kampf, als Taubblinde für einen Studienplatz an der Universität zugelassen zu werden, schließt Freundschaften, von denen sie später sagt:

„Mein Leben ist eine Chronik der Freundschaften.
Meine Freunde ... schaffen meine Welt täglich aufs neue." (A I, S. 249)

Entscheidender Bedingungsfaktor für diesen Lebens- und Lernweg inmitten Nichtbehinderter ist die Grundeinstellung *Anne Sullivans,* die sie vom ersten Augenblick an als Nichtbehinderte akzeptiert; dazu aus dem Brief vom Oktober 1887:

„Sie liest nur die Bücher, an deren Lektüre sich sehende und hörende Kinder ihres Alters erfreuen, und lernt lesen wie normale Kinder." (A I, S. 208)
„Während Helens ganzer Erziehung habe ich unverrückbar daran festgehalten, daß sie verstehen kann, was sie zu wissen wünscht." (A II, S. 213)

Dazu äußert sich auch der spätere Ehemann (und Schriftsteller) Anne Sullivans, *Mr. Albert Macy,* wenn er aussagt, daß „die Methode *Anne Sullivans* da einsetzte, wo der Lehrer *Lau-*

ra Bridgeman's, Dr. Howe, aufhörte: *Helen* lernte im Lebensvollzug der Partnerschaft mit ihrer Hauslehrerin wie jedes andere Kind auch ihre Muttersprache, *Laura* erlernte im Laboratorium separiert von anderen Kindern durch „unaufhörliche Wiederholung von Wörtern, die sie nicht verstand ... eine Fremdsprache im eigenen Land." (A I, S. 218 ff)
Helen selbst schreibt über die Methode *Anne Sullivans:*

> *„Vom Beginn meiner Erziehung an hatte Fräulein Sullivan es sich zum Grundsatz gemacht, so zu mir zu sprechen, als spräche sie zu einem hörenden Kind, der einzige Unterschied bestand darin, daß sie mir die Sätze in die Hand buchstabierte, anstatt sie zu sprechen."*
> *(A I, S. 36)*

Unter Hinweis auf das Denkmodell der Spiralphasen erscheint es wichtig, nachdrücklich darauf zu verweisen, daß auch die *Depression* (5) – wie in jedem anderen Leben – situativ immer wieder neu ausgelöst wird, aber auf dem Fundament der Annahme als selbstverständlich dazugehörig verarbeitet werden kann:

> *„Manchmal allerdings überfällt mich ein Gefühl der Vereinsamung wie ein kalter Nebel, wenn ich allein bin und vor dem geschlossenen Tor des Lebens wartend sitze."*
> *(A I, S. 116/117)*

Und dreißig Jahre später wiederholt sie in ihrer zweiten Biographie:

> *„Ich täuschte mich darüber nicht, und es ist nicht wahr, daß ich nie traurig oder bitter bin, aber ich habe sehr früh schon beschlossen, nicht zu klagen. Der tödlich Verwundete muß versuchen, den Rest seines Lebens mit einem Lächeln auf sich zu nehmen um der anderen willen. Dazu haben wir die Religion, um die Herzen tapfer und hochgemut zu erhalten.*
> *Es mag kein sehr hohes Ziel sein, aber es bedeutet noch lange nicht Ergebung in sein Schicksal. Und selbst um nur soweit Herr seines Schicksals zu werden, braucht man Arbeit und den Trost der Freundschaft und einen unerschütterlichen Glauben an die Liebe Gottes."*
> *(A II, S. 249)*

Auch die Spiralphasen der *Annahme* (6) werden auf zunehmend abstrakteren komplexeren Ebenen von ihr erkannt und internalisiert; so zeigt *Helen Keller* an ihren durchlaufenen Spiralringen innerhalb der Spiralphase der *Annahme* das Vordringen oder die Wandlung von der *Fremd-Annahme* durch ihre Lehrerin zur *Selbst-Annahme* durch erkennendes Lernen bis hin zur Bewußtwerdung ihrer glaubenden *Gottes-Annahme.*

> *„Meine Seele, die sich einer neuen Kraft bewußt geworden war, war von der Knechtschaft erlöst und fand durch diese abgerissenen Sprachsymbole den Zugang zu aller Erkenntnis und allem Glauben." (A I, S. 62)*
> *„So fand ich meinen Glauben bestätigt, daß ich jenseits meiner Sinnesschranken das Unsichtbare in vollem Licht erblicken und göttliche Harmonie in der Stille wahrnehmen könne, und daß Taubheit und Blindheit nichts, aber auch gar nichts mit meinem unsterblichen Wesen zu tun hatten." (A II, S. 40)*
> *„... zu mir (drängt alles) auf anderen Wegen als durch Augen und Ohren. Wenn ich in der Welt bin, f ü h l e ich .." (A II, S. 286)*

Und wenn sie ihr Leben als ‚Chronik der Freundschaften' versteht, so bedeutet ihr das:

> *„Es wird behauptet, daß das Leben hart mit mir verfuhr; und manchmal habe ich innerlich mit mir gehadert, daß viele menschliche Freuden mir vorenthalten sind. Aber wenn ich an den Reichtum denke, welchen Freundschaft mir gebracht hat, ziehe ich alle Anklagen gegen das Schicksal zurück." (A II, S. 96)*

Daneben steht die Aussage:

> *„Ach, wir genießen nicht die Stille, welche die müden Sinne erfrischt; wir kennen nur eine unmenschliche Stille, welche trennt und entfremdet. Uns umgibt ein Schweigen ... welches grausam, unwiderruflich einsam macht." (A II, S. 133)*

Die unaufhaltsame *Aktivität* (7) treibt *Helen Keller* schließlich unausweichlich in die *Solidarität* (8). Wieder ermutigte sie dazu einer ihrer Freunde: *Dr. Bell,* jener Forscher, dem die Erfindung des Telefons weniger wichtig und eher ein Zufalls-

oder Abfall-Produkt seiner lebenslangen Forschungsbemühungen zur Verbesserung der mündlichen Erziehungsmethoden von Taubstummen war, und zwar i n m i t t e n einer Gesellschaft, deren Absonderungsmethoden er verwünschte. Aus seiner unmittelbaren Betroffenheit als Sohn einer ertaubten Mutter (A II, S. 128 ff) appelliert jener *Dr. Bell* an *Helen Keller:*

> *„Du hast sprechen gelernt, und ich glaube, du bist dazu bestimmt, die Schranken niederzulegen, welche die Tauben von den übrigen Menschen trennen. Einzigartige Aufgaben erwarten dich, die einzigartige Frau."*
> *(A II, S. 147)*

Und so verwirklicht *Helen Keller* ihre Zielsetzungen auf zahllosen Solidaritäts-Vorträgen bzw. Veranstaltungen, so demonstriert sie beispielgebend sich selbst, ist sie am 8. Juli 1896 die erste sogenannte Taubstumme, die als Sprecherin auf der 5. Versammlung der ‚Amerikanischen Vereinigung zur Förderung und Unterweisung der Taubstummen im Sprechen' selbst Lautsprache sprechend auftritt, um den Segen der Sprache als Kommunikationsmittel erfahrbar werden zu lassen (vgl. A I, S. 230), immer begleitet von ihrer Lehrerin – beide fast mittellos am Existenzminimum vegetierend. Nur so konnten sie ihre Ziele verwirklichen und den zahllosen ‚wohltätigen' Entmündigungsprozessen entfliehen (vgl. A I, S. 159 ff); diese Ziele waren:

- ‚Fürsprecher' der Taubblinden (A II, S. 288 ff)
- ‚Mitarbeiter' an den scheinbar hoffnungslosen Mängeln dieser Welt für eine bessere Zukunft (A II, S. 168 ff)
- ‚Aufklärer' durch Konfrontation mit ihrer personifizierten Lebens- und Lerngeschichte, zum Abbau ‚mittelalterlicher Vorurteile' gegenüber Blinden und Tauben, zum Aufbau neuer partnerschaftlicher Solidarität. (A II, S. 266 ff)

> *„Der Wert meiner Lebensbeschreibung liegt allein darin, daß Gott mein Schicksal dazu benützte, die Herzen der Menschen zu erschüttern, so daß sie sich aufmachten, den Tauben und Blinden Hilfe zu bringen. Er hat mich zum Fürsprecher gemacht .. "' (A II, S. 288)*

„Und weil ich das ... nicht allein vollbringen konnte, hat er mir einen Befreier und Schutzengel gesandt – Anne Sullivan, meine Lehrerin." (A II, S. 299)
„... denn ich wäre in Wahrheit blind und taub, wenn sie von mir ginge ... Vor allem aber liebte sie mich." (A II, S. 300)

3.1.2.1 Zusammenfassung: Lernprozeß Krisenverarbeitung bei Sinnes-Behinderung

1. Im Unterschied zu Lernprozessen anderer Behinderungsarten differenziert sich der Lernprozeß Sinnes-Behinderter bei Taub-Blindheit in eine vor- und eine nach-sprachliche Lernzeit der Krisenverarbeitung, von *Helen Keller* als Zeit im ‚Kerker' und im ‚Licht' unterschieden, die z w e i Lernprozeßverläufe bedingt.

2. In Übereinstimmung mit allen anderen Behinderungen verlaufen beide vor- und nach-sprachlichen Lernprozesse parallel durch alle acht Spiralphasen. *Helen Kellers* vor-sprachliche Zeit im Kerker durchläuft alle Spiralphasen des EINGANGS- und des DURCHGANGS-Stadiums II von der *Ungewißheit* (1) bis zur *Depression* (5) bis zum Alter von 6,9 Jahren; zu diesem Zeitpunkt bricht mit dem Erlernen der Sprache die nach-sprachliche Zeit an, die erneut das EINGANGS- I und DURCHGANGS-Stadium II im Lernprozeß verarbeitet und danach das ZIEL-Stadium III erreicht.

3. Der Nachweis des Denkmodells der Spiralphasen wird von *Helen Keller* einerseits, wie schon erwähnt, an den parallel verlaufenden Lernprozessen der vor- und nachsprachlichen Zeit veranschaulicht, andererseits exemplifiziert an den Spiralphasen *Aggression* (3), *Depression* (5) und *Annahme* (6), die deutlich eine fortschreitend abstraktere Komplexität des kognitiven Erkennens bzw. der affektiven Internalisierung nachweisen.

4. Der zentrale Bedingungsfaktor Einstellung und Verhalten der Bezugsperson gegenüber dem Betroffenen erweist sich auch bei *Helen Keller* als gravierend. *Anne Sullivan,* die Lehrerin, begegnet *Helen Keller* wie einem nichtbehinderten Partner; demzufolge erlernt *Helen Keller* ihr Nichtbehinderten-Bewußtsein, sie schreibt über sich selbst, ‚ich erlebe mich als Hörende und Sehende', darin unterscheidet sich ihr Lernprozeß von dem *Laura Bridgmans.*

5. Das erlernte Nichtbehinderten-Bewußtsein *Helen Kellers* ist die Grundlage, auf der sie sich – ausgestattet mit einem Universitäts-Diplom, aber ohne jede Berufsrolle oder -tätigkeit – als sozial integriert erlebt.
Selbst in der Zeit ihrer wirtschaftlichen Schwierigkeiten hält das Bewußtsein erzielter Integration an, verstärkt durch den Selbstbestimmungsprozeß dieser Aktions- und Solidaritäts-Phase. Nicht zuletzt impliziert die Aussage ‚mein Leben ist eine Chronik der Freundschaft' die Realität gelebter Integration.

6. Beachtenswert als ein wiederholt analysiertes Phänomen verläuft der Lernprozeß der Lehrerin in Parallelität zur Schülerin; *Anne Sullivan* zeichnet sich weniger durch eine qualifizierte Spezialausbildung als vielmehr durch eine *Helen* vergleichbare Biographie aus. Das bedeutet, daß sie den Lernprozeß Krisenverarbeitung zur Überwindung ihrer zeitweiligen Erblindung selbst durchlebt hat.

7. *Helen Keller* ist demzufolge eine der wenigen Ausnahmen, die eine selbsterfahrene ‚mit-leidende' Prozeßbegleitung findet; sie bekennt, daß ihre Lebens- und Lerngeschichte ohne diese Lernprozeßbegleitung wahrscheinlich einen anderen Verlauf genommen hätte. Ohne Prozeßbegleitung hätte ihr Lernweg stagnierend in der *Depression* (5) abgebrochen geendet, und die unerträgliche soziale Isolation wäre ihr Dauerzustand geworden.

3.1.3 Lernprozeß Krisenverarbeitung bei Körper-Behinderung

Brown, Christy: Mein linker Fuß. 1967[7]
Englischer Originaltitel: My left foot. o.A., m.E. 1954[1]
Daten: Körper-Behinderung. Cerebrale Kinderlähmung, Athetose, spastische Lähmungen, angeboren.
Christy ist das 10. von 22 Geschwistern
Vater: Maurer, Mutter: ohne erlernten Beruf.

Christy Browns Autobiographie, der Bericht eines Zweiundzwanzigjährigen über sein ungewöhnliches ‚nicht-Norm-gemäßes' Leben, ist ein dokumentarischer Nachweis für die erstaunlichen Kräfte, deren der Geist über den Körper fähig wird, wenn es gilt, scheinbar Unmögliches zu überwinden.

Der Bericht ‚Mein linker Fuß' ist das Produkt eines nie zuvor geschulten Geistes in einem Körper, der immer noch so schwer behindert ist, daß *Christy Brown* nur mit den Zehen seines linken Fußes schreiben, nicht ohne fremde Hilfe essen und trinken oder sich selbst ankleiden noch seine Hände gebrauchen kann. Erst mit 18 Jahren – also 4 Jahre vor dieser Autobiographie – erhielt *Christy Brown* erste medizinische Hilfe durch Physiotherapie, wodurch er aufrecht zu sitzen, zu gehen und so zu sprechen erlernte, daß jedermann ihn zu verstehen ahnt, obwohl es ihm noch immer schwerfällt, Wörter deutlich zu artikulieren.

Christy Browns Autobiographie gewinnt als empirisches Material den Rang eines Grundsatz-Dokumentes, weil sie, frei von jeglicher Art äußerer Einflußfaktoren wie pädagogischer, psychologischer, medizinischer Förderungsmaßnahmen und bar aller sozialen Privilegien, den Spiralphasen-Lernprozeß Krisenverarbeitung als unabdingbare Voraussetzung für das Erreichen der sozialen Integration darstellt, die gerade nicht identisch ist mit der beruflichen Integration.

Bezeichnenderweise widmet *Christy Brown* diesen Bericht seiner *Mutter,* der ersten und einzigen Lehrerin seines Lebens, einer Arbeiterfrau, einer Mutter von 22 Kindern, jenem einen, einzigen Menschen, der bedingungslos an ihn glaubte, an seinen ‚Geist' in seinem ‚Krüppelkörper'!

„... sie war entschlossen, mich genau so zu behandeln w i e d i e a n d e r e n ...
Das war für mein zukünftiges Leben ein folgenschwerer Entschluß ...
... aber meine Mutter gab sich nicht damit zufrieden, bloß zu sagen, ich sei kein Idiot, sie wollte es b e w e i s e n , nicht aus eisernem Pflichtgefühl heraus, sondern aus Liebe. Und das ist der Grund, weshalb ihr Verhalten von Erfolg gekrönt war." (S. 14)
„Ich weiß, daß mein Sohn kein Idiot ist. Sein Körper ist verrückt, nicht sein Geist. Dessen bin ich gewiß." (S. 16)

Spiralphase 1: Ungewißheit

Geborgen und gefordert in einer ständig anwachsenden Familie als zehntes von zweiundzwanzig Geschwistern, zusammengepfercht auf engstem Raum und gemeinsam kämpfend um das tägliche Brot, erlebte *Christy Brown* alles wie selbstverständlich mit seinen ‚nicht-behinderten' Geschwistern, die seine Welt bedeuten, gemeinsam: Freunde, Streiche, Schwimmfreuden, Landpartien, Kinogänge – immer auf dem Hochsitz der Schultern eines seiner Brüder oder in seiner Staatskarosse, dem ‚alten Henry', einem verrosteten Handwagen, und so kannten ihn alle, so akzeptierten ihn alle, so war er, wie er eben war. Es verwunderte ihn einzig das Verhalten fremder Leute, sie

„... blieben manchmal stehen und starrten mich an ..., aber ich machte mir nichts daraus, weil ich keine Ahnung hatte, w a r u m sie mich anstarrten." (S. 41)

In der Reflexion des Autobiographen gesteht er seine Vermeidungs- bzw. Verdrängungsmechanismen gegen die zunehmende *Gewißheit* (2) seiner selbst ein, erkennt er nachträglich die *Unsicherheit* (1.2) und die darauf folgende *Unannehmbarkeit* (1.3):

„Vielleicht lauerte versteckt – eine Ahnung, daß irgendwo etwas nicht stimmte, irgendetwas an mir ...
Aber es war ein unbehaglicher Gedanke, und er schreckte mich, so daß ich versuchte, ihn von mir zu schieben. Ich wollte weiter nichts als glücklich sein. Und meine Brüder sorgten dafür, daß ich glücklich war." (S. 41)

Aus diesem noch ungeteilten Glückserleben inmitten seiner Brüder und Freunde, als Erfahrung selbstverständlichen Angenommenseins entwickelte *Christy Brown* seine ungebändigte Entdeckerfreude, sein heftiges Verlangen und seine unbewußte Entschlossenheit,

> *„... das zu tun, was die anderen taten, zu fühlen, was sie fühlten, und kennenzulernen, was sie kannten." (S. 47)*

Exemplarisch für seine unablässige Lernbegierde in dieser Spiralphase der *Ungewißheit* (1), die noch gar keine Grenzen kannte und sich ihrer erst gar nicht bewußt wurde, gibt *Christy Browns* faszinierende Schilderung seiner Entdeckung „einer neuen Welt", durch das Erlernen der Schrift den „Schlüssel zu geistiger Freiheit" zu finden:

> *„... für das verkrampfte steife Etwas ..., das ich war, das hinter einem schiefen Mund nach Ausdrucksfähigkeit lechzte." (S. 21)*

Die Familie hockt auf engstem Raum in der Küche, dem einzigen Wohnraum. Christy saß, von Kissen gestützt und gegen die Wand gelehnt, dicht neben seinen Geschwistern, die auf der Schiefertafel mit gelber Kreide ihre Schulaufgaben schrieben:

> *„Plötzlich verlangte ich verzweifelt danach, das zu tun, was meine Schwester tat. Dann – ohne zu denken oder genau zu wissen, was ich tat, streckte ich m e i n e n l i n k e n F u ß aus und nahm das Stück Kreide aus der Hand meiner Schwester – m i t m e i n e m F u ß ... Ich hielt sie fest zwischen meinen Zehen, und einem Impuls folgend, vollführte ich mit ihr ein wüstes Gekritzel auf der Schiefertafel ... Dann blickte ich auf und wurde gewahr, daß alle zu sprechen aufgehört hatten und mich schweigend anstarrten. Niemand rührte sich ..." (S. 18)*

Eindrucksvoll beschreibt *Christy Brown* die meisterhafte Lehrtätigkeit seiner Mutter, deren bedingungslos ungeteilte Liebe, verbunden mit unerschütterlichem Glauben, ihn zur Überwindung seiner körperlichen Schwierigkeiten befähigte:

„Meine Mutter kam mit einem dampfenden Topt aus der Kammer ... kniete neben mir nieder ... ‚Ich werde dir zeigen, was du damit anfangen kannst. Chris' ... und schrieb dann sehr bedächtig auf den Fußboden vor mir 'A'.
‚Mach das nach' ...
‚Schreib es nach, Christy' ...
Ich konnte es nicht ... (S. 19)
„Versuch es noch einmal, Chris', flüsterte sie in mein Ohr.
„Noch einmal'.
Ich tat es. Ich straffte meinen Körper und streckte meinen Fuß zum drittenmal aus. Ich zeichnete ... brach ... ab ... wollte fortwerfen und aufgeben ... fühlte die Hand meiner Mutter ... versuchte es noch einmal ... Ich zitterte, ... schwitzte ... spannte jeden Muskel.
Meine Hände waren so fest zusammengepreßt, daß die Fingernägel ins Fleisch schnitten. Ich biß die Zähne so fest aufeinander, daß sie beinahe meine Unterlippe durchbohrt hätten. Alles verschwamm ... Aber – ich schrieb ihn – d e n B u c h s t a b e n ‚A' ...
Ich sah ... meiner Mutter Tränen ..., dann bückte sich mein Vater und hob mich auf ..." (S. 20)

Mit Stolz und Freude begreift er seinen Sieg über sich selbst, erkennt er sein Tor zur geistigen Freiheit: die Entdeckung seiner neuen Welt ‚Ausdrucksfähigkeit'!

„Ich hatte es geschafft! Dies war der Anfang ... Es ist wahr, ich konnte nicht mit Lippen sprechen, aber jetzt wollte ich durch etwas sprechen, was länger währte als das gesprochene Wort – das geschriebene Wort. Jener eine Buchstabe, mit einem zerbrochenen Stück gelber Kreide, die zwischen meine Zehen geklemmt war, auf den Fußboden gekritzelt, war mein Weg in eine neue Welt, mein Schlüssel zu geistiger Freiheit." (S. 19/20)

Ebenso erlebt *Christy Brown* seine Freundschaften zu anderen Kindern als Bruder seiner Brüder völlig selbstverständlich:

„Sie nahmen mich mit ... So spielten sich einige der schönsten Jahre meines Lebens ab ...
Es waren Jungen aus der Nachbarschaft, die jung und unbeschwert genug waren, um mich, ohne viel Fragen zu stellen, als einen der ihren anzusehen." (S. 28)

Und aus der Retrospektive analysiert der Autobiograph sein Abenteuer des ersten Schwimmversuches:

> *„Mich packte einzig und allein das Verlangen, gerade jetzt in diesem Augenblick ins Wasser zu gehen ... Ich stieß einen Schrei aus und Tony kam zu mir herauf. In meiner mir eigenen grunzenden Sprache sagte ich ihm, daß ich schwimmen wolle ...*
> *... denn ich war ein Kerl, der stets gewillt war, alles einmal zu versuchen ... Er trug mich ... hinter einen Busch ... zog mich dort aus ... trug mich zum Ufer ... hob mich ... warf mich in den Kanal ... ich (schlug) wie rasend mit meinen Füßen aus ... wie einer der weißen Schwäne ... Tony an meiner Seite ... Jim (zog) mich ans Ufer ... ich atemlos, aber triumphierend." (S. 47/48)*
> *„Das war mein erster Schwimmversuch ... Ich schaute in die Welt hinaus und nahm alles wahr, nur nicht mich selber." (S. 49)*

Diese Kindheitsszenen aus den ersten zehn Lebensjahren, strotzend von Tatendrang, Lebensfreude, Entdeckerlust und Lernbegierde, lassen verstehen, wie selbstverständlich und im wahrsten Sinne des Wortes selbst-los, noch von jeglichem Sich-selber-bewußt-Werden frei, dieses Kind *Christy* in der bedingungslosen Akzeptation seiner Familie, seiner Freundschaften, seines großen Geschwisterkreises sich angenommen weiß und ohne Wahrnehmung seiner körperlichen Gebrechen, ohne Bewußtsein seiner Behinderung wie alle anderen auch als Nicht-Behinderter mit und unter ihnen aufwuchs.

Spiralphase 2: Gewißheit

Gewißheit, Bewußtsein über sein „Anderssein", über seine Defizite brach blitzartig durch, ausgelöst durch einen äußeren Umstand. Der rostige Handwagen ‚Henry' brach endgültig zusammen, und ohne Henry war der körperlich herangewachsene nun zehnjährige *Chris* verloren, weil niemand ihn längere Zeit tragen konnte. Nicht der kaputte Wagen verstimmte *Christy*, vielmehr war es die Gemütsverfassung, in die er verfiel, wenn er von allen verlassen – von seinen Brüdern und Freunden – sich selbst überlassen, zurückgelassen, in sich selbst versank. Die merkwürdige Idee, etwas mit ihm könnte nicht stimmen, trat nun unausweichlich deutlicher zutage. Die Reaktion der Freunde: „Er kann einem leid tun" glich einem Nadelstich. Wortwörtlich hatte er mit seinem Handwagen den „Boden unter den Füßen" verloren:

> *„Alles war so ganz anders, i c h s a h j e t z t alles anders und i c h e m p f a n d alles anders." (S. 50)*

Die zunehmende Klarheit seiner Defizitexistenz zeichnet seine Selbstdarstellung aus:

> *„Ich war jetzt genau 10 Jahre alt, ein Knabe, der nicht gehen, nicht sprechen, nicht essen, sich nicht selbst ankleiden konnte. Ich war hilflos, aber erst jetzt begann ich, mir darüber klar zu werden, wie hilflos ich wirklich war." (S. 50)*

Die zunehmende *Gewißheit* (2) seines Behinderten-Bewußtseins erwacht:

> *„Ich w u ß t e immer noch n i c h t s über mich; ich wußte nichts, nur eines stand fest: ich war ‚anders' als die anderen. Ich verstand nicht, wodurch ich anders oder warum es so sein mußte ...*
> *Ich vermochte das nicht zu ergründen. Ich war nicht einmal imstande, einen klaren Gedanken darüber zu fassen.*
> *Ich konnte es nur f ü h l e n , konnte es nur tief in meinem innersten Herzen spüren wie eine dünne scharfe Nadel, die sich ihren Weg durch alle Vorstellungen und Träume meiner kindlichen Seele bahnte, bis sie die Träume schließlich alle in Fetzen riß und die Seele nackt liegen ließ, machtlos der unumstößlichen Wahrheit gegenübergestellt, daß ich ein Krüppel war." (S. 51)*

Und so erkennt der Leser *Christy Browns Leitthema* für das erste Drittel seiner Autobiographie:

> *„Bisher hatte ich niemals über mich selber nachgedacht. Es hatte sich zwar manchmal ein unbestimmtes Gefühl bemerkbar gemacht, ... eine unbehagliche Regung ..., die kam und ging. Aber das war nur ein dunkler Punkt im Glanz ... gewesen ..., ich hatte den kleinen Lebensbereich ... genossen. Ich war mir die ganze Zeit über*

m e i n e r selbst n i c h t b e w u ß t gewesen.“ (S. 51)

Das Leitthema wird die Auseinandersetzung mit der Krisenverarbeitung im EINGANGS-Stadium I, gekennzeichnet durch die implizite Leugnung. Zehn Jahre dauerte der Erkennungsprozeß von der *Ungewißheit* (1) zur *Gewißheit* (2). Zwar war schon sehr früh seine *Unwissenheit* (1.1) der *Unsicherheit* (1.2) gewichen. Es hatte da ein unbestimmtes Gefühl ..., eine unbehagliche Regung gegeben, aber, das heißt *nein,* entsprechend der *Unannehmbarkeit* (1.3) mußte er schnell darüber hinwegsehen, bis nach zehn Jahren die Wahrheitsentdeckung der *Gewißheit* (2) unaufschiebbar für ihn wurde: „Ich ‚bin‘ mir meiner selbst bewußt ‚geworden‘.“

Spiralphase 3: Aggression

Analog dem Denkmodell der Spiralphasen wiederholt sich die *Aggression* (3) in *Christy Browns* autobiographisch erfaßten 22 Lebensjahren dreimal als Spiralringe auf unterschiedlichen Ebenen, vom außengerichteten Selbst- und Menschen-Haß zum innengerichteten Selbstmordversuch bis hin zum globalgerichteten Groll gegen Welt und Gott:

Spiralring I = Außen-gerichtete *Aggression* (3), ein interaktioneller Prozeß des 10-jährigen Kindes als Haß gegen das Krüppel-Selbst, als Mißtrauen gegen andere.

Spiralring II = Innen-gerichtete *Aggression* (3), ein intrapsychischer Prozeß des 15-jährigen Jungen als Suicidversuch gegen das eigene Selbst.

Spiralring III = Global-gerichtete *Aggression* (3), ein kommunikativer Prozeß des 18-jährigen jungen Mannes als Groll gegen die Welt, als Groll gegen Gott.

Dazu die biographischen Nachweise:

Spiralring I = Außen-gerichtete Aggression (3) als Haß gegen das Krüppel-Selbst

Der vormals wißbegierige Junge erkennt sich als elender Krüppel:

> *„Jetzt war es anders.*
> *Jetzt sah ich alles, aber nicht mit den Augen eines kleinen Jungen, der auf Spaß aus ist und von Wißbegierde überquillt, sondern mit den Augen eines Krüppels, der eben erst sein ganzes Elend erkannt hatte." (S. 51)*
> *„Ich begann den Anblick dieser Hände zu hassen, ...*
> *– die eher wie zwei sich windende Schlangen aussahen als ein Paar menschliche Hände – ...*
> *– den Anblick meines wackelnden Kopfes mit dem schief herunterhängenden Mund, wenn ich mich in dem Spiegel sah, so daß ich bald soweit war, den Spiegel zu hassen und zu fürchten, er verriet mir zuviel." (S. 52)*

Selbstkritisch distanziert betrachtet er sich selbst mit den Augen Fremder:

> *„Ich war zutiefst erschrocken über das, was ich sah ... Ich hatte schon vorher in den Spiegel gesehen, aber, da ich nicht gewußt hatte, worauf ich hätte achten sollen, hatte ich nichts Absonderliches entdeckt. Wenn ich jedoch in den Spiegel blickte, schielte mich jedesmal das gleiche groteske Gesicht an." (S. 52)*

Und als ob es ein Entrinnen aus dieser unumstößlichen Gewißheit gäbe, riß *Christy* eines Tages mit seinem linken Fuß den Spiegel von der Wand, warf ihn auf den Fußboden, daß er zersplitterte. – Konnte er sich schon nicht selbst vernichten, sollte wenigstens sein Spiegelbild zerstört werden.

Spiralring I = Außen-gerichtete Aggression (3) als Mißtrauen gegen andere:

Der vernichtende Selbsthaß reduziert und fixiert den 10-jährigen *Christy* zunehmend auf eine selektive Wahrnehmung, die ihm unablässig sein gesuchtes und projiziertes Mißtrauen bestätigt:

„Mein Geist war jetzt ebenso anders, wie – ich wußte es jetzt – mein Körper es war. Ich war empfindlicher geworden, argwöhnischer jenen gegenüber, denen ich außerhalb des Hauses begegnete.“ (S. 54)
„Ich gaffte immer ihre Gesichter an, um aus ihrem Blick herauszulesen, ob sie etwas Absonderliches an mir wahrnahmen. Wenn ein Fremder vorbeikam, versteckte ich jedesmal mein Gesicht ...“ (S. 53)
„Diese Blicke der Menschen auf den Straßen gingen mir durch und durch. Meine Brüder glaubten nicht, daß ich etwas bemerkte, aber ich bemerkte alles.“ (S. 54)

Spiralring II = Innengerichtete Aggression (3) als Suicidversuch gegen das eigene Selbst:

Der 15-jährige *Christy* glaubte, an der Diskrepanz seiner mangelnden Ausdrucksmöglichkeit und an sich selbst ersticken zu müssen.

„Meine ganze Qual lag in mir verschlossen.
Eines Tages kroch ich in einem Anfall von Verzweiflung, geängstigt und verwirrt von allem, was in mir vorging, die Treppe hinauf in mein Schlafzimmer und riegelte die Tür zu ...
ich hatte ... beschlossen, ‚mit mir Schluß zu machen‘, indem ich mich aus dem Schlafzimmerfenster auf den zementierten Hof hinabstürzte.“ (S. 81)

Es ist bedeutsam, daß ihn im Augenblick des Absprungs vom mühsam erklommenen Fensterbrett einzig der Gedanke an jenen Menschen zurückhielt, der allein nur für ihn – außerhalb der Familie – als Kontakt zur Außenwelt existierte, die Hospital-Fürsorgerin ... (S. 82, vgl. dazu auch S. 62).

Spiralring III = Global-gerichtete Aggression (3) als Groll gegen Welt und Gott

Das Gefühl, nicht nur elend und betrübt, sondern auch zurückgesetzt zu sein, ließ seine ihm unausprechbare Aggression als massiven Groll gegen Welt und Gott anwachsen:

„Ich hegte einen Groll gegenüber der Welt überhaupt und im besonderen deshalb, weil ich einen schiefen Mund, verkrümmte Hände und nutzlose Gliedmaßen hatte ...
ich fragte mich zum hundertstenmal, w a r u m ... i c h ? (S. 83)
Wenn ich überhaupt an Gott dachte, so nur mit dem Gefühl von Groll ... Ich betete ..., aber ganz automatisch ... Sogar Gott schien mir zu entgleiten ..." (S. 92/93)

Einen Weg, seinen aggressiven Groll gegen Gott und die Welt zu entladen, so „als öffnete man eine Flasche Ingwer-Bier und lasse alle eingeschlossenen Blasen entweichen" (S. 87), fand *Christy* im Schreiben:

„Mein Schreibheft wurde häufig zu einem Friedhof ... ich ... schrieb schaurige Schilderungen von verwesenden Leichen, die in Kellern und Bodenkammern gefunden wurden, oder von Schreien, die aus feuchten, alten Landhäusern plötzlich durch die Stille der Nacht gellten.
... gab ... mich nicht ... zufrieden, ... nur einfach zu ‚ermorden', sondern ich ermordete sie auch auf die möglichst scheußliche Weise ... zerhackte sie ... verteilte ihre Überreste. Es war alles sehr blutrünstig." (S. 86)

Deutlicher kann die umgeschlagene innengerichtete Selbst-Vernichtung zur außengerichteten Welt-Vernichtung aus verzweifelter ungesteuerter Aggression nicht dargestellt werden.

Spiralphase 5: Depression

Parallel zu den Spiralphasen der Aggression verlaufen die der *Depression* (5). *Christys* Selbstdarstellung als 10-Jähriger:

„Ich blickte stumm ... bediente mich nicht einmal mehr meines Grunzens ..., fand kein Vergnügen ..., anstatt Mitspieler ... jetzt Zuschauer ..., fuhr ... nie mehr spazieren ..., Stubenhocker ... fast immer traurig, niedergeschlagen und verschlossen, ... saß ... starrte ... war einsam ..." (S. 54)

Dieser niemals beschulte Autobiograph portraitiert in sprachlicher Meisterschaft sein Selbstbildnis als 10-jähriges Kind.

„... nichts konnte das glückliche Kind ... zurückholen. Es existierte nicht mehr. An seine Stelle war ein aufs äußerste gespanntes, schweigendes, großäugiges Geschöpf getreten, mit Nerven, die geschärft waren wie zerbrochenes Glas und gestrafft wie Telegraphendraht." (S. 56)

Der 15-jährige Jüngling leidet introvertierter:

„Ich konnte nun nicht mehr länger vor mir selber davonlaufen ..." (S. 78)
„Mir war so, als bewegte ich mich nur in einer Grube, immer dasselbe denkend, dasselbe fühlend, dasselbe fürchtend.
Ich war eingeschlossen, abgeschnitten, zugestöpselt wie eine Flasche." (S. 79)

Und der 17-Jährige erlebt sich als Gefangener und benennt ein ganzes Kapitel ‚Gefängnismauern' :

„Ich fühlte mich in einer Falle gefangen und von Ketten gefesselt ... Ich war ein Gefangener zwischen Kerkerwänden, ich spürte deutlich, wie diese Mauern mich jetzt, je mehr ich heranwuchs, fester umschlossen."
(S. 90)

Spiralphase 4: Verhandlung

In diese tiefste Depression bricht ein erstes Angebot zur *Verhandlung* (4) ein. Die Fürsorge-Freundin macht *Christy* den Vorschlag zur Pilgerreise nach Lourdes, und er stimmt zu aus seiner innersten Hoffnung auf ein Wunder (S. 93). *Christy* erlebt seinen *Pilgerzug* in die Grotte von Lourdes als „schönsten Augenblick meines Lebens" (S. 100), und wenn er auch keine physische Heilung erfährt, so doch – wie schon von anderen Biographen umschrieben – die psychische Wandlung einer sich anbahnenden *Annahme* (6), mit seiner Behinderung zu leben:

„... als ich all diese Menschen sah, von denen jeder sein eigenes Leid zu tragen hatte, begann ein neues Licht in mir zu dämmern. Ich war reichlich verwirrt, ich hatte nie daran gedacht, daß es so viel Leid in der Welt geben könne. Bisher hatte ich wie eine Schnecke gelebt ... (S. 95)
Es war mir, als sei ich die ganze Zeit blind gewesen und

sähe erst jetzt mit meinen eigenen Augen und fühlte wirklich mit meinem Herzen die Mühsale von anderen, deren Bürde so groß war, daß die meine im Vergleich dazu nichts zu sein schien." (S. 96)

Spiralsphase 6: Annahme

Auch die *Annahme* baut sich bei *Christy* analog zu den Spiralphasen der *Aggression* und *Depression* gleichermaßen aus immer komplexer und internalisierter ansteigenden Spiralringen, im Wechselverhältnis von Fremd- und Selbst-Annahme-Erfahrungen zur Selbst-Annahme seiner Behinderung als Ich-Identität auf:

Spiral-Ring I: Selbstverständliche Fremd-Annahme

Dieses Stadium durchlebt das Kind *Christy* bis zu seinem 10. Lebensjahr; so anerkannt, lebt er aus sich, als Bruder seiner Brüder in Familie, Freundschaft und Nachbarschaft. Das wurde im EINGANGS-Stadium I vorgestellt.

Spiral-Ring II: Zugewiesene Fremd-Annahme bei verleugnender Selbst-Annahme

Diese prägt das existenzbedrohliche Dasein des sich seiner selbst bewußt werdenden Heranwachsenden bis etwa zum 18. Lebensjahr. Die zugewiesene Fremd-Annahme wird ihm durch die schon erwähnte Begegnung mit der Hospital-Fürsorgerin zuteil, die während eines Krankenhausaufenthaltes der Mutter die ‚Fürsorge' für *Christy* übernimmt und damit zu diesem Zeitpunkt die einzig existierende Kontaktperson außerhalb seines engen Lebensbereiches ist. Die bedingungslose Fremd-Annahme dieses fast gleichaltrigen jungen Mädchens löst in ihm erste Spuren bewußter Selbst-Annahme aus:

„Neben meiner Mutter sollte sie den größten Einfluß auf mich haben. ..." (S. 62)

„Mein Horizont begann sich zu weiten. Ich lernte mehr von mir selber und von den Vorgängen in meiner Umwelt begreifen, nicht, weil jemand mir davon erzählte, sondern weil i c h b e g o n n e n h a t t e, ein wenig mehr zu empfinden ... zu denken und deshalb ... zu erkennen." (S. 63)

Sie verhilft auch zu weiteren zugewiesenen Fremd-Annahme-Erfahrungen, als sich *Christy* nur auf ihre Initiative hin an einem Malwettbewerb beteiligt und die von ihr zugleich instruierte Zeitung den ersten Preis *Christy* zuerkennt:

„Mein linker Fuß und ich hatten es wieder einmal geschafft." (S. 68)

Sie ist es auch, um derentwillen *Christy* im letzten Augenblick vom Suicid abläßt, weil sie ihm das Gefühl vermittelt, „ich brauche Dich und Deine Bilder."

„Als ich mich immer mehr in das Malen vertiefte, begann ich mich innerlich glücklicher und ruhiger zu fühlen. Dennoch war es nicht nur das Malen, das mich so glücklich machte, das allein wäre nicht genug gewesen ..., vielmehr ...: das Gefühl, nützlich zu sein, meine Bilder für jemanden zu malen, der ... zu einer Göttin geworden war." (S. 63)
„Das war das Großartigste an ihr; sie verstand es, mir das Gefühl zu vermitteln, daß ich wichtig sei, daß ich nützlich und verantwortlich sei." (S. 64)

Und in der tiefsten *Depression* des 17-Jährigen initiiert und finanziert sie die Pilgerfahrt nach Lourdes.

Spiralring III: aus Selbst-Vergessen erwachsende Selbst-Annahme

Die Pilgerfahrt nach Lourdes brachte *Christy* nicht die Heilung, aber auf dem Boden dieses nachhaltigen Eindruckes ..., des „schönsten Augenblicks meines Lebens", wächst das erste Erkennen:

„Ich erkenne jetzt erst ...!"
„Ich erkannte, daß ich keineswegs so ein Einzelfall war,

wie ich angenommen hatte, sondern daß ich nur zu einer Bruderschaft von Leidensgenossen gehörte, die sich über den ganzen Erdball verteilten." (S. 103)

Auch *Christy Brown* erfährt jenes Geheimnis der Selbstvergessenheit und Solidarität, aus der – wie schon wiederholt hier beschrieben – allein die Selbst-Annahme zur Ich-Identität als Schlüssel für den Aufbau von personaler und sozialer Identität zur sozialen Integration erwachsen kann:

„In der ... Woche hatte ich inmitten der Dinge und Menschen ... mich selber vergessen." (S. 101)
„... fühlte ich mich wie neugeboren ...
... alle ... hatten ... ein gemeinsames Ziel: zu beten und zu hoffen." (S. 99)

Und so ‚erkennt' er in den nachfolgend eingetretenen Ereignissen sein Wunder, nicht, weil es ihm Heilung, sondern weil es die Einstellungs-Wandlung bringt. Er erkennt sich nicht mehr als Zurückgesetzten, sondern kann sich erstmalig selbst annehmen und als von Gott Angenommener bejaht sehen, das befreit in ihm die Kräfte aus der Bitterkeit und Depression zur *Aktivität:*

„Es mag reiner Zufall, ein bloßes Zusammentreffen von Umständen gewesen sein, aber für mich ... schien es mir damals und seither immer nichts Geringeres zu sein als ein Wunder – ... nicht, weil es so viel Gutes für mich brachte, sondern weil es einen Glauben aufrichtete, wo vorher nur Bitterkeit und Enttäuschung gewesen war. Es bewies mir, daß es in dem großen Gesamtbild des Lebens auf uns alle ankommt, selbst auf den geringsten unter uns, weil sie alle ein Teil von ihm sind. In jenem ersten Aufblitzen des Begreifens erkannte ich, daß auch ich eine Rolle zu spielen hatte, und sei sie noch so klein. ... betete ich ... ein Gebet der Dankbarkeit ... "
(S. 108/109)

Der Zufall war für *Christy Brown* der Arzt *Collin,* der sich des Kindes und des ‚Kino-Reiters' (d.h. immer auf den Schultern eines Bruders getragen) erinnerte und ihn für eine Anwendung der neuen Behandlungsmethode der ‚Physiotherapie' gewinnen wollte unter einer Bedingung: Der nun Achtzehnjährige (mußte) sich zu dem Opfer verpflichten, ‚niemals wieder deinen linken Fuß zu gebrauchen!‘ (S. 122/124)

Spiralphase 7: Aktivität

Das heißt für *Christy* erstes hartes diszipliniertes Lernen, ganztägiges physisches Training, und dazu inmitten von Kindern; er selbst war bei Erprobung der Physiotherapie schon 19 Jahre alt. So beginnen Tage, Monate und Jahre härtester Arbeit:

> *„Aber ich wußte damals, daß meine erste Aufgabe darin bestand, mich selber zu b e s i e g e n , und daß die wahre Schlacht erst begann." (S. 127)*

Christys erste Aktivität ist Selbstzucht zur weitestgehenden Körperbeherrschung.

Spiralphase 8: Solidarität

In Lourdes hatte er die Bruderschaft mit leidenden Erwachsenen durchlebt, hier durchleidet er sie mit hilflosen Kindern, Kindern ohne jede Urteilskraft, nur erfüllt mit Hilflosigkeit; er bezeichnet die gemeinsame Behandlung und den Unterricht als

> *„Ausbildung in menschlichem Leid, eine ... erschreckende Erfahrung für jedermann, der bis vor kurzem niemals das Leben jenseits der eigenen vier Wände gesehen hatte ... (S. 130)*
> *Anstatt Mitleid begann die Empfindung einer Seelenverwandtschaft in mir aufzusteigen, ein Gefühl der Zusammengehörigkeit mit jenen Kindern, es gab ein Bindeglied, das mich in die Lage versetzte, die wahre Persönlichkeit, die hinter den grotesk arbeitenden Gesichtern und den angespannten steifen Gliedern lebte, zu sehen und zu fühlen; ... erblickte ich die gefangenen Seelen ... Ich erkannte, daß ich nicht der einzige war, der hinter Gefängnismauern lebte." (S. 131)*

Und er durchleidet die ‚bittere‘, aber ‚notwendige‘ Erkenntnis, daß sein alter ‚Unterschied‘ immer bestehen bleiben würde.

„Ich sehnte mich so danach zu lieben und geliebt zu werden ..."

Und aus dieser Erkenntnis gewinnt er die Kraft, sich zu seinem Selbst zu entscheiden:

> *„Wenn ich niemals wie andere Menschen sein konnte, dann wollte ich wenigstens i c h s e l b e r s e i n und das Beste aus mir herausholen." (S. 132)*

Aus der ‚Selbstbejahung' und der ‚Ausbildung in menschlichem Leiden' erkennt *Christy* – unfähig zu jeder Berufsausübung – „seine Rolle in der Welt", inmitten „der Gemeinschaft der Menschen, die einen gesunden Körper haben":

> *„Ich hatte das verzweifelte Verlangen, etwas zu sagen, ... zu jedem einzelnen Menschen, zur Welt in ihrer Gesundheit ...*
> *Ich fühlte, daß ich etwas e n t d e c k t hatte, etwas, wonach ich schon immer gefahndet hatte ...*
> *Es hatte Jahre gebraucht, danach zu suchen ...*
> *Es war nicht nur etwas über m i c h s e l b e r, sondern über alle, die ein Leben führten, das dem meinen ähnlich war, ein Leben in Fesseln und auf allen Seiten von den hohen Mauern eines eingeengten unterdrückten Daseins umschlossen.*
> *Ich fühlte, daß ich endlich eine Möglichkeit hatte, die Mauern abzutragen und aus ihrem Schatten zu entfliehen, eine Möglichkeit, meinen Platz in der Sonne einzunehmen und m e i n e R o l l e in der Welt, in der G e m e i n s c h a f t der Menschen, die einen gesunden Körper haben, zu spielen." (S. 141)*

Und so schreibt *Christy Brown* seine ‚erste Geschichte seines Lebens', läßt sie schreiben durch die Schreibfeder seiner Brüder, deren Hausaufgaben er dafür macht.

So sagt sich *Christy Brown* selbst aus, läßt seine Erkenntnis aus seinen Erfolgen lebendig werden, erfüllt er seine – von ihm selbst gefundene – Rolle in dieser Gesellschaft, erlebt er sein I c h inmitten der anderen, seine soziale Integration.

> *„Ich schrieb und schrieb ohne Pause, Stunde für Stunde, ohne mir meiner Umgebung bewußt zu sein.*
> *Ich fühlte mich wie ein anderer Mensch.*
> *Ich war nicht mehr unglücklich.*
> *Ich fühlte mich nicht mehr betrogen oder ausgeschlossen.*

Ich war frei, ich konnte denken.
Ich konnte leben, ich konnte schaffen ...“ (S. 177)

Die hier analysierte Autobiographie *Christys* ist das Dokument dieses Lernweges zur sozialen Integration, kein genialer Entwurf im ersten Anlauf, sondern das Ergebnis härtester Arbeit: zwei Jahre, vom 18. - 20. Lebensjahr, füllt er stapelweise Hefte, schreibt er seine erste Fassung ohne jede Hilfe, ohne jemals unterrichtet worden zu sein; am Rande der Verzweiflung angelangt, sich selbst im Kreise drehend erlebend, wendet er sich an seinen Arzt *Dr. Collin;* erst jetzt entdeckte er in ihm auch den berühmten Schriftsteller, der in diesem Augenblick sein erster Lehrer wird.

Es entsteht die zweite Fassung in der Zeit vom 20. - 21. Lebensjahr, begleitet von den ersten Lesestudien jener Bücher, die Dr. *Collin* ihm bringt, damit er gutes Englisch überhaupt erst einmal kennenlernen kann. Von diesem Zeitpunkt an verschafft er ihm, der keine Schule kannte, auch einen ersten Hausunterricht. Und erst die dritte, in der Zeit vom 21. - 22. Lebensjahr geschriebene Fassung wird von *Collin* akzeptiert. Statt eines Vortrags über Cerebral-Parese läßt Dr. *Collin* mit *Christys* Worten die cerebrale Kinderlähmung nacherleben, verliest er das erste Kapitel der Autobiographie ‚Mein linker Fuß‘ auf der Tagung der ‚Cerebral-Palsy-Association‘.

„Ich werde keine Rede halten ...
Ich werde Ihnen nur etwas vorlesen, das Ihnen einen Einblick in das Innere eines Menschen gibt, der wegen einer cerebralen Kinderlähmung verkrüppelt ist.“

Christy Browns Lernprozeß Krisenverarbeitung zur sozialen Integration war abgeschlossen.

„Ich hatte Frieden gefunden, ich war glücklich.“ (S. 187)

3.1.3.1 Zusammenfassung: Lernprozeß Krisenverarbeitung bei Körper-Behinderung

1. In Übereinstimmung mit den Lernprozessen bei allen anderen Behinderungsarten weist auch der Lernprozeß Krisenverarbeitung des spastisch gelähmten *Christy Brown* die acht Spiralphasen zur sozialen Integration nach.

2. In Abhebung von allen anderen zeichnet sich dieser Prozeß durch zweierlei aus:
   Christy Brown fällt als erst 22-jährigem Biographen die ‚Benjamin-Rolle' unter den Autoren zu. *Christy Brown* unterscheidet sich gravierend von allen Biographen durch einzigartige Bedingungsfaktoren: frei von jeglicher Art äußerer Einflüsse wie pädagogischer, psychischer, medizinischer Förderungsmaßnahmen und bar aller Vorrechte wie sozialer Privilegien muß er seinen Weg gehen.

3. In ihrer ‚autonomen' Sonderstellung gewinnt *Christy Browns* Autobiographie den Rang eines Dokuments, sie liefert den Nachweis, daß auch unter reduzierten unangemessenen äußerlichen Bedingungsfaktoren das Ziel sozialer Integration als Ergebnis des Lernprozesses Krisenverarbeitung aus acht Spiralphasen erlernt werden kann.

4. Als zentraler Bedingungsfaktor erweist sich auch für *Christy Brown* Einstellung und Verhalten seines sozialen Bezugsfeldes.
   So wird das Bildungsdefizit *Christy Browns* kompensiert durch seine bedingungslose Annahme als Nichtbehinderter als gleichberechtigtes Kind inmitten seiner Geschwisterreihe. Diese bedingungslose Annahme durch seine Mutter impliziert für ihn das gleiche Recht auf unbegrenzte Entwicklung seiner Lernfähigkeit und verschafft ihm den Glauben an seine unbegrenzten Fähigkeiten; das aber ist die Grundvoraussetzung zu deren tatsächlicher Entfaltung. Diese uneingeschränkte Annahme der Mutter hat Zeichencharakter für die Geschwister, Freunde und Nachbarn, die *Christy Brown* in einem Lernklima aufwachsen lassen, in dem die 24 Köpfe zählende Familie selbst zur Lerngemeinschaft wird.

5. Die Plastizität des Denkmodells der Spiralphasen veranschaulicht *Christy Browns* Spiralphase der *Aggression* (3) und der *Annahme* (6).
In den autobiographisch erfaßten 22 Lebensjahren wiederholt sich die *Aggression* (3) dreimal als Spiralringe auf unterschiedlichen Ebenen:
– Spiralring I: Außen-gerichtete *Aggression* (3)
– Spiralring II: Innen-gerichtete *Aggression* (3)
– Spiralring III: Global-gerichtete *Aggression* (3)

Analog dazu verläuft die Spiralphase der *Annahme* (6):
– Spiralring I: Selbstverständliche Fremd-Annahme
– Spiralring II: Zugewiesene Fremd-Annahme bei verleugnender Selbst-Annahme
– Spiralring III: Aus Selbst-Vergessen erwachsende Selbst-Annahme.

6. Die Gleichsetzung von sozialer Integration und beruflicher Integration wurde durch *Christy Brown* erneut widerlegt. Allein aus seiner ‚Selbstbejahung' und der ‚Ausbildung in menschlichem Leiden' erkennt *Christy Brown* – unfähig zu jeder Berufsausübung – seine Rolle in der Welt, inmitten der Gemeinschaft nichtbehinderter Menschen. Auch wenn eine Wechselbeziehung zwischen beruflicher Integration und Selbst-Akzeptation unauflösbar zu bestehen scheint, wird deutlich, daß die eigentliche Selbst-Akzeption das Ergebnis einer realistischen Selbst-Erkenntnis in bedingungsloser Bejahung ist. So beweist die Analyse des autobiographischen Dokuments erneut soziale Integration als sichtbares Ergebnis eines Lernprozesses, in dem der Aufbau von personaler und sozialer Identität angemessen geleistet wurde und der Ich-Identität die Basisfunktion zufällt.

3.1.4 Lernprozeß Krisenverarbeitung bei seelischer Behinderung

Park, *Clara: Eine Seele lernt leben.* 1973
Amerikanischer Originaltitel: The Siege. 1967
Daten: *Mrs. Park* schreibt als Mutter ihrer autistischen Tochter *Elly,* der jüngsten von vier Geschwistern.
Vater: Naturwissenschaftler, Mutter: Lehrerin.

Als letztes wird der Prozeßverlauf bei einem Menschen mit psychischer Behinderung verfolgt. Im Unterschied zu den bereits behandelten Prozeßverläufen, die aus der Retrospektive dargestellt wurden und sich naturgemäß durch eine gewisse Distanz und durch erste Systematisierungsversuche auszeichnen, wird hier ein noch nicht abgeschlossener Prozeßverlauf vorgestellt. Seine Darstellung entbehrt wegen der unmittelbaren Betroffenheit des Autors und seiner Nähe zu den Ereignissen jeder Distanzierung und ist deshalb für die Zwecke der Darstellung besonders geeignet.

In der abgeschlossenen Biographie *Clara Parks* über die ersten acht Lebensjahre ihrer autistischen Tochter *Elly* ist Krisenverarbeitung kein Thema, vielmehr nur unabwendbare Begleiterscheinung in ihrem mütterlichen Kampf, Zugang zu der ‚verschütteten' Seele ihres Kindes zu gewinnen, um es aus den Qualen seiner inneren Einsamkeit zu befreien. Thema ist ausschließlich der ununterbrochene entschlossene Angriff auf die Festung der Seele des Kindes und die Beschreibung der methodischen Variationen dieses durch die Mutter veranlaßten Belagerungszustandes sowie die provokatorische Konfrontation einer seit Generationen mit professoralen Würden betrauten Akademikerfamilie mit dem nicht faßbaren Phänomen eines autistischen Kindes.

Zunächst wird der Versuch unternommen, die Krisenverarbeitung rational, mittels schöpferisch plausibler Hypothesenschilderung, detaillierter Berichterstattung, uneingeschränkter Sachlichkeit anzugehen, geleitet von dem intellektuellen Wunschdenken, aus der unerträglichen ‚Aufgabe' *Elly* ein ‚Privileg' *Elly* gemäß einem zunächst vorherrschenden Forschungsinteresse wachsen zu lassen. Nicht zuletzt bestimmt diese Haltung die Verantwortung gegenüber *Ellys* drei ‚gesunden' überintelligenten älteren Geschwistern (S. 111). So wird der Leser in über 250 Seiten zum intensiven Miterleben gezwungen, erkennt er die anklagenden Enttäuschungen der Eltern in den Negationen der Kapitelüberschriften wieder, „Gewollte Schwäche", „Augen, die nicht sehen", „Ohren, die nicht hören", „Gewollte Isolation", usw. bis zur Aussage der Autorin auf den letzten fünf Seiten, in denen sie das *Motto* ihres Buches „wahrheitsgemäß" anhängt, statt wie geplant, es voranzustellen: „Zerbrich meinen Widerstand!"

> *„Als das Buch begann, hatte ich ein Motto dafür – das großartige Sonett des englischen Barockdichters John Donne, in dem er seinen Gott anfleht, seinen Widerstand zu brechen." (S. 254)*

Aber die Angst davor, ihre „Geschichte in einen Schleier der Frömmigkeit" zu hüllen, „der absolut falsch wäre", hindert sie daran. Dennoch verzichtet sie nicht auf die Aussage des Mottos und liefert seine Begründung mit dem Trost, den es ihr gewährt.

> *„Doch dieses Buch ist unter anderem ein persönlicher Bericht, und wenn es ein wahrhaftiger sein soll, dann kann ich die Worte, die mir so oft eine Stützte waren, nicht auslassen." (S. 254)*

Zur Charakterisierung ihres gegenwärtigen, so unabgeschlossenen Kampfes, ihrer Auseinandersetzung im Krisenverarbeitungsprozeß, sollen kurze Verse des Sonetts zitiert werden:

> *„Zerschmettere mein Herz, dreieiniger Gott! ...*
> *Ich mühe mich, ... aber ach, ohne Erfolg ...*
> *Nimm mich zu Dir, nimm mich gefangen! Denn ich werde niemals frei sein, wenn Du mich nicht in Deinen Dienst zwingst ..." (S. 254)*

Anschließend interpretiert *Mrs. Park* selbst das Sonett als jenen herbeigesehnten Sturmangriff der Liebe, der Gotteserfahrung bewirkt, jenen Prozeß der *Annahme* (6), der zur befreienden *Aktivität* (7) führt.

„Ich kenne keine bessere Beschreibung des schrecklichen, zwingenden, herbeigesehnten Sturmangriffs der Liebe, die uns Gottlose so nahe, wie es überhaupt möglich ist, an die Erfahrung heranführt, die andere Gott nennen." (S. 255)

Hier bricht sie ihre Reflexion brüsk ab, weil ‚doch dieses Buch nicht mit mir ..., sondern mit *Elly* und mit den anderen Menschen (enden soll) ...'

Den eigentlichen Verlaufsprozeß der Krisenverarbeitung läßt sie als unumgängliche Randerscheinung ihres aggressiven Kampfes einfließen, der zwischen dem Ausgangspol, Prognose: „hoffnungslos", und dem Gegenwartspol, Prognose: „keine", ausgetragen wird.

Spiralphase 1: Ungewißheit

Erst nach 22 Monaten waren es die Worte des Arztes: „Wenn Sie nicht beunruhigt sind, ich bin es!" (S. 26), die erste Zweifel aufkommen ließen, weil *Elly* noch nicht gehen, nicht sprechen, nicht reagieren konnte und ihr menschlicher Kontakt total bedeutungslos war; glücklich war sie nur allein in ihrem Bett (S. 6). Ein angeordneter Krankenhausaufenthalt bestätigt keinerlei physische Schäden, stellt nur fest, „sie mache den Eindruck eines Kindes, das viel allein gewesen ist" (S. 27), was angesichts einer regen 4-Kinder-Familie als abwegig erscheint, und verordnet eine sechsmonatige häusliche Beobachtungszeit. Typisch für die implizierte Leugnungstendenz des Eingangs-Erkennungs-Stadiums steht die Aussage der Autorin:

„Es dauerte einige Zeit, bevor eine vielbeschäftigte Mutter merkt, daß ein Kind auch allzu selbstgenügsam sein kann." (S. 7)
„Der wesentliche Teil von Ellys Erziehung war geleistet, bevor wir wußten, daß mit ihr etwas nicht stimmte. Schließlich hatten wir Elly ja 22 Monate lang für ein normales Kind gehalten." (S. 101)

Die *Ungewißheit* (1) ist auch nach 9 Jahren noch Dauerzustand:

„Wir können allenfalls sagen, daß die Prognose einmal nahezu hoffnungslos war, während es jetzt überhaupt keine Prognose gibt. Wir vermeiden es ebenso wie Elly, in die Zukunft zu sehen." (S. 251)

Spiralphase 2: Gewißheit

Wie angstbesetzt die Ungewißheit in der Zwischenphase *Unsicherheit* (1.2) auch sein mag, noch stärker ist die unbewußte Verdrängungsangst der *Unannehmbarkeit* (1.3) vor der *Gewißheit* (2) der Wahrheit, der unausweichlichen Diagnose. Dafür spricht erneut *Clara Parks* Verdoppelung der verordneten Wartezeit von 6 Monaten auf 1 Jahr. Obgleich sie ‚wissende' Akademikerin und ‚forschende' wie ‚therapierende' Mutter in einer Person ist, durchlebt auch sie intensiv alle drei Zwischenphasen *Unwissenheit* (1.1), *Unsicherheit* (1.2) und *Unannehmbarkeit* (1.3):

„Wir warteten die sechs Monate ab und weitere sechs Monate. Dann machten wir uns zögernd daran, einen zweiten Vorstoß auf eine Diagnose zu unternehmen. Elly war noch nicht ganz drei." (S. 29)

Trotz der ausdrücklichen Bitte um schonungslose Wahrheit, in dem Bewußtsein, auf die schlimmste Möglichkeit gefaßt zu sein, erstarrte *Clara Park* im Erschrecken vor der Diagnose Autismus:

„Doch offenbar gab es noch etwas Schlimmeres: Autismus. Ein gewisser Stolz auf den Intellekt hatte es mit sich gebracht, daß ich Retardierung für das Schrecklichste hielt, was einem Kind, einer Familie und mir zustoßen konnte." (S. 31/32)

Mit Erschrecken erkannte sie: während die Fähigkeiten eines nur zurückgebliebenen Kindes zwar begrenzt, aber entwicklungsfähig sind, ist beim autistischen Kind die Intelligenz nicht feststellbar und vor allem niemals einsetzbar und das Kind darum in seinem Zustand zwar vergleichbar mit einem retardierten, jedoch mit dem gravierenden Unterschied: gar keine – auch noch so begrenzte – Fortschritte beim autistischen Kind!

Auch 8 Jahre später gibt es für *Clara Park* keine neue Gewißheit, keine andere Diagnose, wohl aber liegt die Summe von Erfahrungen vor, die Prognosen von Wahrscheinlichkeitswert zulassen. Sie resümiert:

> *„Vor der ärztlichen Diagnose hatten wir Ellys Verhalten akzeptiert, jetzt mußten wir unsere Einstellung ändern ... weil das Gleichgewicht, das Elly in ihrer ‚wehrhaften selbsterrichteten Burg' gefunden hatte, in seiner Vollkommenheit jegliche Chance der Weiterentwicklung zunichte machte." (S. 14)*
> *„6,5 Jahre belagern wir die Burg nun schon ... Die autistische Abkapselung hat sich gelockert." (S. 236)*
> *„... Elly besucht an unserer hiesigen Volksschule eine Spezialklasse ... Sie ist ... ein äußerst aktives kleines Mädchen, das seine Stimme und den ganzen Körper benutzt, um die positiven und negativen Gefühle auszudrücken, die sich ihm endlich eröffnet haben ..." (S. 241)*
> *„... Ellys wichtigstes Fach ist Benehmen. Der Umgang mit Menschen ..." (S. 242)*
> *„Und so ist es mit Elly. Was immer sie tut ... läuft sich tot. Nirgendwo ist eine anhaltende Vorwärtsbewegung zu verzeichnen ..." (S. 245)*
> *„Geschädigt – um es noch einmal zu resümieren – erscheint bei Elly also nicht nur die Empfindungsfähigkeit, sondern auch eine noch wesentlichere: die Fähigkeit, die Umwelt aus eigenem Antrieb immer wieder neu zu erforschen." (S. 246)*

Spiralphase 3: Aggression

Aggression ist Hauptthema des Buches, schon der amerikanische Originaltitel *„The Siege"*, *„Die Belagerung"* bringt sie zum Ausdruck, während der unangemessenen Titelübersetzung *„Eine Seele lernt leben"* das provokative ‚trotzdem' fehlt !

Aggression ist das eigentliche Motto des Buches:

> *„Zerbrich meinen Widerstand! ... Zerschmettere meine Seele! – Ich mühe mich, ... aber ach, ohne Erfolg ...!" (S. 254/255)*

Aggression spiegelt sich in den Negationen der Kapiteltitel wider:

„Gewollte Schwäche", „Augen, die nicht sehen", „Ohren, die nicht hören", „Gewollte Isolation ..." (S. 1 - 256)

Aggression ist die Haltung der Mutter gegen das Kind während der ersten zwei ‚normalen' Lebensjahre; Selbstanklage spricht aus den vorbehaltlos offenbarten Wutausbrüchen, die in der Reflexion dennoch rational bejaht werden, weil auch ein ‚nein' Kontakt zur Welt bedeutet und jeglicher Kontakt besser war als gar kein Kontakt'. (S. 102)

Aggression ist Antrieb zur Auseinandersetzung mit der Frage nach Gerechtigkeit und Schuld:

„Irrationalerweise hatte ich mir eingebildet, daß ich alles, was ich besaß, in gewisser Weise verdient hätte, daß es zum Teil mein Werk sei. Wir verdienen nichts. Wir haben lediglich ein Anrecht darauf, Mensch zu sein ... commes les autres!" (S. 37)

Sie beantwortet die Schuldfrage:

„Wenn man die Eltern für jedes Versagen verantwortlich machen will, muß man ihnen auch die Erfolge gutschreiben ... Wir waren in einer glücklichen Lage, wir hatten Sara, Becky und Matt. Sie waren interessiert und intelligent und kamen gut zurecht." Und sie rechtfertigt sich selbst, „die Ablehnung dieser unerwünschten vierten Schwangerschaft war berechtigt, sie versperrte erneut den langersehnten Start ins Berufsleben." (S. 120/121)

Aggression bestimmt das Urteil über Ärzte und Schwestern: Sie spricht von einer ersparten Tortur durch den Verzicht auf alle ‚erdenklichen' Krankenhausvisitationen (S. 122), beschreibt die Situation der ratsuchenden Eltern als ein ‚vor Gericht stehen' (S. 126) und die Behandlung der Eltern als ‚unmündige Patienten', statt als ‚schätzenswerte Mitarbeiter' (S. 132), und fordert nachdrücklich:

„Ich plädiere dafür, daß die Schranken, die Eltern und Spezialisten trennen, niedergerissen werden." (S. 178)

Aggression gegen das System läßt sie in einem eigenständigen Kapitel „Laien" (S. 168 - 184), deren Ausbildung sie fordert, erkennen:

„Die Eltern behinderter Kinder brauchen Hilfe, aber nicht als Patienten ... Sie müssen vor allem die Möglichkeit zum Lernen erhalten! ...“ (S. 178)
„... Schäden bei Kindern sind viel zu weit verbreitet, als daß eine intensive Behandlung durch Spezialisten in jedem Fall möglich wäre. Das heißt aber, daß man Laien ausbilden muß – es sei denn, man will völlig resignieren.“ (S. 179)

Aggression richtet die Autorin gegen sich selbst, vgl. Motto des Buches:

„Zerbrich meinen Widerstand!“ (S. 254)

Spiralphase 4: Verhandlung

Trotz der ausdrücklichen Verwahrung gegen „kostspielige Pilgerfahrten“, um „Hoffnung zu kaufen“, blieben sie auch bei *Clara Park* nicht aus:

„Wir waren von Anfang an entschlossen, nicht in den Fehler zu verfallen ...: eine quälende, hektische und kostspielige Pilgerfahrt anzutreten, von einem Spezialisten zum anderen, von Stadt zu Stadt, immer in dem verzweifelten Bemühen, Hoffnung zu kaufen.“ (S. 29)

Das Gegenteil vollzieht sich: So folgt dem ersten Krankenhausaufenthalt mit knapp zwei Jahren nach einem weiteren Jahr ein zweiter, mit drei Jahren durch Vermittlung von Freunden und Kollegen wurden Verbindungen zu den Bostoner und New Yorker Forschungskrankenhäusern hergestellt, denen die Konsultationen folgen. Mit 3,5 Jahren wird ein Psychiater aufgesucht, nur wenig später die Psychiatrie eines berühmten Kinderinstitutes.

„Wir (würden) uns ewig Vorwürfe machen, wenn wir nicht erkundeten ... Behandlung und Forschungsarbeit des Kinderinstituts gehörten zu den aktivsten des Landes. ‚Wir wollen das Beste für unser Kind‘.“ (S. 123)

Nach weiteren acht Monaten erfolgte die nächste Untersuchung in England in der berühmten ‚Hampstead Clinic‘ usw.

Für sich selbst berichtet *Clara Park* von ihrem selbstgewählten Ausweg als „einer Art vorbeugender Arbeitstherapie", der sie noch heute vor dem Zusammenbruch bewahrt:

> *„Mein neuer Job führte mich dreimal wöchentlich ... von zu Hause fort, aber er beanspruchte mich so sehr, daß er für mich eine Art vorbeugende Arbeitstherapie wurde, die mich vor dem Zusammenbruch bewahrte. Er tut es noch heute, und obgleich ich kaum davon sprechen werde, ist er eigentlich ein sehr wesentliches Element in diesem Bericht." (S. 107)*

Spiralphase 5: Depression

In der bewußten Verantwortung für die Geschwisterkinder, die

> *„... sich die Haltung ihrer Eltern zu eigen machen, vermieden wir es, unser Schicksal als eine Tragödie oder eine Heimsuchung darzustellen ... Wohl war es Wunschdenken, unsere gemeinsame Aufgabe nicht als Last, sondern als Privileg anzusehen ...*
> *Ich will niemandem etwas vormachen. Nicht immer war es leicht, wenn ich mit Elly allein war ..." (S. 11)*

Kennzeichnend resümiert sie im Schlußkapitel auf die selbstgestellte Frage: Lohnt es sich?

> *„Wir, ganz mit unserer Aufgabe beschäftigt, lernen es (Präsens!), keine solchen Fragen zu stellen, da wir uns nur solche Gedanken leisten können, die unsere Arbeit nicht lähmen; dennoch können selbst wir sie nicht ganz unterdrücken." (S. 252)*

Spiralphase 6: Annahme

Clara Parks sich anbahnende Einstellungsänderung im Krisenverarbeitungsprozeß nach acht Jahren verdeutlicht die Aussage:

> *„Heilung ... ist ein Luxus, auf den wir zu verzichten gelernt haben. Wir arbeiten, ... Wir sind befriedigt, weil wir uns vorwärts bewegen." (S. 251)*

„Von allem, was mir Elly schenkte, ist das Kostbarste ein Glaube, der sich fast schon in unumstößliches Wissen verwandelt hat: daß ein menschliches Wesen selbst hinter den stärksten Mauern, die es aufrichten kann, seinen Belagerer erwartet." (S. 254)

Spiralphase 7: Aktivität

Acht Jahre lang hat die Autorin Lernhemmnisse beobachten können, und sie hat viel menschliche Selbst-Begrenzung und -Zerstörung gelernt. Sie erkennt den Transfer, daß „Elly, anders geartet als wir, uns doch auch sehr ähnlich" ist. So befähigen sie die Lernerfahrungen mit Elly für die Arbeit, „Belagerer" zu sein, angesichts der Abwehrhaltungen ihrer Collegestudenten und anderer Menschen sowie überall da, wo die Prognose „hoffnungslos" lautet. (S. 253)

Spiralphase 8: Solidarität

Wenn auch noch hypothetisch, so liegt in der noch unabgeschlossenen Autobiographie bereits das ausführliche Konzept eines Plädoyers für die Laien-Eltern-Qualifikation als Prozeßbegleiter vor. (S. 185 ff)

3.1.4.1. Zusammenfassung: Lernprozeß Krisenverarbeitung bei seelischer Behinderung

Zusammenfassend kann festgestellt werden, daß in dem vorgestellten Beispiel für den Prozeßverlauf bei der seelischen Behinderungsart Autismus wiederum der gleiche Krisenverarbeitungsprozeß in lückenloser Folge der acht Spiralphasen aufgetreten ist wie in den vorangegangenen Beispielen. Dazu *Clara Park:*

Ungewißheit (1) : „Ist Ellys Selbstzufriedenheit etwas Außergewöhnliches?"

Gewißheit	(2) :	„Ja, aber medizinisch hoffnungsloser Autismus, das kann doch gar nicht sein!“
Aggression	(3) :	„Warum muß ich zwanghaft gegen alles auf dieser Welt ankämpfen?“
Verhandlung	(4) :	„Wenn wir alle arbeiten und keine Experimente unversucht lassen, dann muß doch aber Elly es schaffen?“
Depression	(5) :	„Wozu das alles, wir lernen es, keine Fragen mehr zu stellen.“
Annahme	(6) :	„Ich erkenne jetzt erst: das Kostbarste, das Elly mir schenkte, ist, daß jeder auf seinen Belagerer wartet!“
Aktivität	(7) :	„Ich arbeite und versuche, Belagerer zu sein für die Selbstbegrenzung und Selbstzerstörung anderer Menschen!“
Solidarität	(8) :	„Ich – Wir – verfassen das Plädoyer für Eltern-Begleitung und Eltern-Qualifikation zur Befähigung für die Krisenverarbeitung.“

2. Die Unabgeschlossenheit des Prozesses, begrenzt auf die ersten acht Lebensjahre des Kindes, gewährt Einblick in die Interdependenz der acht Spiralphasen, die sich an keine zeitliche, thematische oder hierarchische Abfolge binden lassen, sich vielmehr sowohl im Nebeneinander, im gleichzeitigen Miteinander und auch im Nacheinander ereignen können.

3. Die kathartische Funktion der *Aggression* schält sich als Titel, Motto und Hauptthema der Biographie heraus und beweist eindrücklich die Korrelation mit der *Annahme Clara Parks*. Ihre verbalisierte Aggression über knapp 300 Seiten schafft ihr die Voraussetzung und Chance zur Verarbeitung und letztlich zum ZIEL-Stadium III der *Annahme* (6), *Aktivität* (7), *Solidarität* (8).

4. Die Lebens- und Lerngeschichte der Akademikereltern als Bedingungsfaktor übt entscheidenden Einfluß auf den Krisenverarbeitungsprozeß aus; sie befähigt die Eltern, mit den Mitteln der Ratio und der Plausibilität von Hypothesen-

bildung ihre Krisenverarbeitung ohne Prozeßbegleitung autonom zu leisten.

5. Das Defizit an Eltern-Beratung und Eltern-Begleitung wird als bitterer Mangel empfunden und in einem eigenständigen Kapitel zum Plädoyer für Eltern-Laien-Qualifikation.

6. Die Relativität dessen, was als Behinderung zu bezeichnen ist, wurde faßbar: aus dem medizinisch hoffnungslosen Fall des autistischen Kindes entwickelte sich ein hoffnungsvoll gefühlsfähig gewordenes Kind, das in der Gemeinschaft einer Spezialklasse innerhalb der Grundschule lernt – wenn auch ohne jede Prognose.

7. Der fehlende Prozeß-Begleiter wird durch den Drang zum Schreiben ersetzt, die Biographie selbst wird Dialog-Partner im Lernprozeß.

3.2 Aggression als Katharsis im Spiralphasen-Lernprozeß Krisenverarbeitung

In den vorangegangenen Kapiteln zeichnete sich die *Aggression* in ihrer Schlüsselstellung innerhalb der acht Spiralphasen ab; im Kapitel 1.3.3 als eine zentrale Frage menschlicher Existenz nach dem „Warum gerade ich ...?“ und im Kapitel 2.2.1 als die am stärksten ausdifferenzierte Spiralphase in acht unterschiedlichen Ausdrucksformen. Im folgenden soll auf die Schlüsselstellung und die besondere Funktion, die die Aggressionsphase im gesamten Lernprozeß besitzt, näher eingegangen werden.

Mit einer gewissen Gesetzmäßigkeit zeigte sich in fast allen sechzig Biographien ein enger Zusammenhang zwischen den wahrscheinlich wichtigsten Spiralphasen der *Annahme* (6) und der *Aggression* (3). Entweder gab es eine *Annahme,* dann war *Aggression* vorausgegangen, oder es fehlte die *Aggression,* dann kam es nicht zur *Annahme.* Diese Funktion der *Aggression,* die einen entscheidenden Durchbruch von der primär fremdgesteuert kognitiven Lerndimension in die ungesteuert emotionale auslöst, wird hier als *kathartische Zäsur* bezeichnet, denn pointiert ließe sich formulieren: Je intensiver die Spiralphase *Aggression* (3) vom Betroffenen erlebt wird, desto wahrscheinlicher wird die Prognose zur angemessenen Krisenverarbeitung einer sozialen Integration; umgekehrt, je schwächer die Spiralphase *Aggression* (3), desto wahrscheinlicher wird eine unangemessene Krisenverarbeitung mit Tendenz zu sozialer Isolation. Diese entdeckte Gesetzmäßigkeit, deren unterschiedliche Erscheinungsformen nachfolgend dargestellt werden, erleichtert zweifellos Maßnahmen der Krisenintervention.

Auswahlgesichtspunkte für die Biographien waren:

- *Aggression als kathartische Zäsur bei unterschiedlichen Behinderungsarten*

  geistige Behinderung bei *Marjorie Shave*
  Sinnes-Behinderung bei *Kate Keller*
  Körper-Behinderung bei *Christa Schlett*
  seelische Behinderung bei *Richard d'Ambrosio*

- *Aggression als kathartische Zäsur aus unterschiedlichen biographischen Perspektiven*

  die Mutter *Mrs. Shave* schreibt über ihre 22-jährige geistig behinderte *Tochter*

  die taub-blinde Tochter *Helen Keller* schreibt als 55-jährige über ihre Mutter *Kate*

  die spastisch gelähmte Tochter *Christa Schlett* schreibt als 24-jährige über ihre *Mutter*

  der Therapeut *d'Ambrosio* berichtet über die 18-jährige Klientin *Laura*.

3.2.1 Fehlende Aggression (3) tendiert zur Nichtannahme

Geistige Behinderung: Die *Mutter Mrs. Shave* schreibt über ihre 22-jährige *Tochter*

Shave Marjorie: Aus dem Leben eines geistig behinderten Kindes. 1961
Englischer Originaltitel: The story of a backward child. o.J.

Daten: Mongolismus, angeboren.
Vater: o.A., Mutter: o.A.

Der Prozeßverlauf in der Biographie *Shave* zeigt die Spiralphasen *Ungewißheit* (1), *Gewißheit* (2), *Verhandlung* (4), es fehlen: *Aggression* (3), *Depression* (5), *Annahme* (6), *Aktivität* (7) und *Solidarität* (8).

Zunächst fallen äußerlich die Proportionen der thematischen Textaufteilung ins Auge; so wird dem Gesamtprozeß nur in 3 von insgesamt 11 Kapiteln, nämlich im ‚Vorwort', in der ‚Einführung in die Situation' und in der ‚Rückschau' Raum gegeben, während sich die Autorin in 8 Kapiteln ausführlich zur Spiralphase *Verhandlung* (4) äußert, etwa unter dem Motto: „... (sei nicht) töricht, ... Du mußt ... herangehen ...!" Dazu Mrs. *Shave* selbst:

> *„Du hast eine schwere Aufgabe vor Dir; – es würde töricht sein, ihr auszuweichen. Du mußt an ihre Bewältigung ohne seelische Belastung herangehen." (S. 57)*

So ist auch das ganze Buch eine Aufforderung zum Handeln, *Verhandeln* (4) im Sinne einer ‚Abschaffung' oder ‚Unsichtbarmachung' der Behinderung durch die Vermittlung von Fähigkeiten und Fertigkeiten zur Normanpassung (z.B. Kapitel Sauberkeit, Tischmanieren, Gehen, Gebrauch der Hände usw.), die ungefragt übernommen werden, wohlbemerkt: „ohne seelische Belastung"! Fast klingt es wie eine Rechtfertigung, wenn das Kapitel „Rückschau" diesen P f l i c h t - k r e i s bilanzierend beschließt:

> *„Alles ist der Mühe wert gewesen; aber da ist eins, das wir ins Auge zu fassen haben: Es kommt der Zeitpunkt, wo wir das Ideal der Vollkommenheit fallen lassen müssen. Und das ist hart; a b e r es ist das Richtige für das Kind und die Familie, und wir sollten über das Erreichte froh sein, statt nach dem Unmöglichen zu streben. (S. 33)*
> *Was uns betrifft:*
> *Wir haben – als eine Familie – seit 20 Jahren unser Bestes getan. Die Entwicklung ist noch nicht abgeschlossen. A b e r ich halte nicht länger Ausschau nach dem Ideal der Vollendung und vergeude meine Nervenkraft nicht mit Klagen. Ich bin sehr glücklich über das Geschenk des Zusammenlebens mit e i n e m geliebten Kind, das allerdings niemals in der Lage sein wird, schnell zu denken oder fließend zu sprechen, das aber –*

so denke ich – überall beliebt und kein gänzlich n u t z - l o s e r Mitbürger sein wird." (S. 34)

Auffällig ist für den gesprächstherapeutisch ausgebildeten Zuhörer die Häufung des a b e r . Wir wissen, daß für jedes a b e r gleichbedeutend das n e i n stehen kann, es stellt also die vorhergesagte Aussage zumindest in Frage, wenn es sie nicht sogar aufhebt. Analysieren wir aus dieser Kenntnis den Rückblick daraufhin noch einmal, destilliert sich aus ihm die explizit bisher unausgesprochene, vielleicht unbewußt nicht zugelassene w a r u m -Frage der *Aggression* (3) heraus, zwangsläufig einmündend in die w o z u -Frage der *Depression* (5), und zwar mit dem hier vorliegenden Ergebnis der formal vollzogenen, aber nur äußerlichen, nicht innerlich bejahten *Annahme* (6). Alles entspricht der Pflicht zur Anpassung, nicht der Freiheit zur Gestaltung. Die satzweise Analyse deckt die verdeckte unausgetragene Aggression auf:

1. Gedanke:

„Alles ist der Mühe wert gewesen, aber ... müssen" d.h. Nein, es ist alles nicht der Mühe wert gewesen, „da ist (Präsens!) eins, ... wo wir ... fallen lassen müssen."

Entspricht ein ‚fallen lassen' und dazu ein ‚müssen' nicht einer zwanghaften Pflicht der Anpassung, geboren aus einem Ohnmachtsgefühl, statt einer Verarbeitung im Sinne einer innerlich vollzogenen Wandlung?

2. Gedanke:

„Und das ist hart, aber es ist das Richtige ... wir s o l l - t e n (Konditional!) froh sein, statt ... zu streben."

Das bedeutet: Nein, es ist nicht hart, hat nicht hart zu sein, weil es das Richtige ist. Und daraus hat dann auch die Pflicht zur Freude zu entspringen, ‚wir sollten froh sein', es heißt nicht ‚wir sind froh'. Können wir es angesichts der Situation überhaupt sein, wenn sich die Begründung allein aus der Feststellung ‚es ist das Richtige' ableitet, jener unantastbar fremdgesetzten Norm, die wir innerlich selbstbestimmt noch gar nicht vollzogen haben bzw. sie noch gar nicht, allein auf uns zurückgeworfen, nachvollziehen konnten, weil der kathartische Prozeß der Aggression fehlt, aus dem heraus die Sinnsuche in der *Depression* als schrittweiser Einstellungswandel ausgelöst werden kann, um schließlich zur selbstbestimmten internalisierten Annahme fähig zu machen.

3. Gedanke:

> *„Was uns betrifft:*
> *Wir haben – als eine Familie – seit 20 Jahren unser Bestes getan. Die Entwicklung ist noch nicht abgeschlossen.*
> *Aber ich halte nicht länger ... vergeude meine Nervenkraft nicht mit Klagen."*

Es ist so bedrückend, diesen hilflosen Aufschrei zu vernehmen; es ist gar nicht zu überhören, daß hier auf der Schlußseite des Buches die erste Ich-Botschaft auftaucht. Ich-Botschaften lassen aufhorchen, sind Signale dafür, daß jetzt – unbemerkt – der Personkern, das innerste Ich, solange verborgen hinter ‚man'-Aussagen, um der allzu großen Betroffenheit willen endlich sich selbst aussagt. Bezeichnend sodann, daß hier diese ersten Ich-Aussagen nach 11 Kapiteln auch sofort durch eine dreifach sich steigernde Verneinung erstickt aufgegeben werden:

Nein, die Entwicklung ist abgeschlossen, ich halte nicht länger ... Vergeude meine Nervenkraft nicht ... In Konsequenz der Pflicht-These, die nach dem Motto, ‚Du mußt' den Gedankengang durchzieht, folgt abrupt der

4. Gedanke:

> *„Ich bin sehr glücklich ... mit einem geliebten Kind, das allerdings (aber!) niemals ..., das aber – so denke ich – 'überall ... kein gänzlich nuztloser Mitbürger sein wird."*

Hier scheint die Spannweite der Ambivalenz zwischen den Polen *Aggression* und bedingungsloser Liebe eingefangen zu sein. Schluß-*Urteil* über ‚ein', nicht heißt es ‚mein' Kind lautet: nicht nur ‚kein nutzloser Mitbürger', sondern ‚kein gänzlich nutzloser Mitbürger' zu sein. Wieder fragen wir nach den Kriterien für ‚nützlich' bzw. ‚nutzlos' bzw. für ‚gänzlich nutzlos' ...? Gerade die Einschränkung ‚gänzlich' und die Distanzhaltung ‚einem Kind' verdeutlichen explizit die Abwehrhaltung, sie ist gleichbedeutend mit der *Nicht-Annahme*.

Die Tatsache, daß auch in der ‚Rückschau' bis in das Schluß-Urteil des letzten Satzes hinein dieses geistig behinderte Kind an den herrschenden Kriterien einer Leistungsgesellschaft gemessen wird, offenbart die unreflektierte fremdbestimmte gesellschaftliche Einschätzung der Verwertbarkeit eines Menschen. Demgegenüber ist die Chance zum Lernprozeß noch gar nicht wahrgenommen, vielleicht auch abgebrochen, oder aber sie konnte durch mangelnde Intervention noch gar nicht erkannt werden: Es fehlt der entscheidende Schritt auf dem Lernweg Krisenverarbeitung, die bejahte *Aggression* (3), aus der heraus der Prozeß der *Annahme* (6) erwachsen kann, der die individuelle Eigenart des Menschen, dieses Kindes, immer wieder neu in seinem D a-sein und S o-sein erkennt und allein darin auch seinen Wert beschlossen weiß.

3.2.1.1 Zusammenfassung: Fehlende Aggression (3) tendiert zur Nichtannahme

1. Die Biographie läßt eine enge Korrelation zwischen Spiralphase *Aggression* (3) und *Annahme* (6) erkennen.
2. Die ausgesparte Spiralphase *Aggression* (3) kann ihre kathartische Wirkung nicht geltend machen und verhindert, nach dem vorliegenden biographischen Material zu urteilen, dadurch die nachfolgenden Spiralphasen *Depression* (5) und *Annahme* (6); aus diesen können sich demzufolge auch nicht *Aktivität* (7) und *Solidarität* (8) entwickeln. Die Tendenz *zur Isolation scheint sich abzuzeichnen.*
3. Die biographische Studie verdeutlicht, daß keinerlei Prozeßbegleitung bzw. ein flankierendes Beratungsangebot zur Verfügung stand. Sie zeigt andererseits zur Überbrückung dieses Mangels den gar nicht hoch genug zu bewertenden Versuch bzw. das Bedürfnis, die Krisenverarbeitung autodidaktisch zu leisten.
4. Die unzureichende Krisenverarbeitung erweist sich als eine unfreiwillige, ungewollte Lernabstinenzhaltung, die dem Defizit an Beratungsmöglichkeiten entspringt und der Forderung nach flankierenden Beratungsangeboten im Weiterbildungs-Bereich Nachdruck verleiht.

3.2.2 Fehlende Aggression (3) tendiert zur Depression (5)

Sinnes-Behinderung: Die *Tochter Helen Keller* schreibt als 55-Jährige über ihre *Mutter Kate.*
Keller, Helen: Mitten im Lebensstrom. o.J., m.E. 1935
Daten: Sinnes-Behinderung, taub-blind, erworben.
Vater: ohne Beruf.

Daß *Helen Keller* bereits im Zusammenhang mit ihrer Biographie den Lernprozeß der Mutter mitreflektierte und dabei intuitiv einen Zusammenhang zwischen *Aggression* (3) und *Annahme* (6) beschreibt, wurde schon als bemerkenswert festgestellt. Wenn auch das biographische Material über die Mutter nur sparsam vorliegt, setzt sich *Helen* doch intensiv mit der Verhaltensveränderung ihrer Mutter auseinander:

> *„daß sie ihr Leid schweigend ertrug, macht es nicht leichter." (A II, S. 219)*

Das Fehlen der offen ausgetragenen Klage, der *Aggression* gegen „das tragische Schicksal", das über sie im Alter von 23 Jahren als junge Ehefrau „verhängt wurde", als ihr 18 Monate altes Baby infolge Scharlacherkrankung „unbemerkt blind und taub" wurde, „veränderte ihr Leben tiefgreifend":

> *„ ‚Ja das Leben war eine kurze Weile gut zu uns beiden' ..., pflegte sie traurig zu sagen ..., von da ab war ihr Leben nie mehr, was es vorher gewesen war." (A II, S. 223)*

Um sich mit dem Tatbestand abzufinden, daß

> *„die Mutter lebenslang in schweigendes Leiden versank,"*

bleibt der gläubigen *Helen Keller*

> *„nur die einzige Hoffnung, daß die Mutter drüben in der großen Klarheit einsehen wird, daß meine Gebrechen einen tiefen Sinn haben und Gottes Güte entspringen." (A II, S. 223)*

Ohne es als Erkenntnis selbst explizit zu formulieren, daß ein Zusammenhang zwischen *Aggression* (3) und *Annahme* (6) besteht, umschreibt *Helen Keller* intuitiv erahnend diesen Zusammenhang, wenn sie passiv und in der Negation aussagt:

> *„daß sie ihr Leid s c h w e i g e n d ertrug, machte es ihr n i c h t l e i c h t e r."*

was in der Umkehrung heißt:

> *„wenn sie ihr Leid l a u t s t a r k ausgetragen hätte, hätte das ihr Leben e r l e i c h t e r t."*

Hier endet das biographische Material, aber es läßt aus dem Kontext erahnen, daß ein „lebenslanges Versinken in schweigendes Leiden" eher zur sozialen Isolation tendiert. Es spricht ferner für sich, daß in beiden Biographien *Helen Kellers,* die selbst im Bewußtsein einer Nichtbehinderten von ihrem Leben als einer ‚Chronik der Freundschaften' ... als großes Glück spricht und sich ohne Berufsrolle als sozial integriert erlebt, daß dieselbe Helen mit keiner Zeile von Vergleichbarem bzw. von *Annahme* (6), *Aktivität* (7) oder gar *Solidarität* (8) in der Beziehung ihrer Mutter zu sich, dem Kind, oder zu anderen Menschen spricht; – dem Leser bleibt nur das Portrait einer passiv in sich versunkenen, schweigend leidenden Frau.

3.2.2.1 Zusammenfassung: Fehlende Aggression (3) tendiert zur Depression (5)

1. Beide Biographien lassen auf einen Zusammenhang zwischen der Spiralphase *Aggression* (3) und *Annahme* (6) schließen.

2. Die Mutter *Kate Keller* hat lebenslang keine *Aggression* (3) gegen das von ihr als ‚tragisches Schicksal' bezeichnete Leben mit ihrer taub-blinden Tochter Helen gezeigt.

3. Der Lernprozeß Krisenverarbeitung der *Mutter Kate* scheint vom Zeitpunkt der *Gewißheit* (2) an abgebrochen worden zu sein.

4. Von einer Prozeßbegleitung der Mutter wird nicht gesprochen.

5. Demgegenüber führt der Lernprozeß Krisenverarbeitung bei der *Tochter Helen* durch alle acht Spiralphasen hindurch und erreicht das ZIEL-Stadium III. Das zeigen übereinstimmend die Lernprozeßverläufe der vor- und nach-sprachlichen Zeit, deren intensive *Aggression* (3) als kathartische Zäsur die *Annahme* (6) auslösen.
6. Die Prozeßbegleitung der Tochter erfolgt durch ihre Lehrerin Anne *Sullivan,* die als Betroffene, zeitweise Erblindete, den Lernprozeß selbst erlebt hatte.
7. Beachtenswert ist die Intuition der Tochter Helen *Keller,* die ihre Erkenntnis über den Zusammenhang von *Aggression* (3) und *Annahme* (6) zwar nicht explizit formuliert, aber doch schon reflektiert.

3.2.3 Fehlende Aggression (3) tendiert zur sozialen Isolation

Körper-Behinderung: Die *Tochter Christa Schlett* schreibt als 24-Jährige über ihre *Mutter*

Schlett, Christa: ... Krüppel sein dagegen sehr. 1970, A I
Babs – eine Mutter entscheidet sich für ihr behindertes Kind. 1976, A II.

Daten: Cerebral-Paralyse, angeboren.
Vater: Fabrikant, Mutter: ohne Beruf

Unter dem Titel „Babs – eine Mutter entscheidet sich für ihr behindertes Kind" verbergen sich Wunschdenken, Fragestellung und Lebensproblem der 24-jährigen (A I) und 29-jährigen (A II) Biographin, die erst durch den Tod der Mutter veranlaßt wird, ihren Lernprozeß zur *Selbst-Annahme* nachzuholen:

> *„Seit dem Tod meiner Mutter bin ich selbständiger geworden und auch unabhängiger ...*
> *Ob ich jemals Herr über meine Behinderung werde, ...*
> *Es ist ein ... Prozeß, ... noch nicht beendet ..."*
> *(A I, S. 128)*

Ihre Autobiographien sind Ausdruck ihrer Krisenverarbeitung:

„Ich schrieb, um mich von jeglichen Schuld- und Kränkungsgefühlen zu befreien.
Es wäre mir eine Genugtuung, wenn das Geschriebene auch so verstanden würde." (Vorwort, A II)

Das Kind in ihr vergißt nicht die vorangestellte ‚Entschuldigung' für ‚unvermeidliche Ähnlichkeit mit Personen und Ereignissen' und die nachdrückliche Beteuerung:

„Es liegt mir fern, irgend jemanden kränken zu wollen." (Vorwort, A II)

Das ist der Spannungsbogen des Widerspruchs in der Krise zwischen *Aggression* (3) gegen ihre Mutter, gegen den Tatbestand der Behinderung, gegen das eigene Selbst, und dem gleichzeitigen Schritt zur *Annahme* (6) durch ihre Mutter und durch sie selbst. Wie ein roter Faden zieht sich die Ambivalenz ihrer Situation zwischen *Aggression* (3) und *Annahme* (6) durch die insgesamt vierhundert Seiten beider Biographien und ist schon eingefangen im Vorwort, zwischen der ‚Entschuldigung' neben dem Anspruch auf ‚Befreiung' und der ‚Genugtuung'. Der zuhörende Leser stellt sich die Frage: Wie weit ist die Entscheidung der Mutter für ihr behindertes Kind tatsächlich vollzogen, wenn so explizit direkt nach Genugtuung verlangt wird? Verfolgt man diese Leitfrage durch beide Bücher – eine Fülle von Einzeldarstellungen –, so wird die Widersprüchlichkeit zwischen dem *Kind ‚Babs'* und der *Biographin ‚Christa Schlett'*, als aggressiver Kampf um Befreiung und als erlösender Schrei nach Bejahung, überall spürbar, nicht zuletzt im Titel, der auf rationaler Ebene von einer bewußten Entscheidung der Mutter für das behinderte Kind Babs spricht, und in dem auf a f f e k t i v e r Ebene schon die Verarbeitung der Nicht-Annahme, der Entscheidung der Mutter g e g e n das behinderte Kind Babs angedeutet wird, denn aus welchem anderen Grund sollte der Obertitel sonst aufgenommen worden sein?

Analog dazu der Titel ‚... Krüppel s e i n dagegen sehr', dem der Vorspann fehlt: ‚Krüppel w e r d e n ist nicht schwer!'

Bezeichnend für das Spezifikum der Problemlage in der Krisenverarbeitung erscheint der Titel dennoch: „Eine Mutter e n t s c h e i d e t sich für ihr behindertes Kind" verdeutlicht das niemals anzuzweifelnde unablässige Bemühen dieser und jeder anderen Mutter um die bejahende *Annahme* ihres Kindes. Die Mutter pflegt es tagtäglich in allen elementarsten Grundbedürfnissen lebenslang, was ohne liebende Zuwendung gar nicht durchführbar wäre; aber deutlich wird jene schon in anderen Biographien nachdrücklich betonte Existenzkrise angesichts eines unabwendbaren ‚permanenten' ‚lebenden' Leides, das nicht abzuschaffen ist, – das „wie ein Stein in den Strom geworfen wurde", – deutlich wird, daß ‚Entscheidung' allein ein kognitiver, bewußter Prozeß bleibt (vgl. EINGANGS-Stadium I), der erst durch die affektiven Prozesse (vgl. DURCHGANGS-Stadium II) in die *Annahme* (vgl. ZIEL-Stadium III) hineinwachsen und von ihr durchdrungen werden muß!

Die *Mutter* von *Babs* bleibt im EINGANGS-Stadium der *Gewißheit* (2) und der bewußten Entscheidung stehen, ihr Lernprozeß Krisenverarbeitung bricht hier ab. Der Grund hierfür wird nachfolgend analysiert.

Demgegenüber leidet die *Tochter Babs* an dieser affektiven *Nicht-Annahme* der Mutter, klammert sich kognitiv an Rationalisierungserklärungen – immer wird ein Kind seine Mutter zu verteidigen suchen! – und kann dennoch der Verarbeitung dieser Ambivalenz von erfahrener *Aggression* (3) und entbehrter *Annahme* (6) nicht ausweichen. Darum bricht sie mit ihrer Autobiographie in die *Aggression* (3) aus und sucht im Leser den Ersatz-Prozeßbegleiter. Sie erklärt ihre Absicht, „unter dem Zwang zum Erzählenmüssen zu einem Erkenntnisprozeß vorzustoßen", der sie zu einer „bisher unentdeckten, unbewußten und uneingestandenen Wirklichkeit" vorstoßen läßt, die ihr „hart widerstrebt". Damit beginnt *Christa Schletts* Lernprozeß zur *Annahme* (6), der Kampf hatte endlich angefangen! Dazu der Schlußsatz der Biographie „... Babs schlief nicht, sie saß auf dem Bett und blickte ihrer Mutter kampflustig entgegen." (A II, S. 179)

In einem Brief an ihren Verleger resümiert *Christa Schlett, Babs,* die zur Zeit dieser authentischen Reflexion 24 Jahre alt ist:

> „... *Die Umgebung sieht die Behinderung am Behinderten, nicht ihn selbst, das führt zu Vorurteilen und zur Verstocktheit. Man arrangiert sich miteinander, aber man versteht sich nicht. Und zuletzt versteht der Behin-*

derte sich selbst nicht, er fügt sich nach außen und revoltiert nach innen. – Müssen Menschen so leiden?"

Und so wurde das vorliegende Buch ein Dokument solcher Leidensgeschichte des Nichtverstehens aufgrund nicht aufgearbeiteter latenter Vorurteile mangels *Prozeßbegleitung* zur Krisenintervention. Die Autorin beantwortet die Frage nach der Notwendigkeit solchen Leidens:

„Ganz sicher solange, wie wir nicht fähig sind, den anderen in seinem Anderssein voll zu akzeptieren und dann manchmal e i n e k l e i n e W e g s t r e c k e m i t i h m zu leiden ...
– m i t Lisa, m i t Fritz Reis, den Eltern, m i t Babs, ihrem Kind."

Auch wenn die Autorin das Material nicht unter dem Aspekt einer psychologischen oder soziologischen Analyse zusammengetragen hat, eignet es sich hervorragend für den Nachweis, daß der Bedingungsfaktor der *Aggression* (3) als kathartische Zäsur eine Schlüsselfunktion im Lernprozeß Krisenverarbeitung hat. Dazu nachfolgend die biographischen Belege:

Die Ambivalenz der Mutter gegenüber ihrem behinderten Kind, die vom Augenblick der *Gewißheit* (2) andauerndes Verhaltensmerkmal wird, beschreibt sie wie folgt:

„Nachdem das Kind eine Nacht weinte, suchte die Mutter den ersten Arzt auf, und auf ihre Frage nach der Wahrheit über ihr Kind erfährt sie:
... ganz unbehindert ist ihr Kind nicht. Es ist ein Spastiker ... Es ist keine Krankheit, sondern aber eine Art Unfall ... Sie müssen sich keine Vorwürfe machen ..."
(A II, S. 40)
„Sie haben ein behindertes Kind zur Welt gebracht. Eine andere Diagnose kann ich nicht stellen, so leid es mir tut. Ich will Ihnen und Ihrem Mann keine falschen Hoffnungen machen." (A II, S. 41)

Die Reaktion der Mutter beschreibt sie als Unfähigkeit zu sprechen.

„... bei ihr war Leib und Seele e r s t a r r t ...
Behindert – was heißt das?"

Nach der Mitteilung an den Ehemann beschreibt sie ihre Mutter:

> *„... Mit sicherer Hand versorgte sie ihr Kind. Jeder Griff saß. Die Harmonie zwischen ihr und ihrem Kind hatte – nach der Eröffnung, die ihr der Arzt gemacht hatte – keinen Bruch erlitten." (A II, S. 44)*

Diese fragwürdige *Annahme* (6) seitens der Mutter wird dann auch in allen folgenden Ausführungen widerrufen, während der Vater sofort in die implizite Leugnung innerhalb der Phase der *Unannehmbarkeit* (1.3) ausweicht:

> *„Sollte ein Krüppel so aufmerksam sein? Das gab es ja gar nicht. Der Arzt wird sich geirrt haben, ganz gewiß! ... Ärztegeschwätz." (A II, S. 46)*

Der Biographin kommen selber Zweifel, wenn sie das Kapitel damit abschließt:

> *„Nach vielen Jahren ließ sich nicht mehr genau feststellen, wie Lisa Reis (ihre Babs-Mutter) diesen ersten S c h o c k überwunden hatte, w e n n ü b e r h a u p t ü b e r w u n d e n. Helfen konnte ihr dabei niemand, am allerwenigsten Fritz, ihr Mann."*
> *(A II, S. 46)*

Während des ersten Lebensjahres beschreibt sie die Mutter als tief resignierte, deprimierte Frau:

> *„Lisa hatte keinen Schwung mehr. Das Gefühl, nichts ändern zu können, lastete auf ihr wie Blei. Es war eine der Zeiten, in denen Lisa sich treiben ließ von ihrem Schmerz, von der Angst, von dem Würgen der Verzweiflung." (A II, S. 49)*

Wiederholt spielt sie die Not des einsamen Ausgeliefertseins an den Schmerz aus, die totale Verlassenheit in der *Depression* (4) ohne jede Hilfe:

> *„Es gab keinen Menschen, der sie trösten, ihren Schmerz hätte lindern können. Vielleicht, weil es hierfür keinen Trost gab ... In diesen ersten Wochen zerbrach in ihr etwas von dem, was man den Glauben an das Gute im Menschen nennen könnte. Lisa Reis verlor das Vertrauen, es war ein unheilbarer Bruch." (A II, S. 50)*

Dieses Zweit-Thema der *fehlenden Prozeßbegleitung* klingt auch in der ersten Autobiographie wiederholt an.

> *„Meine Mutter trug zeit ihres Lebens schwer an meiner Behinderung, schwerer, als irgendein Mensch sich vorstellen kann. In ihrem Herzen saß der Stachel: ‚Warum ist gerade mein Kind so?' " (A I, S. 74)*
> *„Aber damals hätte weniger ich als meine Mutter eine Betreuung gebraucht: Fachliche Anregungen, die ihr im Umgang mit mir geholfen hätten, fehlten." (A I, S. 84)*

Ganz anders der Vater, über ihn heißt es:

> *„... daß Babs für ihn offenbar ein Rettungsring war, eine Aufgabe und vielleicht der erste sinnvolle Lebensinhalt, den er je gehabt hatte ..." (A II, S. 50)*
> *„War es möglich, daß er das Kind liebend annahm, eher noch annahm als sie, die eigene Mutter ...?" (A II, S. 51)*

Die qualvolle Suche nach einer Sinngebung wird dann – wohlgemerkt von der Betroffenen selbst in der Erzählerrolle – treffend charakterisiert: Babs als Liebes-Objekt zur Befriedigung für jedermann und zu jeder Zeit.

> *„... man liebte Babs so, daß man ihr am liebsten alles erspart hätte, nur dasein sollte sie, leben, Objekt zum Verhätscheln, zum Versorgen, Babs sollte sich lieben lassen." (A II, S. 64)*

Über die Wirkung und die Folgen für Babs – für sich selbst – schreibt sie anklagend:

> *„auch sie (die Mutter) beging den folgenschweren Fehler, ihre Babs nicht schon in frühen Kinderjahren an gewisse Widrigkeiten des Lebens gewöhnt zu haben." (A II, S. 64)*

Und sie ergänzt durch die erste Biographie:

> *„es dauerte Jahre, ehe ich begriff, weshalb mir bei den Lobpreisungen meiner Mutter nicht wohl ... war: Sie suchte Ersatzlösungen und verstand immer noch nicht, mich trotz meiner Benachteiligung einheitlich, als ganzen Menschen anzusehen." (A. I. S. 112)*

Die immer wieder aufbrechende Wunde der inneren Nichtakzeptation im Gegensatz zu der äußeren bewußten Entscheidung für das Kind zieht sich als roter Faden durch die Autobiographie:

> *„Erklärungen für diese ganz natürliche Reaktion des spastischen Körpers wollte sie nicht hören. Es war für Lisa eine Unmöglichkeit, die Körperbehinderung ihres Kindes zu akzeptieren und vor allem, sich mit der Behinderung, also auch mit Babs selbst, auseinanderzusetzen." (A II, S. 75, vgl. Widerspruch A II, S. 44)*

Nach einer Operation, von der sie wider alles Wissen Wunder erhoffen:

> *„... Lisa blickte den Arzt fassungslos an. Sie hörte, was er sagte, aber ihr ganzes Wesen sträubte sich dagegen, es zu akzeptieren, es für endgültige Wahrheit zu halten." (A II, S. 94)*

Der Vater begegnet diesen Ausbrüchen mit Rückzug von der Frau in die Resignation:

> *„Warum begriff sie nicht, warum wollte sie nicht begreifen? Es war doch gar nicht so schwer, wenn man das Kind nur richtig liebhatte ..." (S. 76)*

Die innere *Nichtakzeptation* der behinderten Tochter scheint ein doppelbödiges Problem zu sein; einerseits die Unfähigkeit, sich mit der Behinderung selbst auseinanderzusetzen, andererseits die unausgereifte mangelnde Selbstakzeptation der Mutter.

> *„Im Familienleben wie im Geschäftsleben verstand sie (meine Mutter) es schlecht, andere zu tolerieren. Vielleicht lag es darin begründet, daß sie von Kindheit an nie von einem Menschen hundertprozentig bejaht worden war. In irgendeiner Weise blieb sie ihr Leben lang isoliert." (A I, S. 87)*

Die Tochter sollte hier Objektfunktion haben.

> *„... Lisa haderte wieder einmal mit dem Schicksal. Wenn ich schon mit ihr über alles reden könnte, wenn sie mir ... helfen könnte, meine Sorgen zu tragen ...*

Plötzlich ...
Mein kleines Mädchen, heute an meinem Geburtstag, wollen wir uns gleich ganz fest versprechen, immer für einander dazusein, du und ich. Deine Mutter und du. Später einmal wirst du begreifen, daß es auf der Welt nichts Wichtigeres geben kann ...
Wie meist, so gefiel auch heute Babs die Umarmung der Mutter nicht, und heftig löste sie sich von ihr ...
Aber fährst Du mich jetzt mal auf den Spielplatz?
Auf den Spielplatz willst du! Bitter setzte Lisa ihre Rede im stillen fort. Wo ich dir gerade heute so viel zu sagen hätte, ich, deine Mutter. Und du willst nichts anderes als ein kleines Kind sein. Babs, ich habe mich geirrt, ich wollte eine andere Tochter. Auf alle Fälle einen Menschen, der mich ein wenig versteht ...“ (A II, S. 110/111)

So sollte das Kind in der Sprache von *Eberhard Richter* für die Mutter Substitut des Gatten, der Freundin, der Mutter sein, alle jene Rollen einnehmen und lebenslang ersetzen, die sie, die Mutter, nicht gelernt hatte, selbst aufzubauen; als 18-Jährige übergangslos vom Vater zum 34-jährigen Ehemann überwechselnd, ohne diesen je geliebt zu haben – und das Kind als Provokation ihres Seitensprungs: der ‚Bastard‘ der Familie und ein ‚Krüppel‘ dazu. So bleibt das Kind, das sich ihr als Partner versagt, wenigstens ihr Lebenssinn, ein Betreuungsobjekt, und sie bemerkt:

„... Wenn sie ihr Kind nicht gehabt hätte, wäre ihr Leben ohne Aufgabe gewesen ...“ (A II, S. 138)

Erschreckend offenbart sich die innere affektive *Nichtakzeptation* der Tochter in dem bitteren Vorwurf der Mutter, als das Kind – wie zu Lebzeiten des Vaters gewohnt – nach dessen Tod die jetzt im Geschäft mitarbeitende Mutter dort in ihrem Rollstuhl besuchen will und wie eh und je laut durch alle Geschäftsräume ihr unbefangen zur Begrüßung inmitten der Kundschaft zuruft. Entsetzen packt die Mutter:

„Babs, bist du noch zu retten! Du kannst doch nicht durch die ganzen Geschäftsräume rufen, wenn Kunden da sind. Das geht nicht, du erschreckst mir ja die Leute, Schätzchen, das mußt du doch einsehen, du bist halt et-

was anders, und Leute, die dich nicht kennen, erschrekken vor dir. Paß auf, wir machen es so: Warte bis zur Mittagpause oder hole mich nach Geschäftsschluß ab." (A II, S. 143)

Hier berichtet die Erzählerin als Betroffene von einem ersten Widerstand des Kindes gegen die Mutter, wohl, weil hier Lernerfahrungen noch aus den Lebzeiten des Vaters vorlagen. Protestierend erwidert sie der Mutter:

> *„... Ach, Mutti, was redest du mal wieder schönen Quatsch ... Soviel Rücksicht auf ein paar Kunden! Bloß, weil die mich nicht sehen können! Sollen sie einfach weggucken ... mir ist es egal." (A II, S. 44)*

In Bezug auf die Folgewirkungen weist die Autobiographin auf einen wesentlichen Mangel hin: auch *Babs, das Kind,* erlebt sich einsam, ausgeliefert dem doppelten Konflikt:

> *„Wie werde ich mit meiner Behinderung fertig? Und wie gehe ich mit dem Haß meiner Mutter gegenüber meiner Behinderung um?" (A II, S. 142)*

Es fehlt ihr die Begleitung zur Problembewältigung:

> *„... Babs hätte sich manchmal gern mit jemandem über solche Szenen unterhalten, aber sie traute sich nicht ..."*

Anschaulich erspürt sie die vorhandenen Abwehrmechanismen derjenigen Personen, die als Gesprächspartner überhaupt zur Verfügung ständen:

> *„Fräulein Renate? Nein, sie wollte ja ihre Mutter nicht bloßstellen.*
> *Oma? Die ‚mußte immer kochen', wenn Babs ihr ein Problem auseinandersetzen wollte.*
> *Opa? sang die ‚Internationale' und erzählte ihr Geschichten. Aber zuhören tat er ihr nicht.*
> *Tante Margret? hörte zwar zu, aber raunte dann von den ‚Geheimnissen des Weltlaufs' und klagte schlimmer noch als Mutti.*
> *Onkel Peter? ja, mit dem konnte man reden. Aber der sah es alles zu spaßhaft an, als könne man mit ein paar Scherzen und ein bißchen Höflichkeit darüber hinwegkommen. ‚Mädchen, grüble nicht soviel herum', sagte*

er vielleicht. ‚Mach es den anderen leicht, dann machst du's auch dir leichter!' ...
Sie wichen alle aus. Keiner wollte es ihr gegenüber wahrhaben, daß Lisa Reis die Behinderung ihres Kindes im Grunde haßte, ein Gefühl, das ihre Geduld begrenzte." (A II, S. 142/143)

Plastisch deutlich spiegeln sich stellvertretend in den hier vorgestellten Personen aus *Babs'* Erfahrungs- und Lebensraum jene Paletten öffentlicher Meinungen wider, mit denen man sich dem SOS-Ruf zum Gespräch, dem so schweren Zuhören, entzieht, und man merkt es noch nicht einmal, weil ja die vorgegebene Funktion so notwendig und unaufschiebbar ist. Deutlicher wird hier, daß jede Begegnung mit dem Behinderten, dem Partner, zuerst die eigene Auseinandersetzung mit dem Problem abverlangt, bevor er sich dem anderen hörend, vielleicht auch zuhörend zuwenden kann. So reflektiert sie auch die gute Beziehung zu Onkel Wilhelm:

„Warum hatte sie Onkel Wilhelm so gern gehabt? Lieber manchmal als die Mutter? Er hatte nie etwas Schwieriges von ihr gefordert, aber sie auch nicht besonders verwöhnt, jedenfalls lange nicht so, wie es ihr eigener Vater getan hatte – und jetzt tun würde, davon war sie überzeugt.
Nein, Wilhelm Rahn war einfach auf sie eingegangen, er hatte sie wie einen normalen Menschen behandelt, hatte ihr zugehört und ihr ganz gewöhnliche Sachen erzählt." (A II, S. 172)

Hier gibt die Autobiographin den Schlüssel zum Begleiten von Behinderten wie Nichtbehinderten, resümiert darin den Kerngedanken ihrer ersten Biographie, ‚... Krüppel sein dagegen sehr'.

„Der Behinderte ist normal – wenn man ihn normal behandelt." (S. 121)

Wie dieser Prozeß mangelnder Bejahung der Behinderung und *Nichtannahme* der Tochter als Partner verlief, zeigt der Abschluß, die Wandlung von den Besitzansprüchen der Mutter auf das Liebesobjekt Tochter bis zur Auseinandersetzung mit dem heranwachsenden Partner Tochter:

„ ‚Ins Heim stecke ich dich, damit du endlich mal merkst, was hartes Leben ist. So was Egoistisches, so ein Parasit! Sollen andere sehen, wie sie mit dir zurechtkommen. Da – nicht mal eine Serviette kannst du selber umbinden. Aber wozu brauchst du eine Serviette? Hast ja Kleider genug zum Bekleckern. Mein schwerverdientes Geld habe ich ausgegeben für Orthopäden und Krankengymnastinnen. Aber richtig Kauen hast du immer noch nicht gelernt und den Mund dabei zuhalten und das ewige Gesabbere sein lassen! Dein Leben wird härter als das anderer Leute. Kapiere das doch endlich mal.'
Sie zerrte die Tochter quer durch die Küche. ‚Da sieh dich im Spiegel an, Babs. So siehst du aus. Ein Krüppel. Verkrampft. Der Sabber läuft dir das Kinn herunter. Die Bluse verschmiert. Und du willst mir sagen, was ich zu tun und zu lassen habe?' " (A II, S. 174/175)
„ ‚Ich kenne mich ja, habe selber einen Spiegel!' – Diese Worte ihrer Tochter saßen ihr noch im Ohr. Gute Worte eigentlich. Sie ließen erkennen, daß Babs die Wahrheit über sich ertragen konnte, sich in ihrem Spasmus auch zu ertragen übte. Es wenigstens versuchte." (S. 178)

Aber wie schwer die Wandlung von einem hierarchischen Objektverhältnis zur gleichberechtigten partnerschaftlichen Subjektbeziehung ist, ohne Hilfe, ohne Begleitung, ohne bewußtes Lernen, erleidet die Mutter:

„... sie verstand dieses Kind nicht. Zu sehr war sie in den Vorurteilen ihres eigenen Herkommens befangen. Dem Hilflosen helfen, einen hilfsbedürftigen Menschen pflegen und schützen – das war bei aller Last etwas Selbstverständliches. Aber Babs wollte gar nicht nur gepflegt und geschützt sein. Sie versuchte, mit ihrer Behinderung zu leben und, soweit es eben ging, ein selbständig denkender und handelnder Mensch zu sein. Das fiel Lisa so schwer zu begreifen ... (A II, S. 178)
Babs schlief nicht. Sie saß auf dem Bett und blickte ihrer Mutter kampflustig entgegen." (A II, S. 179)

3.2.3.1 Zusammenfassung: Fehlende Aggression (3) tendiert zur sozialen Isolation

1. Die Biographin Christa *Schlett* veranschaulicht die enge Korrelation zwischen den Spiralphasen *Aggression* (3) und *Annahme* (6):
   - das Auslassen der *Aggression* (3) im Lernprozeß der Mutter tendiert zur *Nicht-Annahme* der Tochter, verbunden mit der eigenen sozialen *Isolation;*
   - Das Ausleben der *Aggression* (3) im Lernprozeß der Tochter tendiert zu deren *Selbstannahme,* verbunden mit ihrer sozialen *Integration.*

2. Die Tochter Christa *Schlett* verarbeitet die *Nicht-Annahme* seitens ihrer Mutter in ihren Autobiographien unter dem paradox zutreffenden Titel: „Eine Mutter entscheidet sich für ihr behindertes Kind"; darin offenbart sie die Ambivalenz kognitiver Dissonanz, die gerade für die Krisenverarbeitung bestimmend wird.
   Die bewußte Entscheidung, allein nur rational vollzogen, bleibt bei der Spiralphase *Gewißheit* (2) im EINGANGS-Stadium I stehen, wenn nicht durch die *kathartische Zäsur* der *Aggression* (3) auch die affektive Verarbeitung im DURCHGANGS-Stadium II ausgelöst wird, aus der heraus erst die *Annahme* (6) im ZIEL-Stadium III erwachsen kann.

3. Übereinstimmend hat die *Aggression* (3) im Lernprozeß Krisenverarbeitung von Mutter und Tochter als *kathartische Zäsur* die Schlüsselfunktion für den Weg zur Isolation wie auch zur Integration. Unterschiedlich wird der Lernprozeß Krisenverarbeitung bei Mutter und Tochter in Abhängigkeit zu ihrer Lebens- und Lerngeschichte ausgespart oder ausgelöst.

4. Die *Lebens- und Lern-Geschichte der Mutter* verweist auf eine soziale Isolation in früher Kindheit, in gescheiterter Ehe und in mißlungener Mutterschaft, so daß sich das Problem der sozialen Integration der behinderten Tochter zuerst als Problem der mangelnden Integration der Mutter selbst als einer sogenannten ‚sozial behinderten Nichtbehinderten' aufgrund mangelnder Ich-Identität erweist.

Die autobiographischen Aussagen der 24-jährigen und 29-jährigen Tochter über die Mutter zeichnen das Portrait eines lebenslang fremd-gesteuerten Menschen ohne jegliche positiven Annahme-Erfahrungen. Die entscheidende Ablösung von der Fremdbestimmung der Vaterautorität bzw. Ersatzautorität des Ehemannes wurde zu keinem Zeitpunkt vollzogen. Selbst-Bestimmung und -Steuerung zur Ich-Findung und Aufbau von Ich-Identität fand niemals statt und verhinderte so den Durchbruch der Aggression. Der von Richter analysierte Teufelskreis Eltern – Kind – Neurose aus den überhöhten, latent vorhandenen Besitzansprüchen der Mutter an ihre Tochter ist perfekt, und die Neurose manifestiert sich in der lebenslangen apathischen *Depression* (5). So lautet die Weisung der sterbenden Mutter: „Gott hat uns hart gestraft, mein Kind, nun müssen wir durchhalten, o h n e zu klagen" (A I, S. 126).

5. Unterschiedlich zur Lebens- und Lerngeschichte der Mutter erlebt die *Tochter* nach dem Tod der Mutter als ‚Offenbarung' erste Annahme-Erfahrungen durch einen Lehrer, der die schon 24-Jährige ermutigt und ihr durch seine Leistungserwartungen an sie ‚Du kannst' die Gleichberechtigung zuspricht und ihren Lernprozeß auslöst (A I, S. 77/78). Seine pädagogischen Interventionen lösen die *Aggression* (3) aus, deren Ergebnisse als Autobiographie zur Befreiung von Kränkungs- und Schuldgefühlen hier vorliegen.

6. Übereinstimmend und offenkundig zieht sich wie ein selbständiges Thema durch beide Autobiographien der Appell von Mutter und Tochter nach *Prozeßberatung und -begleitung.* Beide erkennen, daß sie allein auf sich verwiesen und zudem völlig unvorbereitet die Verarbeitung der Krise nicht zu leisten vermögen.

7. Abschließend kann festgestellt werden: Die unverarbeitete Krise der Mutter gleicherweise wie der unangemessen spät ausgelöste Lernprozeß der Tochter, deren gemeinsame Ursache im Auslassen der *Aggression* (3) als kathartische Zäsur zu ergründen war, sind das Ergebnis unfreiwilliger, ungewollter Lernabstinenz. Vorhandene und angemessene Pro-

zeßbegleitung wäre in der Lage gewesen, mittels Krisenintervention die *Aggression* auszulösen und den Lernprozeß zu sozialer Integration anzubahnen.

3.2.4 Aggression am Beispiel der Krisenintervention tendiert zur sozialen Integration

Seelische Behinderung: Der *Therapeut Richard d'Ambrosio* berichtet über seine vierjährige Behandlung der 12-jährigen *Laura.*
d'Ambrosio, Richard: Der stumme Mund. 1971
Daten: Selektiver Mutismus, erworben im Säuglingsalter von 18 Monaten durch elterliche Kindesmißhandlung. Vater: Arbeiter, Mutter: ohne Beruf.

Es wurden bisher anhand von drei Biographien – unterschiedlicher Behinderungsarten und alternativer biographischer Perspektiven – die verschiedenartigen Abbrüche der Lernprozesse Krisenverarbeitung durch fehlende Aggression belegt; sie führten alle zu gestörten Interaktionen und endeten in sozialer Isolation. Ein letztes Beispiel versucht dementgegen Ansätze zur Therapie, zum Durchbruch verschütteter *Aggression* (3), *zur kathartischen Funktion* im Lernprozeß mittels Krisenintervention aufzuzeigen als Beleg unserer These: Präsenz der Aggression tendiert zur Selbst-*Annahme* (6) als Voraussetzung zur sozialen Integration.

Vorzuklären ist die Zuordnung des Buches zu den Biographien. *D'Ambrosio* ist Psychologe, Laura seine Klientin, er begegnet ihr im Alter von 12 Jahren erstmalig und gewinnt den Eindruck einer Greisin: ‚bucklig, von Narben entstellt, häßlich und darüber hinaus stumm' (S. 8), und weil es für den ‚stummen Mund' Lauras niemals Eltern oder Bezugspersonen gegeben hatte oder gab, (es sei denn als Erzeuger und Mißhandelnde), trat er an ihre Stelle, zu jenem Zeitpunkt, da sie als ‚hoffnungsloser Fall' auf der Anwartschaftsliste für das ‚Irrendasein in einer Nervenheilanstalt' abgeschrieben worden war. Daß sich der Therapeut dieses ausweglosen Falles annahm, ‚die

Wunden oder Traumata, die von sozialen Mißständen herrühren' zu behandeln, überdies ‚beruflich oft undankbar', weil die Klienten ‚nicht selbst um Hilfe nachsuchten' (S. 8), basiert auf autobiographischen Erfahrungen des Psychologen d'*Ambrosio:*

> *„... vielleicht war ein verborgener Konflikt in mir der Grund meines Wandels, zwang mich nach einem beiläufigen Besuch in einem düsteren Heim dazu, mich mit einem verwundeten kindlichen Gemüt zu befassen. Jeder von uns findet sich ja irgendwann einmal, ob nun bewußt oder unbewußt, seiner Vergangenheit gegenüber. ... Als Kind hatte ich oft das Gefühl gehabt, daß die übrige Welt die Armen vergaß. Wie hätte ich anderen antun können, worunter ich so gelitten hatte? ...*
> *Das hieß konkret ausgedrückt, daß ich eines Tages Lauras Krankengeschichte in der Hand hielt und an meine eigene Jungend dachte. Es hatte einen Augenblick gegeben, als ein junger Mathematiklehrer mit Stahlbrille mein eigenes Leben buchstäblich auf die gleiche Weise in der Hand hielt." (S. 9)*

In Laura sah sich der Biograph d'*Ambrosio* seiner Vergangenheit gegenübergestellt, er wollte ihr nicht entfliehen, sondern sie verarbeiten lernen:

> *„Wenn Mr. Scott mir damals nicht seine kreideverstaubte Hand entgegengestreckt hätte, wäre ich vielleicht für immer als geistig zurückgeblieben verdammt worden, und das nur, weil ich die Sprache nicht beherrschte. Der Hauptunterschied zwischen Lauras und meinem Leben bestand darin, daß ich entkommen und sie noch immer gefangen war.*
> *Unsere Ausgangspositionen waren zwar verschieden, aber ich wollte erklären, weshalb mich ein fast unwiderstehlicher Zwang trieb, für das unbekannte stumme Mädchen den Kampf gegen Vorurteile und Unwissenheit in unserer Gesellschaft aufzunehmen, wo die Armen niemals vergessen, daß sie arm sind, und oft für die ‚geistig Zurückgebliebenen' gehalten werden." (S. 11)*

D'Ambrosios starkes Motiv autobiographischer Betroffenheit läßt ihn sisyphusartig aus einer Akte die Lebensgeschichte der verstummten Laura rekonstruieren. Sie beginnt auf einer Unfallstation. Fünfzig Prozent des Säuglingskörpers waren mit Brandwunden zweiten Grades bedeckt. Der Polizist hatte ausgesagt: das Kind sei von dem Vater in einer Bratpfanne auf den heißen Herd gesetzt worden, unter dem die Flamme aufgedreht war. Der Vater hatte seine Tat erklärt: Sie schreit zu viel; er selbst war ein Trinker. Nachbarn der Mietskaserne hatten die Polizei alarmiert. Drei Jahre dauerte der Krankenhausaufenthalt an, danach waren die Brandwunden und Knochenbrüche soweit behoben – Wirbelsäulen- und Augenschäden blieben unheilbar –, daß die nunmehr fünfjährige Laura entlassen werden konnte; eine psychische Untersuchung ergab den IQ von 50 und stellte die abschließende Diagnose: ‚Schwachsinn und Schizophrenie.' [271] Also beschloß man die Einweisung in eine staatliche Nervenheilanstalt. Nur dem Umstand der Überbesetzung verdankte es Laura, daß sie auf dem Abstellgleis im ‚Heim für vergessene Kinder' weitere sieben Jahre abwarten konnte. Hier, als sie 12 Jahre alt war, stieß d'*Ambrosio* auf ihre Akte.

Ergebnisse der Aktenanalyse: Lebensverweigerung als ‚passive' Aggression; dabei handelte es sich um eine innengerichtete, das Selbst zerstörende Aggression. *Laura* hatte Urangst statt Urvertrauen, Schrecken statt Liebe, Zurückweisung statt Erwünschtsein erlebt. *Erstens* waren *Lauras* Eltern Alkoholiker und versagten Laura elementarste Fürsorge und Liebe. *Zweitens* war Laura mißhandelt worden, für sie war die Welt feindselig und bedrohlich. *Drittens* erfuhr Laura in dem kritischen Stadium ihrer seelischen Entwicklung im Krankenhaus zwar Befreiung von körperlichen Qualen, aber Verstärkung ihrer Isolierung und Verlassenheit. *Viertens* bestand *Lauras* Zuflucht darin, sich völlig von der Außenwelt abzuschließen und sich in der Festung ihres Schweigens in ihre Phantasiewelt zurückzuziehen.

Ziel der Therapie: Lebensannahme durch ‚aktive' Aggression, durch eine außengerichtete, das Selbst wieder aufbauende Aggression. Ansatz der Therapie war der Aufbau des Urvertrauens zu jenem Lebenszeitpunkt, da es im Säuglingsalter von 18 Monaten zerstört wurde. *Lauras* Urängste erstickten sie, ließen sie verstummen, apathisch innerlich absterben; weil sie Pathos, Leiden nicht mehr ertragen konnte, darum mußte sie a-pathisch ohne ihr Selbst vor sich hin leben und das ihr angebotene Erleben verweigern. [272]

So sieht sich d'*Ambrosio* bei seiner ersten Begegnung mit der 12-jährigen Laura der Erscheinung einer Sterbenden gegenübergestellt: ‚Ein Häufchen Elend, vergleichbar einer Greisin, ohne jede Vitalität, so in sich zusammengefallen war ihr Körper unfähig, sich aufzurichten, selbst zu gehen; gebückt und gestützt auf den Arm einer Schwester, tastete sie an der Wand schlurfend, die Füße nach sich ziehend entlang, die Augen auf den Fußboden gerichtet, die Arme schlaff herabhängend ... So wurde sie von der Schwester zum ersten Besuch und zu hunderten anderen gebracht, in den Stuhl gehoben, blieb da wie leblos zusammengesunken sitzen und wurde wieder abgeholt'. (S. 31 und S. 76)

D'*Ambrosio* schildert seine therapeutische Situation:

> *„Es ist eine niederschmetternde Erfahrung, einem anderen menschlichen Wesen gegenüberzusitzen, das zwar existiert, aber nicht wirklich lebt, das fühlen kann, aber nicht wirklich fühlt, das denken kann, aber nicht wirklich denkt. In jenen ersten Augenblicken war die Stille zwischen uns betäubend ... Ich mußte sie bezwingen. Und so beschloß ich, daß wenigstens ich mit Laura sprechen würde, wenn sie schon nicht mit mir sprechen konnte.*
> *So begann ich mit einem Monolog, der einer von Hunderten wurde. Da Laura nicht die geringste Reaktion zeigte, hatte ich keinerlei Anhaltspunkte. Ich sprach sozusagen blind ... Ich wußte nicht einmal genau, ob sie mich hören konnte ... Ich machte mir mit dem Gedanken Mut, daß sie doch eigentlich erst ein Kind von sechs Monaten war, das man ständig verletzt hatte ...*
> *‚Hör mal, Laura', sagte ich so sanft wie möglich, ‚wir werden uns zweimal in der Woche sehen. Vielleicht können wir spielen, oder wir reden oder wir sitzen nur einfach hier.' " (S. 33)*

Analog dazu verarbeitet er die Erfahrungen seiner eigenen Biographie:

> *„Ich mußte an meine Erfahrungen denken, die ich selbst als Kind und später als Psychoanalytiker gemacht hatte. Aus diesen Erfahrungen wußte ich, daß Einsamkeit sich nicht unbedingt selbst heilt – im Gegenteil: Oft ist die Angst, von anderen verletzt zu werden, größer als das Bedürfnis, sich den anderen anzuschließen. Und in Lauras Fall traf das in extremem Maße zu. Ich*

mußte mich also schon sehr bemühen, um an das Kind heranzukommen." (S. 75)

Vergleichbar einem Dokumentarfilm erfaßt d'*Ambrosio* jeden Schritt, mit dem er versuchte, Zugang zu der Seele Lauras zu finden, ein Zeichen von ihr zu erhalten; er begegnete ihr mit aller Herzlichkeit, die er für sie empfand, und entschied sich für ein methodisches System der Dreiteilung in den Stunden:

> *„Zuerst sprach ich über Dinge, die außerhalb des Heims geschahen. Ich ging durchs Zimmer, sah aus dem Fenster und beschrieb, was ich draußen sah. Dann machte ich sie allmählich mit den Gegenständen im Zimmer vertraut, dem Spielzeug und den Spielen. Und zuletzt schwieg ich manchmal selbst, saß abwartend da. Und dann war es mein eigenes Herz, das ich schlagen hören konnte.*
> *Fachmännisch kam man in den Stunden mit Laura kaum ins Spiel. Ich sprach mit ihr, wie jeder mit einem Kind spricht ... (S. 77)*
> *... ich mußte einen Monolog zu einem Dialog machen, ich mußte sie auf irgendeine Art mit einbeziehen."*
> *(S. 78)*

Nach einem Jahr therapeutischer Arbeit zeigt Laura nach einer kurzen Weihnachtsferienpause ihr erstes Lebenszeichen:

> *„Und dann sah ich, daß sie weinte ...*
> *Es kam mir vor, als sprächen diese stummen Zeugen von wer-weiß-welcher inneren Qual eine lautere Sprache, als es Worte vermocht hätten ...*
> *‚Hallo Laura', sage ich. ‚Erinnerst du dich noch an mich?'*
> *Sie bewegte sich nicht, aber ich sagte mir, daß die Tränen ihre Seele symbolisierten, die sich unter der starren Oberfläche teilnahmsloser Unbeweglichkeit verbarg. Ihre Verzweiflung war ein Lebenszeichen, eine aktive Negation.*
> *‚Hast Du schöne Weihnachten gehabt, Laura?' ...*
> *So begannen Hunderte ähnlicher Stunden ... Ich sprach auf eine leere Wand ein." (S. 76)*

Damit war erwiesen, daß Laura nicht ‚a-pathisch', sondern noch verletzbar war, Laura war noch zum ‚Pathos', zum Leiden, fähig; denn die Sprache der Trauer bricht sich gegen den Widerstand der Betroffenen Bahn.

Im zweiten Jahr gemeinsamer Arbeit gibt *Laura* auf einem Spaziergang ungewollt ein Zeichen dafür, daß sie Wirklichkeit und Phantasie voneinander trennen kann, daß sie nicht schizophren ist. In der äußersten Bedrohung ihrer Person, als eine Schar Kinder johlend und lärmend auf Rollschuhen in höchster Geschwindigkeit auf sie zurollte, verläßt sie für Sekunden ihre Festung der Isolation und des Schweigens und klammert sich laut schluchzend an d'*Ambrosio* an. *Laura* kann sich anvertrauen, *Laura* hat ihre Angst vor Zurückweisung überwunden.

> *„Laura umklammerte meinen Arm fester. Ich sah ihr angespanntes hochrotes Gesicht. Ihre erschreckten Augen bewegten sich, lebten. Beinahe bebend sprang sie aus dem Weg. Dann legte sie einen Arm um mich. Sehr verängstigt und hilflos weinend hielt sie sich zum Schutz an mir fest. Ich hatte sie noch nie vorher so maßlos weinen sehen ..." (S. 98)*

Aufgrund dieser Lebenszeichen, die Bruchstücke einer zerstörten Ich-Identität signalisierten, versuchte d'*Ambrosio* mit *Laura* gemeinsam ihre Welt zu rekonstruieren, sie bauten ein Puppenhaus, sie spielten das Leben im Heim, das Leben im Krankenhaus und das Leben in der Familie. Erstmalig vollzieht *Laura* eine einzige Tat:

> *„Ich gruppierte gerade ein paar Stühle um den Tisch, als Lauras Hand mein Handgelenk streifte. Sie griff über mich in das Haus hinein und stellte die Möbel um ... Sie war vollkommen vertieft. Innerhalb von Sekunden hatte sie alles verändert. Es war, als hätte sie schon seit Wochen im Geist geplant.*
> *‚Aha', sagte ich, ‚dahin gehören sie also!' (S. 107)*
> *Mir fiel es schwer, gleichmäßig zu sprechen. Wieder hatte sie sich aus ihrem Schneckenhaus herausgewagt ... Mir war zumute wie jemandem, der ein gelähmtes Kind die ersten Schritte tun sieht! ... (S. 108)*
> *Doch nach diesen Bemühungen (‚Hilfe im Haus') zeigte sich bei ihr auch nicht das geringste Anzeichen einer Veränderung ... (S. 109)*

Was dieser junge Mensch jetzt am dringendsten von mir brauchte, war die Bereitschaft zur Geduld, und nichts durfte sich störend dazwischendrängen. Denn wenn Laura sich entwickeln und innerlich reifen sollte, so mußte es zu ihren eigenen Bedingungen geschehen. S i e mußte das Tempo angeben, sich bei jedem Schritt sicher fühlen, ich konnte ihr nur folgen, immer bereit, ihr zu helfen, wenn sie Hilfe brauchte." (S. 110)

Abgesehen von dem Vorfall beim Bau des Puppenhauses verlief das ganze zweite Jahr von Lauras Behandlung ergebnislos, das d r i t t e J a h r ging seinem Ende entgegen. Sie blieb, wie sie immer gewesen war, schweigsam, aber sie lebten jetzt fast schon ein Jahr im Puppenhaus, es entstand das Bild einer normalen, gesunden Familie, deren Verantwortungsbewußtsein voll entwickelt war, und wenn d'*Ambrosio* die Puppen sprechen ließ, vergaß *Laura* seine Gegenwart, die Figuren ‚lebten', *Laura* ‚erlebte', ‚ihre Muskeln spannten sich' (S. 117). Jetzt sah der Therapeut den Zeitpunkt gekommen, das Spiel noch einen Schritt weiterzuführen; d'*Ambrosio* mußte die Tragödie ihres Lebens spielen, er mußte *Laura* mit der gleichen Situation provozieren, die für ihre Ängste und Verwirrungen verantwortlich war. Zusammen mit *Laura* mußte er sich ihrem Alptraum nähern, um die nach innen gerichtete Aggression zum Durchbruch nach außen zu befreien, gegen den Haß, gegen die Verwundung als Voraussetzung dafür, *Lauras* Selbst wieder aufbauen zu können; d'*Ambrosio* schildert den Prozeß der Aggression als Katharsis:

„Und nach einigen Wochen (in Lauras nachgebildetem Zuhause) begann ich: ‚Und das, Laura, ist jetzt die Geschichte eines kleinen Mädchens, das ich kenne. Wir wollen doch mal sehen, was geschieht, ja?' Die Babypuppe lag im Bett, und ich ließ die Mutter das Kind füttern ... Dann ging etwas schief. Die Puppeneltern bestraften das Kind ... ‚Sie schreit zu viel', sagte der Vater ... (S. 119)
Streit zwischen den Eltern, ... Vater quälte seine Frau und tobte ... Kind schrie! ... ‚Sorg dafür, daß das aufhört!' – ‚Sorg doch selbst dafür.' Küchengeschirr polterte ... Beide Eltern taumelten finster ans Kinderbett ... (S. 120)
Laura stand auf.

Die Eltern begannen das Kind zu schlagen und ...
Plötzlich ertönte ein schrilles Wehklagen durch mein Büro, ging mir durch Mark und Bein und schien das Heim bis in die Grundmauern zu erschüttern.
‚N e i n ! N e i n ! N e i n !'
Schwankend, mit aufgerissenen Augen und verzerrtem Gesicht zerquetschte Laura die Mutter-Puppe, wobei sie fortwährend ‚N e i n ! N e i n !' kreischte.
Sie stand keuchend, atemlos da, und plötzlich fegte sie mit der gleichen fiebernden Kraft beide Puppenhäuser und ihren gesamten Inhalt mit einer einzigen Bewegung krachend zu Boden ...
Sie weinte jetzt hysterisch ...
Ich nahm sie in die Arme und zog sie eng an mich, beruhigte sie und drückte ihren Kopf an mich. Sie umklammerte mich ebenfalls fest, ihr gebrechlicher Körper wurde von krampfhaftem Schluchzen erschüttert.
‚Alles ist gut, Laura, alles ist gut. Weine jetzt nicht mehr' (S. 121). Laura konnte sprechen! Sie zitterte am ganzen Körper: ‚I c h h a s s e s i e !' stieß sie aus. ‚I c h h a s s e s i e !' Sie war nicht mehr stumm. Gemeinsam hatten wir das Schweigen bezwungen."
(S. 122)

Analog zur Rollschuhsituation auf der Straße hatte *Laura* die Sicherheit ihrer inneren Welt verlassen und Hilfe gesucht, als die Bedrohung von außen immer heftiger wurde. Beide Male suchte sie Hilfe, aber während sie vor den Rollschuhen noch flüchtete, brachen angesichts der mißhandelnden Eltern (Puppen) alle angestauten *Aggressionen* aus *Laura* heraus: Sie schreit, sie tötet die Mutter (Puppe), sie zerstört das Haus (Puppenhaus), sie haßt ihre Eltern, und sie weint. Der verstummte Mund Lauras befreite sich in einem erlösenden Aufschrei nach 15 Jahren; Laura begann wieder als Mensch unter Menschen zu leben. D'*Ambrosios vierjährige therapeutische Intervention* hatte die Präsenz der Aggression herbeigeführt, der Lernprozeß Krisenverarbeitung konnte fortgesetzt werden, alle noch ausstehenden Spiralphasen konnten von Laura durchlaufen werden. Die wiedererwachte *Aggression* (3) richtete sich gegen alles und nichts, das Heim, die Erzieher, die Kinder, die Eltern, und suchte in endlosen *Verhandlungen* (4) nach Abschaffung ihrer Situation: Darauf folgte eine langandauernde *Depression* (5), in der Laura den Verrat des Vaters [273)] und der

Mutter [274] zu verarbeiten hatte. Aber auf der Basis der sie konstant tragenden *Fremd-Annahme* (6) durch d'*Ambrosio* findet Laura zur *Selbst-Annahme* (6), gewinnt sie eigene Einstellungen zu den Eltern, die nicht fähig waren, sie lieben zu können, zu den anderen Heimkindern, deren Angewiesensein auf ihre Zuwendung sie erkennt, übernimmt sie eine Kindergruppe, faßt sie den Entschluß, Kinderschwester zu werden, entsprechend der *Aktivität* (7). Ihre Erfahrung der *Annahme* (6) durch d'*Ambrosio* beschreibt *Laura* selbst so:

> *„Sie (d'Ambrosio) waren etwas ganz Besonderes in meinem Leben. Immer, wenn ich verzweifelt war, haben Sie mich getröstet. Wenn ich verwirrt war, haben Sie die Dinge für mich geklärt. Wenn ich jemanden brauchte, mit dem ich sprechen konnte, waren Sie immer da – auch wenn Sie oft nur wenig gesagt haben. Sie sind so viele Leute in einer Person. Oh, ich weiß nicht, wie ich es erklären soll. Irgendwie weiß ich, daß Sie für alles, was ich habe ... verantwortlich sind." (S. 227)*

Und nach bestandenem Kinderschwesterndiplom löst sich *Laura* von ihrem *Therapeuten* und gibt erneut Zeugnis von ihrer Fähigkeit zur realistischen Selbsteinschätzung, wenn sie die Examensfeier ohne Einladung des Therapeuten ihm gegenüber erklärt, entsprechend der Lernphase *Aktivität* (7):

> *‚Beinahe hätte ich Sie gefragt ..., aber ... (ich) bekam Angst ... Ich wollte Sie als einen Menschen in Erinnerung behalten, der mich niemals verletzt hat ... Ich möchte Sie noch um einen Gefallen bitten, bevor ich gehe. Es hört sich vielleicht dumm an, aber es ist wichtig für mich.'*
> *‚Sag es mir', erwiderte ich. ‚Darf ich Sie umarmen?'*
> *‚Ja', antwortete ich.*
> *Laura legte die Arme um meinen Hals und umarmte mich. Dann schob sie mich fort. ‚Wissen Sie', sagte sie nachdenklich, ‚ich glaube, Sie werden mich genauso vermissen, wie ich Sie.'*
> *Sie drehte sich um und verließ mit festen Schritten mein Büro und mein Leben." (S. 228)*

Laura war zum Partner geworden, die Spiralphase *Solidarität* (8) im Lernprozeß Krisenverarbeitung war erreicht, Laura war sozial integriert. [275]

3.2.4.1 Zusammenfassung: Fehlende Aggression (6) tendiert zur sozialen Isolation

1. Die Biographie d'*Ambrosios* von *Laura* belegt am Beispiel seelischer Behinderung – laut ärztlicher Diagnose Schwachsinn und Schizophrenie – die *These:* Aggression hat kathartische Funktion im Lernprozeß Krisenverarbeitung, sie kann durch Krisenintervention ausgelöst werden als Präsenz der Aggression mit Tendenz zur sozialen Integration.

2. Die ungestörte Interaktionsfähigkeit *Lauras* wird im Säuglingsalter von 18 Monaten jäh abgebrochen, gestört, als elterliche Mißhandlung (beide Alkoholiker) die Aggressionsschreie gewaltsam abzutöten versuchen, – Verbrennen des Säuglings in der Bratpfanne – *Laura* verstummte.

3. *Laura* zeigt zwölfjährig das Erscheinungsbild einer gebückten, kaum gehfähigen, reaktionslosen Greisin, sie kann aufgrund des zerstörten Urvertrauens und der erlittenen Urangst ihre inneren Antriebe der Aggression nicht mehr auf die Außenwelt richten, also muß sie die freischwebende Aggression zwangsweise gegen sich selbst nach innen richten, *Laura* zerstört ihr Selbst in vegetierender Apathie.

4. Der Therapeut d'*Ambrosio* erkennt in *Lauras* psychischer Behinderung den Zusammenhang von Traumata und sozialen Mißständen, gekoppelt an die Unfähigkeit des Klienten, die Grundregel ‚selbständigen' Ersuchens um Hilfe zu erfüllen. Das Motiv der Annahme des psychoanalytisch gesehen ‚hoffnungslosen Falles' ist in der Biographie d'*Ambrosios* begründet, *Laura* konfrontiert ihn mit seiner Vergangenheit, die er lernend bewältigen will.

5. In vierjähriger Krisenintervention durch therapeutische Arbeit bahnt d'*Ambrosio* Urvertrauen an, baut er Urängste ab, erlebt er aktive Negation (Tränen), erkennt er die Fehldiagnose Schizophrenie an Lauras Fähigkeiten (zur Flucht vor der Gefahr, zur Unterscheidung von Phantasie und Wirklichkeit), provoziert er die gemeinsame Verarbeitung der elterlichen Mißhandlung (im Rollenspiel – Puppenhaus), befreit

er *Laura* zur *Aggression* (3) als Katharsis: sie schreit, sie tötet, sie zerstört, sie haßt, sie weint!

6. Die Kartharsis der *Aggression* (3) setzt Lernen frei, *Laura* durchläuft alle nachfolgenden Spiralphasen des Lernprozesses Krisenverarbeitung: *Verhandlung* (4), *Depression* (5), *Annahme* (6), *Aktivität* (7), *Solidarität* (8), die sie mittels der therapeutischen Prozeßbegleitung bis zur Ablösung vom Therapeuten als praktizierende Kinderschwester verarbeitet.

7. Das vorliegende biographische Material mußte auf die atypische therapeutische Situation zurückgreifen, um Krisenintervention zur Herbeiführung der *Aggression* (3) als Katharsis überhaupt aufzeigen zu können. Die therapeutische Situation verweist desto nachdrücklicher auf die *fehlende Prozeßbegleitung* in den vorgenannten Biographien, in denen die Betroffenen, *Shave, Keller, Schlett* wie auch *Steenbuch* (vgl. Kap. 2.3.2: Unangemessene Krisenverarbeitung) allein mit ihrer Verarbeitung der Krise auf sich angewiesen blieben und in sozialer Isolation verharrten. Es kann angenommen werden, daß auch bei ihnen Angebote zum Lernen, zur Begleitung im Lernprozeß Krisenverarbeitung, die gestörten Interaktionen abgebaut sowie die Fähigkeit zur Interaktion erneut aufgebaut hätten – analog der Biographie *Lauras* bis zur sozialen Integration.

III. Teil: Interaktions-Modell zum Lernprozeß Krisenverarbeitung in der Erwachsenenbildung/Weiterbildung (EB/WB)[276]

Es gilt nun, aus dem Vorangegangenen pädagogische Konsequenzen zu ziehen. In Teil I leistete die theoretische Grundlegung eine bildungspolitische Situationsanalyse, zeigte interdisziplinäre Begründungen für die Integrations-Konzeption auf und entwickelte aus dem Erklärungsansatz des symbolischen Interaktionismus und seiner kommunikationstheoretischen Axiome die didaktische Konzeption eines Interaktions-Modells, in dem Lernprozesse zur sozialen Integration konzipiert wurden.

In Teil II wurden Lebenswelten zur Aufdeckung von Deutungsmustern Behinderter und ihrer Bezugspersonen anhand von Biographien analysiert mit dem Ergebnis: Prozeßverläufe zur sozialen Integration oder Isolation lassen sich als Lernprozesse ausweisen, für die hier der Terminus ‚Lernprozeß Krisenverarbeitung' verwendet wurde. Unter der Prämisse seiner Interdependenz ließ sich der Lernprozeß Krisenverarbeitung in acht Spiralphasen gliedern, die drei Dimensionen des Lernens zugeordnet werden konnten: Die Biographieanalysen deckten jeweils ein EINGANGS-Stadium I als eine primär kognitive Lerndimension auf mit den Spiralphasen *Ungewißheit* (1), *Gewißheit* (2), sodann ein DURCHGANGS-Stadium II als eine primär affektive Lerndimension mit den Spiralphasen *Aggression* (3), *Verhandlung* (4), *Depression* (5) und schließlich einem ZIEL-Stadium III als eine primär aktionale Lerndimension mit den Spiralphasen *Annahme* (6), *Aktivität* (7), *Solidarität* (8). Im Anschluß daran wurden erste Faktoren des Lernprozesses im Hinblick auf Prophylaxe und Therapie analysiert.

In dem nun folgenden Teil III werden Versuche dargestellt, diese Lernphasen anhand ausgewählter Lernsituationen vom Elementar- bis zum Quartärbereich exemplarisch als Lernprozesse der Krisenverarbeitung aufzuzeigen, die mit Hilfe pädagogischer Interventionen zur sozialen Integration geführt haben.

Alle diese Versuche fanden in einer Volkshochschule (VHS) statt. Es soll daher zunächst gezeigt werden, warum solche Aktivitäten zum Aufgabenbereich der Volkshochschule gehören. Anschließend werden fünf unterschiedliche Konzeptionen einer solchen Arbeit vorgestellt, gefolgt von einem weiteren Abschnitt, in dem die Verwirklichung einer dieser Konzeptionen in verschiedenen Lernsituationen beschrieben wird. Schließlich folgt die Evaluation einiger langfristiger Lernergebnisse im Rahmen von Messe-Aktionen in der Öffentlichkeit. Pädagogische Konsequenzen sollen also nicht nur theoretisch entwickelt, sondern als praktisch durchführbar dargestellt werden.

1. Legitimation einer Arbeit mit Behinderten

1.1 Aufgabenverständnis der Weiterbildung im Spannungsfeld von realistischer, gesellschaftskritischer und sozialanthropologischer Wende

Die Volkshochschule ist im Urteil ihrer Hörer und oft auch noch der Mitarbeiter eine Agentur zur Weiterbildung, zur Verteilung von Sozialchancen, die als Dienstleistungsbetrieb alles für alle anzubieten hat, nach dem pragmatischen Prinzip von Angebot und Nachfrage. [277] Dieses Selbstverständnis hörte in dem Maße auf, selbstverständlich zu sein, wie die gesellschaftliche Bedeutung der Weiterbildung zunahm: der Bildungsrat stellte 1970 Weiterbildung als vierten Bildungssektor gleichwertig neben die etablierten Bildungsbereiche und empfahl eine Integration in das öffentliche Bildungssystem; [278] die Bundesregierung übernahm in ihrem Bildungsbericht '70 [279] diese Konzeption, und die Bund-Länder-Kommission konkretisierte 1973 [280] dementsprechend die verschiedenen Ausbaustufen. Damit befand sich die ursprüngliche Randerscheinung WB in der Auseinandersetzung um Begründung, Ziele und Selbstverständnis und sah sich zunehmend unterschiedlichen Legitimationszwängen ausgesetzt. Zwar hatte die ‚VHS neuen Typs' schon Mitte der 60er Jahre die Teilnehmerorientierung zum Leitprinzip erklärt und sich bereits in der ‚realistischen Wende' – eingeleitet durch das Gutachten des Deutschen Ausschusses 1960 [281] – schon eindeutig von der bildungsidealistischen Tradition der Weimarer Volksbildung mit zivilisationskritischen Akzenten zu lösen versucht; dennoch blieb die Diskrepanz zwischen Anspruch und Wirklichkeit noch immer offenkundig.

Die empirisch ermittelten Bedürfnisse der Adressaten an Information, Kommunikation und Kompensation wurden auch in der Stellungnahme des Deutschen Volkshochschul-Verbandes (DVV) 1966 festgeschrieben. In ihr wurde das Aufgabenverständnis der VHS – unter den Bedingungen der Dienstleistungsgesellschaft – als Hilfe für das Lernen, für die Orientierung und Urteilsbildung und für die Eigentätigkeit[282] festgelegt. Man hatte dabei aber außer acht gelassen, daß manifeste Bildungsbedürfnisse [283] oft wenig über das Vorhandensein tatsächlicher, wenn auch versteckter, latenter Bedürfnisse [284] aussagen, daß durch Lernen auch neue Interessen geweckt werden können und daß deren Bewußtwerden möglicherweise durch das gesellschaftsbedingte Normensystem, durch Informationsbarrieren oder durch die bisher gewohnten Lernformen in Schule oder Erwachsenenbildung verhindert worden waren.

Man sah sich bestätigt durch steigende Teilnehmerzahlen, glaubte, daß verstärkte Berücksichtigung der Teilnehmerbedürfnisse dem gewählten Leitprinzip der Teilnehmerorientierung entsprach.

In der Folgezeit problematisierten zahlreiche Veröffentlichungen die Einseitigkeit derartiger Ansätze als affirmativ, technokratisch, systemimmanent u.a. und forderten zur ideologie- und gesellschaftskritischen Orientierung heraus. [285] Anhand einer Bestandsaufnahme hat *Siebert* versucht, aus der Fülle der entwickelten Theorieansätze zur WB eine Typologie zu erstellen. [286]

Siebert geht von der Prämisse aus, daß eine einheitliche erwachsenenpädagogische Theorie fehlt, weil die Pluralität in der Weiterbildung sowie die unterschiedlichen wissenschafts- und gesellschaftstheoretischen Positionen sich auch in der Vielfalt der Theorieansätze widerspiegeln, und unterscheidet sechs Konzeptionen. Neben eine humanistisch-idealistische, eine christliche und eine pragmatisch-marktorientierte stellt er die demokratisch-reformerische sowie eine politökonomische und eine neomarxistische Konzeption. Unter ihnen zeichnet sich in der demokratisch-reformerischen Konzeption, die Erwachsenenbildung in eine gesellschaftliche Demokratisierungsstrategie einbezieht, ein Orientierungsrahmen für Zielgruppenarbeit (ZGA) ab, die jene Legitimation zur Erschließung neuer Teilnehmerschichten leistet.

Als Ergebnis der Diskussion über Positionen zum Aufgabenverständnis der Volkshochschule ist in den 70er Jahren eine ‚gesellschaftskritische Wende‘ [287] festzustellen; charakteristisch dafür sind neben Gegenmodellen zur Verschulung der Gesellschaft [288] und politökonomischen Analysen [289] insbesondere die hier interessierenden Initiativen zur Zielgruppen-

und Stadtteilarbeit sowie zur Integration von beruflicher und politischer Bildung und auch die ersten Ansätze für Modelle zur weltgesellschaftlichen Dimension des Lernens. [290)]

Erst der Strukturplan für das Bildungswesen 1970 orientierte sich nachdrücklich an ‚unterschiedlichen Arbeitsbedingungen' und leitete daraus seine Forderungen nach ‚Adressatenbezug und Zielgruppenarbeit' ab. Beides schlug sich nieder in den Forderungen nach Ländergesetzen zur Weiterbildung und zum Bildungsurlaub. Der Bildungsbericht '70 der Bundesregierung machte sich diese Konzeption zu eigen, und der Bildungsgesamtplan 1973 konkretisierte deren Ausbaustufen. Überdies forderte die Bildungspolitische Zwischenbilanz 1976 [291)] die „Ansprache neuer Gruppen ... wie Behinderte und ausländische Arbeitnehmer ...", ergänzt durch vom Bund finanzierte „Modelle für eine verbesserte Informations- und Beratungsarbeit". Diese Entwicklung findet auch ihren Niederschlag in der jüngsten Erklärung des Deutschen Volkshochschul-Verbandes 1978, [292)] in der betont wird: „Arbeit mit bestimmten Zielgruppen ist daher Bestandteil des Volkshochschulangebotes."

Angesichts der Zielgruppenarbeit als gesellschaftskritischer Aufgabe der VHS erscheint das Gefälle zwischen Anspruch und Wirklichkeit umso auffallender. In der Weiterbildungsforschung nennen auch *Gerhard u.a.* das Verhältnis zwischen theoretischer Diskussion und praktischer Forschungstätigkeit deutlich diskrepant. Zwar waren Forschungsprojekte zu bestimmten Zielgruppen in der Forschungsdokumentation am zweithäufigsten, aber Randgruppen wurden nur in einem einzigen Projekt untersucht. [293)] Fragt man nach den Ursachen der Diskrepanz, schälen sich vier Problembereiche heraus, die nachfolgend aufgezeigt werden sollen: erstens die begriffliche Klärung von Zielgruppenarbeit, zweitens der ungeklärte Stellenwert von Zielgruppenarbeit innerhalb der Weiterbildung, drittens die Organisationsstruktur der Volkshochschulen und viertens die unzureichende Qualifikation der Erwachsenenbildungspädagogen für Zielgruppenarbeit. [294)] Die genannten Problemfelder deuten darauf hin, daß wir am Anfang einer Reform der Weiterbildung stehen; analog zur Bildungsreform als Revision des Curriculums erscheint eine Erwachsenenbildungsreform durch Zielgruppenentwicklung möglich. [295)]

1.2 Zielgruppenarbeit in ihrem Prozeßcharakter vom teilnehmerorientierten zum teilnehmerproduzierten Lernen

So deutlich die gegenwärtige Diskussion zur Erwachsenenbildungsreform um das ‚originäre Thema‘ [296] Zielgruppenarbeit kreist, so undeutlich zeichnet sich ein Konsens über die *Klärung dieser Begriffe ab. Tietgens* gebrauchte die Worte Adressatenorientierung und Teilnehmerorientierung, um daran den ebenfalls sachlich begründeten Unterschied von Programmplanung (Makrodidaktik) und Kursplanung bzw. -durchführung (Mikrodidaktik) zu charakterisieren und überdies Zielgruppenarbeit als die konsequenteste Form der Adressatenorientierung zu verstehen, weil die Zielgruppe ‚aufgesucht‘ wird. [297] Demgegenüber will *Mader* mit Zielgruppen den potentiellen Teilnehmer aus der Sicht der Weiterbildung und mit Adressat den potentiellen Teilnehmer aus der Sicht der Forschung bezeichnen, wobei er die Benennung der sachlich notwendigen Unterscheidung als willkürlich ausgibt [298] und sie letztlich aufhebt durch den Vorschlag einer ‚Typologie der Phasen einer Zielgruppenentwicklung‘, die es ermöglichen soll, „jeder einzelnen Phase ein leitendes Kriterium zuzuordnen, nach dem sie in der Praxis zu gestalten ist und nach dem Forschung auf Hilfe hin befragt werden kann“. Dabei geht er davon aus, „daß der Definierende jeweils unterschiedliche Phasen dieses Prozesses bei seiner vorgeschlagenen Definition im Kopf hatte.“ [299]

Beispiele dafür geben: *Degen-Zelazny,* die unterschiedliche Verwendungsweisen auflistet; [300] *Tietgens,* der nach den Beschreibungen sozialbiographischer Daten und lernrelevanter Mentalstrukturen abzugrenzen versucht: „Was im Idealfall erreicht werden müßte, sind Zielgruppendefinitionen, die nicht von Sozialstrukturen, sondern von Mentalstrukturen ausgehen. Denn wirklich gezielte Lernangebote sind auf die Deutungsmuster, auf die Daseinsauslegungen ihrer Adressaten zu beziehen, weil aus diesen heraus Lernprozesse entwickelt werden;“ [301] und als ein letztes Beispiel *Senzky,* der unter systemtheoretischem Aspekt in generalisierende und spezifizierende Klassifikationen einzuteilen versucht.[302]

Maders Typologie ermöglicht die Zuordnung dieser Vielzahl von Definitionsansätzen zu unterschiedlichen Phasen, gemäß seiner Annahme, daß „bei der Zielgruppenentwicklung der Weiterbildungsinstitutionen ... der Wechsel vom normativen zum interpretativen Paradigma“ [303] im Unterricht stattfinde. So folgt seine Typologie in den Phasen 1 - 3 einem normativen Paradigma allein aus der Sicht des WB-Lehrenden der Weiterbildungsinstitution: 1. Definition von Defiziten, 2. Beschreibung äußerer Rahmenbedingungen, 3. Antizipation von Lernbarrieren; dieses Paradigma wird in den Phasen 4 - 6 in einem interpretativen Paradigma zusammen mit den Lernenden in gemeinsamen Bedeutungssystemen aufgehoben: 4. Institutionalisierung eines Themas, 5. Verhandlung des Verwertungszusammenhangs, 6. Einrichtung eines lernzielorientierten Unterrichts. Die normativen Phasen 1 - 3 ermöglichen Intersubjektivität und Wiederholbarkeit der Daten und Erfahrungen, hier lassen sich sozialbiographische, generalisierende Informationen zuordnen; die interpretativen Phasen 4 - 6 ermöglichen Verständigung über Lernen, hier lassen sich lernrelevante Mentalstrukturen wie Lebensweltanalysen, Deutungsmuster, Verwendungsweisen ansiedeln.

Parallel zur Begriffspräzisierung anhand einer Typologie der Phasen der Zielgruppenentwicklung kann man charakteristische Merkmale beschreiben, die Zielgruppenarbeit von anderen Weiterbildungsangeboten unterscheiden:

„a) Solidarität bzw. Homogenität der Adressaten,
b) situations- und adressatenbezogene Lernziele und -inhalte,
c) daraus sich ergebende Konsequenzen für Werbung, Organisation, Methode, Medien, Kursleiterqualifizierung,
d) die gravierende Bedeutung des gesellschaftlichen Umfeldes. Als sog. fachunabhängige Zielgruppenarbeit kennzeichnen sie außerdem
e) die Priorität der Erkenntnis- und Handlungsinteressen der Betroffenen als Ausgangs- und Endpunkt des Lernprozesses, darin traditionellen Fächern eine untergeordnete Funktion zukommt,
f) die daraus resultierende Umkehrung der Expertenrolle, der Lernende ist wichtigste Informationsquelle, der Kursleiter Konstrukteur im Prozeßfeld,
g) der Prozeßcharakter als ein innovatorisches Prinzip; er gilt als konstitutives Element gleicherweise für Organisator, Adressat und gesellschaftliches Umfeld.“ [304]

Die aufgezeigten Charakteristika deuten den *Stellenwert der Zielgruppenarbeit* in ihrem Verhältnis zu anderen Weiterbildungsangeboten an. Einerseits soll Zielgruppenarbeit auf die aktuelle Not- oder Problemsituation reagieren und die Zielgruppe unmittelbar aufsuchen, um bei der konkreten ‚mißlichen' Situation und der aktuellen Betroffenheit anzusetzen und so Mißstände zu verändern; andererseits sieht man dabei die Gefahr, daß es bei der Aktion verbleibt und daß möglicherweise versäumt wird, über den konkreten Fall hinaus zu reflektieren.

Tietgens warnt unter Hinweis auf den markantesten Ansatz der Zielgruppenarbeit, der neuen Profilierung der Arbeiterbildung nach *Negts* Konzeption 305) – die am Konfliktfeld Lebenssituation in der Arbeitswelt mit exemplarischem Lernen ansetzt – vor einer falsch verstandenen Zielgruppenarbeit, die Lernziele auf sehr eng ausgelegte Interessen fixiert und dabei die Perspektive der anderen, die Rollendistanz, ausblendet; dies blockiert jene Lernprozesse, derentwegen die Zielgruppe einmal aufgesucht wurde: „Die ursprüngliche Perspektive der Integration gerät aus dem Blick." 306) Er folgert daraus, Zielgruppenarbeit dürfe nicht Selbstzweck werden, vielmehr könne sie eine „Brücke zur Bildung sein, diese aber nicht selbst sein." Die Aufgabe des Erwachsenenpädagogen muß es sein, die ‚Gefahr einer Intergruppengenügsamkeit' *(Tietgens)* 307) oder die ‚Erstellung eines Ersatzlebenszusammenhangs' *(Mader)* 308) bzw. das ‚Verharren im ersten Schritt der Stabilisierung' *(Schuchardt)* 309) selbst zum Thema werden zu lassen durch die Analyse der Lernsituation mit allen Beteiligten, die als Intervention in das ‚dialogische Prinzip der Bildung' *(Tietgens)* oder die ‚Analyse der Lernsituation' *(Mader)* bzw. die ‚Initiierung des zweiten Schritts der Integration' *(Schuchardt)* überführt.

Darin erweist sich Zielgruppenarbeit als ‚Brücke zur Bildung' *(Tietgens)* oder als Mittel vom ‚teilnehmerorientierten zum teilnehmerproduzierten Lernen' *(Mader)*, bzw. als ‚überflüssig Gewordenes im dritten Schritt der Partizipation' *(Schuchardt)* entsprechend unserer These vom Prozeßcharakter der Zielgruppenarbeit, die die scheinbare Alternative von Aktion und Lernen in einem dialektischen Verhältnis aufhebt. Diese

These ist das Ergebnis unserer vierjährigen Zielgruppenarbeit mit Behinderten und Nichtbehinderten im Interaktions-Modell an der VHS Hannover, das erstmalig 1976 auf dem Kongreß der Deutschen Gesellschaft für Erziehungswissenschaft (DGfE) vorgestellt wurde [310] und in Kap. 3 anhand von Lernsituationen analysiert werden wird.

Graphik IX: Prozeßcharakter der Zielgruppenarbeit

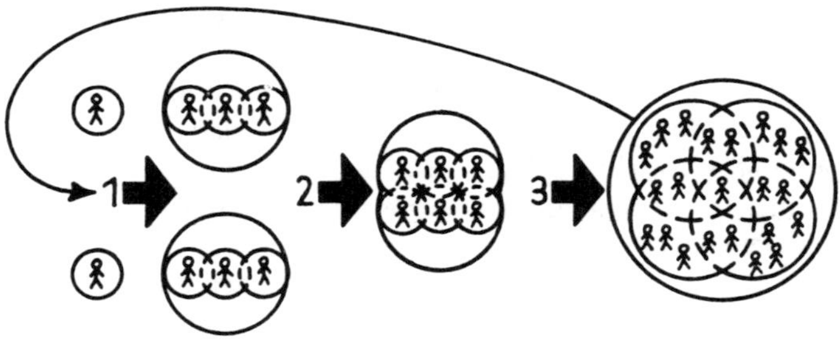

1 Stabilisierung 2 Integration 3 Partizipation

Pöggeler plädierte auf dem Kongreß für eine forcierte Zielgruppenarbeit in der Weiterbildung und machte sich zum Anwalt eines eigenständigen Bereiches Sonder-Andragogik im Weiterbildungssystem analog zur Sonder-Pädagogik im Schulsystem, was ihn in die Nähe der Fortschreibung schulischer Separationstendenzen in der Erwachsenenbildung zu rücken scheint, das dem Verharren im 1. Schritt der Zielgruppenarbeit, der Stabilisierung, gleichkäme. Daß *Pöggelers* Ansatz dennoch letztlich den Prozeßcharakter betont, verdeutlicht sein Aufgabenverständnis von Sonder-Pädagogik, es signalisiert: „Behinderungen, die für erwachsene Mitmenschen ein Handicap bedeuten, durch die Hilfe der Weiterbildung erträglich zu machen oder gar teilweise zu überwinden.“ [311] Dazu appelliert er an eine Revision des Partnerverhaltens in Theorie und Praxis der Weiterbildung. Er kritisiert die einseitige

Bevorzugung der ‚Normaltypen' zugunsten einer stärkeren Auseinandersetzung mit den ‚anormal erscheinenden Bürgern' als Adressaten der Weiterbildung; er pointiert seine Absage an die politische Alibi-Funktion von Renommiereinrichtungen durch die Aussage: „Wichtiger ist aber, eine Einstellungsveränderung in möglichst allen Einrichtungen der Erwachsenenbildung herbeizuführen, die Bildungshilfe für Sondergruppen sozusagen alltäglich werden zu lassen und ihr das Fluidum des Besonderen, Anormalen, ja vielleicht sogar des Absonderlichen zu nehmen." [312)] Ähnlich *Tietgens:* „Nur wenn die Probleme dieser Minderheiten auch Themen im Programm der Volkshochschule für die Allgemeinheit werden, wird etwas von dem bewirkt werden können, was von Minderheitenprogrammen erwartet wird." [313)]

Mit seinen Überlegungen gerät *Pöggeler* bereits in die Nähe beispielhafter skandinavischer Modelle, die – in Fortschreibung des Heimvolkshochschulgedankens nach dem dänischen Volkserzieher *N.F.S. Grundtvig* – auch für Geistigbehinderte den ganzjährigen Vollzeitbesuch einer Heimvolkshochschule staatlich finanzieren und das ‚Normalisierungsprinzip' entgegen unseren ‚Stigmatisierungsprozessen' in die Praxis umsetzen. [314)]

Zu den innerbetrieblichen Konsequenzen für die *Organisationsstruktur der Verwaltung* einer Weiterbildungseinrichtung äußert sich *Senzky.* [315)] Er zeigt aus systemtheoretischer Sicht Realisierungsmöglichkeiten für Zielgruppenarbeit auf. Nach seiner systemtheoretischen Analyse ist die herrschende Weiterbildungspraxis vorrangig auf generalisierende Kriterien – wie Gleiches und Ähnliches (sozialbiographischer Daten) – zugeschnitten, was ein innenorientiertes Bürokratiemodell begünstige. Es müsse der Weiterbildung schwerfallen, Spezifisches – wie lernrelevante Daten der Mentalstrukturen – wahrzunehmen, weil es ihr an einer Außenorientierung am gesellschaftlichen Umfeld mangele, die ein Demokratiemodell kennzeichnet. Aus dieser Sicht sind die Hindernisse für Zielgruppenarbeit programmiert; das läßt sich anhand der Schwierigkeiten unseres Interaktions-Modells belegen: beispielsweise die gesetzlich geforderte Mindestzahl von zehn Teilnehmern pro Kursus, während doch gerade Teilnehmerreduzierungen bei speziellen Behinderungen erforderlich sind; ferner die Unmöglichkeit, die Kosten der Kinder in Eltern-Kinder-Seminaren zu finanzieren, weil für solche Maßnahmen unterschiedliche Ressorts zuständig sind; sodann fehlende Kostenregelungen für An- und Abtransporte Behinderter bzw. für Begleitpersonen bei Bildungsurlaubsmaßnahmen; schließlich die mangelhafte bauliche und unterrichtsspezifische Ausstattung der Bildungseinrichtungen und die unzureichende Honorierung von Beratungsmaßnahmen oder Zusatzqualifikationen der Mitarbeiter.

Aus dem systemtheoretischen Ansatz leitet *Senzky* zur Überwindung derartiger Schwierigkeiten seine ‚These vom Äquivalenzfunktionalismus' ab, nach der beide Gestaltungsweisen als funktionale Äquivalente fungieren, die flankierend wie gegensteuernd dem Rechnung tragen, was Situation und Interaktion erfordern. Damit würde sich institutionelle Organisation wandeln, ihr Handeln orientierte sich nicht am Zweck-Mittel-Denken des Bürokratiemodells (‚Kausalmechanismus'), sondern sie träfe ihre Entscheidungen nach ‚Maßgabe der Kategorien von Sinn und Grenze' gemäß dem Demokratiemodell (‚Äquivalenzfunktionalismus'). Eine Konsequenz für die Alltagspraxis der WB ist der Vorrang der Funktion vor den Organisationen, die Nachordnung der Aufbauorganisation hinter die Ablauforganisation. Schließlich würde sich auch das Verhältnis der Mitarbeiter zueinander wandeln, eine vorrangig instrumentierte Verantwortung könnte sich im Vertrauen auf die Urteilsfähigkeit anderer zum Verwaltungsprinzip der Delegation erweitern, das jenen Freiraum schaffen kann, in dem einzelne Mitarbeiter neue Zielgruppen ansprechen und mit ihnen eigenständige Arbeit leisten können.

Es ist das Verdienst von *Tietgens,* über die Begriffsproblematik, den Stellenwert und die Organisationsstruktur hinaus auch auf das Problem der *unzureichenden Qualifikationen der Erwachsenenpädagogen* nachdrücklich aufmerksam gemacht zu haben. *Tietgens* spricht von der ‚sozialpädagogischen' oder ‚personellen'[316] oder ‚therapeutischen'[317] Kompetenz des Mitarbeiters in der Zielgruppenarbeit, die er neben der fachlichen und pädagogischen Qualifikation zusätzlich einzubringen hat, wenn er zielgruppenadäquat auf die Lebenssituation der Angesprochenen eingehen will. Dabei geht es *Tietgens* nicht allein um das Erkennen der sozialen Lebensumstände, sondern zugleich oder sogar primär um das Verstehen der Daseinsinterpretationen und Deutungsmuster, die aus ihrer Randsituation heraus von den Betroffenen selbst entwickelt werden.

Dazu bedarf der WB-Lehrende einer dreifachen Qualifikation, nämlich der fachlichen, der pädagogischen und schließlich der Fähigkeiten in der Beratung, [318] u.E. am treffendsten mit ‚metakommunikativer Kompetenz' zu bezeichnen. [319] Letztere umgreift die Fähigkeit, neben der curricularen Vorbereitung (‚Antizipationsmodell für Lernsituationen') zusätzlich die Konstitutionsanalyse der Lernsituation selbst (‚Realmodell inmitten der Lernsituation') zu leisten; damit zielt metakommunikative Kompetenz darauf ab, die in der symbolischen Interaktion der Lernsituation vermittelten Deutungsmuster aller Beteiligten durch Metakommunikation deutlich werden zu lassen. Das aber heißt, dieses definierte und interpretierte Verhalten bzw. die Interaktion wird verfügbar zur Umstrukturierung vorhandener Alltagswissensbestände und Handlungsperspektiven. Metakommunikative Kompetenz als Zusatzqualifikation wird damit zum konstitutiven Element für Zielgruppenarbeit, wenn sie einem demokratischen Bildungsverständnis folgend unterrepräsentierte, scheinbar nicht normgerechte Bürger adäquat als neue Adressaten aufsuchen und für Weiterbildung erschließen will.

Während sich das nachfolgende Kapitel 2 mit unterschiedlichen Konzeptionen von Zielgruppenarbeit anhand von Praxismodellen auseinandersetzen will, soll Kapitel 3 an Lernsituationen nachdrücklich das Erfordernis kommunikativer Kompetenz für Zielgruppenarbeit veranschaulichen.

2. Konzeptionen von Zielgruppenarbeit (ZGA) an Volkshochschulen

Nach der Begründung einer Arbeit mit Behinderten sollen anhand gegenwärtig praktizierter Konzeptionen an VHSn unterschiedliche Ziel- und Aufgabenverständnisse sowie Realisierungsformen vorgestellt und verglichen werden, um daraus einige Erkenntnisse für Integrationskonzeptionen abzuleiten. Im Bereich der Bundesrepublik sind Konzeptionen für die Arbeit mit Behinderten nicht sehr zahlreich. Das hat seinen Grund nicht zuletzt darin, daß die ersten bildungspolitischen Leitlinien erst im Jahre 1973 in Gestalt der eingangs erwähnten Empfehlungen des Deutschen Bildungsrates [320] erarbeitet wurden, und zudem ohne Einbeziehung des Ausbildungs- und Weiterbildungsbereichs. Im wesentlichen lassen sich die Konzeptionen zwei Typen zuordnen: zum einen Bildungsarbeit ‚für' Behinderte, zum anderen Bildungsarbeit ‚mit' Behinderten. Das meint im ersten Fall eine Arbeit für die nach sozialbiographischen Daten ausgewählte homogene Adressatengruppe Behinderter, hingegen im zweiten Fall eine gemeinsam mit Behinderten und Nichtbehinderten betriebene Bildungsarbeit. Zieht man *Maders* Typologie der Phasen einer Zielgruppenentwicklung heran, so entspricht Typ I schwerpunktmäßig den Phasen 1 - 3 des normativen Paradigmas auf makrodidaktischer Ebene, während Typ II den Phasen 4 - 6 des interpretativen Paradigmas mikrodidaktischer Ebene zuzuordnen wäre. [321]

Typ I soll im folgenden anhand von 3 Modellen – Nürnberg, Ludwigshafen, Bethel – vorgestellt werden, für Typ II sind der Verfasserin nur 2 Modelle – Frankfurt und Hannover – bekannt, die daher eine ausführliche Darstellung erhalten. [322]

2.1 Sonderpädagogik für Behinderte – Nürnberg

Seit Herbst 1974 hat das Bildungszentrum der Stadt Nürnberg aufgrund der Beschlußfassung des Stadtrates eine eigenständige Abteilung für die Weiterbildung erwachsener Behinderter eingerichtet unter der Bezeichnung ‚Problembewältigung, Sonderpädagogik, Rehabilitation für Behinderte'. Wenn dafür auch noch nicht *Pöggelers* Bezeichnung Sonder-Andragogik Anwendung fand, sondern am Begriff der Sonder-Pädagogik angeknüpft wurde, verkörpert die Abteilung doch *Pöggelers* Konzeption. Leiter der Abteilung wurde ein Behinderter, der selbst bereits 1962 über ‚Schicksalsbewältigung – Daseinsermöglichung – Körperbehinderter' promoviert hatte [323] und dessen These der ‚Desorientierung mit dem Eintritt einer Behinderung' zum Ausgangspunkt seiner Bildungsarbeit wurde. So ging und geht es im Nürnberger Projekt in erster Linie um Problembewältigung; das zentrale Anliegen ist dabei, den Behinderten aus seiner Desorientierung herauszuführen, indem nach *Thomae* [324] sein Lageschema gedeutet und verarbeitet wird. Dadurch wird die Behinderung akzeptiert, die zur Basis möglicher Integration werden kann. Lernziel ist also eine ‚Vorbereitung' auf neue Interaktionszusammenhänge etwa im Sinne von *Pöggelers* ‚propädeutischer' Weiterbildung, die sich durch individuelle wie gruppenbezogene Verarbeitung der Konfliktsituation Behinderung vollzieht. ‚Problemverarbeitung, Sonderpädagogik, Rehabilitation' heißt darum nicht nur Gespräch und Diskussion, sondern auch handwerkliche Arbeit in spezifischen Förderkursen, die jeweils auf die einzelne Behinderung abgestimmt ist. Die Abteilung für Behinderte umfaßt daher drei Arbeitsbereiche:

1. Bereich: Problembewältigung für Behinderte
2. Bereich: Problemauseinandersetzung für Eltern Behinderter
3. Bereich: Spezielle Förderkurse für Schwerbehinderte

Charakteristika der Nürnberger Abteilung Sonderpädaogik sind Individualisierung und Differenzierung. So werden auch Kurse mit nur vier schwerbehinderten Teilnehmern durchgeführt oder getrennte Gesprächskreise für behinderte Männer und Frauen zur Klärung sexueller Problematik angeboten sowie gesonderte Kurse für ältere und jüngere behinderte Menschen, wobei noch eine Aufteilung nach unterschiedlichen Behinderungsarten stattfindet. Das Nürnberger Modell lebt von einer intensiven Zusammenarbeit mit Verbänden, Vereinen, Krankenhäusern. So werden z.B. auch Gesprächskreise für Dialyse-Patienten, die dreimal wöchentlich an eine künstliche Niere angeschlossen werden müssen, oder für solche der Krebs-Nachsorge und der Strahlentherapie, differenziert nach Krebsarten, berücksichtigt. Gegenwärtig befinden sich ferner spezielle Angebote für Gehörlose (z.B. Induktionsschleife) und für Sehbehinderte in der Planung.

Insgesamt umfaßt das Kursangebot der Abteilung für Behinderte 40 Veranstaltungen mit ca. 400 Teilnehmern, von denen der überwiegende Teil, über 60%, auf die speziellen Förderkurse für Schwerbehinderte entfällt. Die Durchführung liegt in der Hand von 28 nebenamtlichen und 1 hauptamtlichen Mitarbeiter.

Gemessen am Gesamtangebot des Bildungszentrums liegt der Anteil der Aktivitäten der Abteilung für Behinderte allerdings noch unter 5%.

2.2 Clubarbeit für Lernbehinderte – Ludwigshafen

Das Ludwigshafener Modell entstand schon 1970 aus nachschulischer Arbeit sog. Schulendtage für Lernbehinderte aus fünf Sonderschulen – organisiert von kirchlichen Trägern – und entwickelte sich erst im Laufe der Jahre über die Begleitung der Jugendlichen und deren Familiengründungen zu einem Programm der Weiterbildung.

Dem Club 86 (Zahl der Mitglieder bei der Namenssuche) haben sich zwischenzeitlich auch ehemalige Hauptschüler angeschlossen, teils aus freundschaftlichen Beziehungen zu Clubmitgliedern, teils aus Interesse am Gruppenleben, teils auch infolge eines regen Austauschs mit anderen Jugendorganisationen. Der Club bietet Lernbehinderten einen Raum der Geborgenheit und Entfaltung, Möglichkeiten für Begegnungen und zur Verbesserung des Selbstwertgefühls.

Dieses Modell stellt durch die Organisationsform des Clubs eine Besonderheit da, die den Vorteil langfristig kontinuierlicher Arbeit mit der Chance verbindet, flexibel auf aktuelle Bedürfnisse und Lernsituationen zu reagieren. Insbesondere werden Eigeninitiative und Mitverantwortung durch möglichst viel Selbstverwaltung, Mitbestimmung und Übernahme von Aufgaben gefördert. Schwerpunkte der Lebenshilfe im Club 86 sind kommunikative Aspekte: Von Tanz, Sport, Freizeit-, Feriengestaltung bis zur Bildungsarbeit über Alltagsprobleme, etwa Umgang mit Geld, Alkohol, Verhältnis zur Polizei u.ä. Parallel dazu hat sich seit 1974 ein neuer Club für Geistigbehinderte unter Mithilfe des Clubs 86 gebildet als ‚Hilfe zur Selbsthilfe'; daneben entstehen weitere neue Familienkreise. Das Projekt Lebenshilfe für Lernbehinderte verdeutlicht, daß Clubarbeit einzelnen Menschen und Gruppen Hilfe anbieten kann, solange institutionalisierte öffentliche Weiterbildung ein flächendeckendes Angebot und eine Zielgruppenarbeit noch nicht gewährleisten kann.

2.3 Freizeitangebote für Geistigbehinderte – Bethel/Bielefeld

Den jüngsten Vorstoß wagte im Fühjahr 1978 die Anstalt Bethel der Sennestadt Bielefeld mit einer eigenständigen ‚Volkshochschule für Behinderte' als Hilfe zum Erwachsenwerden. Damit wurde die langjährige Arbeit der Heimvolkshochschule Lindenhof um eine neue Dimension erweitert, die im Ursprung auf das skandinavische Modell des Heimvolkshochschulgedankens *Bischof Grundtvigs* zurückgeht, das unter der Prämisse notwendigen, lebenslangen Lernens jedermann, also auch den Behinderten, das Recht auf Normalität und Lernen wie selbstverständlich zuerkennt; dort gibt es z.B. eine Vollzeit -Jahres-VHS für Geistigbehinderte. [325] Analog gilt für Bethel, daß hier für alle Geistigbehinderten und Anfallskranken das Recht auf Hilfe zum Erwachsenwerden im Rahmen des Anstaltslebens in Anspruch genommen wurde. Zielsetzung der Volkshochschule für Behinderte ist darum nicht Anpassung an Nichtbehinderte, sondern größtmögliche Entfaltung der individuellen Persönlichkeit durch Förderung der Kommunikationsfähigkeit. Das geschieht durch Freizeitangebote und pädagogische Hilfen zur Selbständigkeit mittels Kochen, Wäschepflege, Selbstverwaltung im Patiententeam, im Heimbeirat, im Anstaltsleben.

Die Schwierigkeiten einer Zielgruppenarbeit mit Behinderten werden bei der Realisierung deutlich, sie betreffen insbesondere die Finanzierung. Nach dem nordrhein-westfälischen Weiterbildungsgesetz, das eine Mindestzahl von 10 Teilnehmern pro Kursus vorschreibt, können gegenwärtig jene der Lernsituation angemessenen Gruppen nicht gefördert werden. Desgleichen hat der Landschaftsverband Westfalen-Lippe die Freizeit- und Bildungsmaßnahmen für Behinderte kaum nennenswert unterstützt. [326] Ebenfalls vom Finanzierungsproblem belastet ist das Verhältnis zur kommunalen VHS Bielefeld, hier geht es um den Anrechnungsfaktor der geleisteten Bildungsarbeit. [327] Die Überwindung der Schwierigkeit steht noch aus.

2.4 Umweltbewältigung für Körperbehinderte – Frankfurt

Das Frankfurter Modell begann 1974 als Kontrastprogramm zu den vorgenannten Einzelfall- oder Gruppen- und Lebenshilfen. Es intendierte die Überwindung von gesellschaftlichen Widersprüchen durch die Eingliederung Körperbehinderter und schaltete dazu alle Medien in seine Aktionen ein, um gesellschaftliche Veränderungen auslösen zu helfen. Letztendlich verfolgte das Modell das Ziel, derartige Kurse zur ‚Umweltbewältigung' überflüssig werden zu lassen in dem Maße, wie die Umwelt durch Behinderte bewältigt, d.h. verändert worden ist. [328]

Initiatoren des zweisemestrigen Kontrastkurses waren ein körperbehinderter Sozialarbeiter und ein Journalist, [329] die beide von Behinderung als gesellschaftlichem Phänomen ausgingen. Ausgangspunkt der Projektkonzeption war die Frage: ‚Wo treten Behinderte auf, wo treten sie nicht auf? Behinderte fehlen in Kneipen, Kaufhäusern, Ämtern, Zügen, Erwachsenenbildungseinrichtungen. Wie kann der Behinderte lernen, sich dort zurechtzufinden, und wie kann der Nichtbehinderte lernen, für Behinderte Verständnis aufzubringen?'

Die Fragestellung impliziert das methodische Vorgehen: Wenn der Behinderte in der Umwelt, die er bewältigen soll, nicht vorkommt und infolgedessen entsprechende Erfahrungsdefizite hat, kann er auch nicht zur Veränderung dieser Umwelt beitragen. Also muß die Lerngruppe unmittelbar dort, wo noch keine Erfahrungen vorliegen, arbeiten, um zu lernen, die dort auftauchenden Schwierigkeiten zu bewältigen. Vor diesem

Hintergrund entstand das Programm des Aktionslernens, in dessen Rahmen systematisch Konfliktquellen aufgesucht sowie untersucht und Konfliktfähigkeit mittels Rollenspiel erprobt wurde. Dabei sollte die Umwelt der Körperbehinderten, die Stadt Frankfurt, medienwirksam mittels der sogenannten Postaktion oder durch Straßenbahnschienenbesetzung aufmerksam gemacht werden.

Durch die Problematik von Aktion und Lernen, die hier nicht weiter diskutiert werden kann, [330)] geriet das Frankfurter Modell zunehmend in Konflikt mit dem Selbstverständnis der Frankfurter VHS [331)] und mußte schließlich nach zwei Semestern abgebrochen werden.

Allerdings erfolgte seither auch kein neuer Impuls zur Einbeziehung der Behindertenproblematik. Bildungspolitische Konsequenzen hat somit die Behinderten-Andragogik an der VHS Frankfurt nicht gehabt; wohl aber deuteten die journalistisch perfekt aufbereiteten Aktionen [332)] auf Lernprozesse der Bevölkerung wie der kommunalpolitischen Verwaltung hin.

Vertritt man wie z.B. *Siebert* die Auffassung, „daß die Lernprozesse begründetes Handeln ermöglichen sollen, daß aber die Organisation politischer Aktionen nicht die Aufgabe von öffentlichen Bildungseinrichtungen, sondern der Parteien, Gewerkschaften usw. ist", [333)] dann stellt sich die Frage, wie man Behinderte, die ja keine geeignete politische Organisation haben, sonst an politische Aktionen heranführen kann. Möglicherweise zeigt gerade das Frankfurter Beispiel, daß man geeignete Organisationsformen finden oder andere Einrichtungen umwandeln muß, um auch Behinderten die Chance zu politischer Betätigung zu geben.

2.5 Interaktion mit Behinderten und Nichtbehinderten – Hannover

Das Hannoversche Interaktions-Modell orientierte sich schon 1972 – ein Jahr vor den Bildungsratsempfehlungen 1973 – am Richtziel Integration. Es verfolgte das Nahziel, Interaktionsfähigkeit zwischen Behinderten und Nichtbehinderten zu erweitern sowie Interaktionsstörungen zu vermindern und darüber hinaus das Fernziel, über den WB-Bereich Impulse für institutionalisierte Integration in allen Bildungsbereichen zu geben. Damit vereint das Hannoversche Interaktions-Modell alle vorgenannten Modelle in einer übergreifenden Konzeption: einerseits die individuelle und gruppenbezogene Lebenshilfe für Behinderte entsprechend den Modellen Nürnberg, Ludwigshafen und Bethel sowie andererseits die konfliktorientierte Umweltbewältigung durch punktuelle Aktion mit Körperbehinderten und Nichtbehinderten aus dem Frankfurter Ansatz. Die Hannoversche Konzeption weist allerdings noch über die dargestellten Ansätze hinaus, indem sie mit Zielgruppenarbeit ansetzt, über Integrationskurse zu einer Veränderung der Angebots- wie Teilnehmerstruktur der VHS führt, letztlich Zielgruppenarbeit überflüssig werden läßt bzw. durch sie immer wieder andere Zielgruppen mit neuen Bedürfnissen sowie neuen Teilnehmern erschließt.

Das Hannoversche Modell vollzog sich weder in Form einer eigenständigen Abteilung (Nürnberg) oder gar einer eigenständigen VHS (Bethel) noch als nur okkasionelles Kurs-Angebot eines Fachbereichs (Frankfurt); es ist vielmehr tatsächlich integrierter Bestandteil einer Abteilung (Pädagogik – Psychologie – Philosophie) und insofern verzahnt mit der Gesamtstruktur der VHS, die so von den Auswirkungen des Integrationsmodells nicht unberührt bleiben konnte. Eine Bilanz nach vier Jahren zählte für das WS 1975/76 eine Anzahl von 35 Kursen mit zusammen 550 Lernenden, die über 5% der Gesamtarbeit der VHS ausmachten [334)] und überdies zu einer ständig wachsenden Zahl Behinderter in allen Kursen aller sieben Fachbereiche der VHS führten.

Die Motivation zu dieser Konzeption erwuchs aus der Betroffenheit der Verfasserin nach vierjähriger Sonderschularbeit über das dort miterlittene Behinderten-Dasein, dem Jugendliche und deren Eltern außerhalb des pädagogischen Schonraums Schule im gesellschaftlichen Umfeld von Schulhof, Straße, Nachbarschaft, Arbeitsplatz hilflos ausgeliefert waren.

Die situativen Ausgangsbedingungen einer Landeshauptstadt wie Hannover sind nachfolgende: sie hat eine eigene

Volkshochschule in kommunaler Trägerschaft, sie verfügt über ein vollausgebautes System separater sonderpädagogischer Einrichtungen, sie repräsentiert alle Landesverbände der Behindertenorganisation, sie erstellt eigene Freizeitangebote für Behinderte, aber sie hat noch keine gemeinsamen Lernfelder für Behinderte und Nichtbehinderte.

Die Entwicklung der Hannoverschen Integrationskonzeption folgte unserer bereits dargelegten These von dem Prozeßcharakter der Zielgruppenarbeit, derzufolge neue aktuelle Zielgruppen spontan entwickelt werden und andere überflüssig gewordene (die Brücken zur Bildung bauten) sich auflösen.

Bezogen auf die zuvor beschriebenen Modelle soll der prozessuale Verlauf einer Hannoverschen Zielgruppenentwicklung skizziert werden, deren exemplarische Lernsituationen im anschließenden Kapitel 3 vorgestellt werden:

Das Hannoversche Interaktions-Modell begann 1972 mit einer Zielgruppenarbeit ausschließlich für Eltern Geistigbehinderter; diese sind den stereotypen Vorurteilen wie Vererbung, Drogen- und Alkoholmißbrauch, perverse Sexualität am stärksten ausgesetzt. Die Teilnehmer wurden in den verschiedensten Einrichtungen Hannovers aufgesucht und angesprochen, um Schwellenbarrieren durch persönliche Kontakte abzubauen, und sodann in das Haus der VHS zu einem Elterngesprächskreis eingeladen. Das Ziel dieses ersten Schrittes der Zielgruppenarbeit war die *Stabilisierung* der Eltern (über den Horizont des ‚Schonraums' der sonderpädagogischen Einrichtung hinaus) zusammen mit fremden, aber gleichbelasteten Menschen als Vorstufe zur Integration. In Ergänzung zur Elternarbeit in den Einrichtungen, in denen die Erziehungs-, Schul- oder Berufsprobleme des Kindes im Mittelpunkt standen, galt unser Interesse den Eltern in ihrer Einstellung zur lebenslangen Elternschaft gemeinsam mit einem geistigbehinderten Kind, das nie erwachsen werden würde. Ansatz unserer Arbeit waren Krisenerscheinungen: bei den Eltern in ihrem Selbstbild als Frau oder Mann, in ihrer Erwartung an den Ehepartner, in der Mutter- oder Vaterbeziehung zum Kind, in den Beziehungen zur Nachbarschaft und Verwandschaft; diese Krise galt es zu verarbeiten, insbesondere im EINGANGS- und

DURCHGANGS-Stadium unseres Lernprozesses. (Vgl. Kap. 3.1: Lernen als Krisenverarbeitung in der Eltern-Familien-Bildung)

Der zweite Schritt der Zielgruppenarbeit zum *integrativen* Lernen gemeinsam mit ‚nichtbehinderten' Eltern (gemeint sind natürlich Eltern nichtbehinderter Kinder) konnte ein Jahr später auf dieser Stabilisierung aufbauen. Wieder war es unmöglich, ohne weiteres eine Zielgruppe aufzufinden. Die Gesuchten bewegten sich vielmehr isoliert nebeneinander, sowohl in den Kindergärten und Schulen als auch in den Elternbildungskursen der VHS. Günstig wirkte sich aus, daß die Abteilungsleiterin sowohl das Konzept vertrat als auch Kursleiterin der parallel laufenden Elternkurse in der VHS war.

In den Integrationsseminaren mußte die Gruppengenügsamkeit der Bezugsgruppe der Realität der Interaktionen mit Andersdenkenden weichen. Die Integrationsseminare verkörperten auf diese Weise ein Stück gesellschaftliche Wirklichkeit, bildeten ein Stück Makrokosmos ab: hier präsentierten sich Lebenswelten, hier prallten Deutungsmuster unterschiedlicher Lebens- und Lerngeschichten aufeinander, wurden Kommunikationsstörungen offenbar, bahnten sich Umstrukturierungs- und Verarbeitungsprozesse zu neuen Deutungsmustern an, ereignete sich Aufbau neuer Alltagswissensbestände, der neue Interaktionsfähigkeiten auslöste. Damit wurde das DURCHGANGS-Stadium des Lernprozesses Krisenverarbeitung intensiviert. (Vgl. Kap. 3.2: Lernen als Krisenverarbeitung im Eltern-Kinder-Seminar)

Der dritte Schritt der Zielgruppenarbeit zur gesellschaftlichen *Partizipation* entwickelte sich nach einem weiteren Jahr. Er übertrug die vollzogenen Lernerfahrungen in vielfältige gesellschaftliche Bezüge des sozialen Umfeldes, z.B. Film-Workshop über einen Integrationskurs. Es folgten Aktionen wie Sozialtraining beim Altstadtfest, Behindertenfreundliche Stadt Hannover, Kooperations-Integrations-Runde an der VHS, Animateurtreff (ein Mitarbeitertraining für neugeworbene Laien) und schließlich als Höhepunkt die Messe-Öffentlichkeits-Aktion mit täglich 2.000 Besuchern. (Vgl. Kap. 3.3: Lernen als Krisenverarbeitung in der Öffentlichkeit einer Messeveranstaltung)

Damit war der Lernprozeß Krisenverarbeitung in das aktional selbstgesteuerte ZIEL-Stadium vorgerückt. Vergleichsweise war in den Modellen 1 - 3 ein entsprechendes Stadium nicht intendiert; vom Modell 4 wurde es zwar vollzogen, aber auf einem anderen Weg, nämlich dem des Aktionslernens durch Demonstration, während sich das Modell Hannover für Aktionslernen durch Interaktionsangebote entschied.

Als Folge wurde ZGA überflüssig und mündete in eine durch ZGA veränderte Angebots- wie Teilnehmerstruktur ein. Behinderte und Nichtbehinderte aus den Integrationskursen und auch andere Behinderte wurden zu ‚normalen' Lernenden in Kursangeboten aller Fachbereiche der VHS und außerdem präsente und aktive Mitbürger inmitten der Stadt.

Nach vier Jahren ZGA ließen sich die zahlreichen einzelnen Zielgruppen dem Gesamtangebot der VHS zuordnen, nicht weil die Arbeit am Bildungssystem orientiert entwickelt wurde, sondern weil immer neue soziale Brennpunkte immer neue Zielgruppenentwicklungen mit Behinderten auslösten. Die gesamte Integrationskonzeption läßt sich auch graphisch darstellen, wenn die These vom Prozeßcharakter der Zielgruppenentwicklung mitgesehen wird. Die Graphik veranschaulicht das Interaktions-Modell in allen vier Bildungsbereichen: im Elementar-Primar-Bereich mit Eltern-Kinder-Seminaren, im Sekundar-Tertiär-Bereich mit Offener Arbeit Jugendlicher, im Quartär-Bereich mit Eltern-Familien-Bildung und sonstiger Weiterbildung.

Graphik X: Interaktions-Modell zum Lernprozeß Krisenverarbeitung im Gesamtbildungssystem

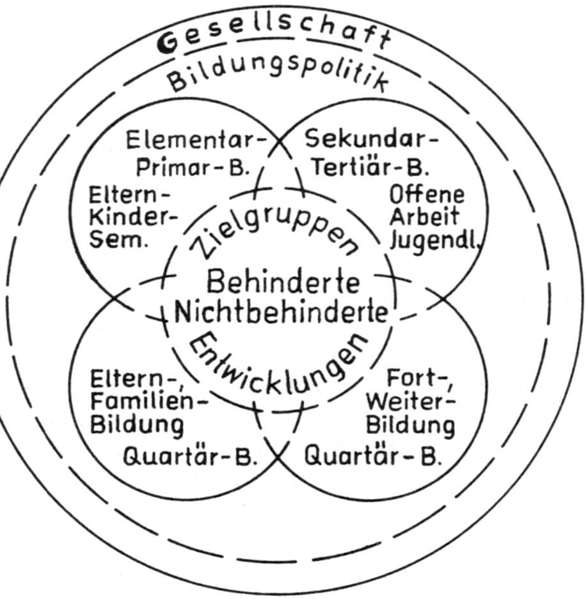

Unter dem Gesichtspunkt der Übertragbarkeit des Modells sind die besonderen Schwierigkeiten einer ZGA mit Behinderten zu nennen: Die Blockierung pädagogischer Ablaufprozesse durch den Vorrang organisatorischer Erfordernisse (innenorientiertes Bürokratiemodell) in einer kommunalen VHS; ferner ungeklärte Kostenfragen nach dem Erwachsenenbildungsgesetz für Kinder in Eltern-Kinder-Seminaren, für Begleitpersonen bei Bildungsurlaubsmaßnahmen, für An- und Abfahrten und für Mindestteilnehmerzahlen. Hierher gehört auch die Beseitigung baulicher Barrieren in der VHS; des weiteren die defizitäre Qualifikation der Mitarbeiter, es mangelte an metakommunikativer Kompetenz. Zur Überwindung solcher Schwierigkeiten halfen die Aktionen des ZIEL-Stadiums und die Gründung einer ‚Kooperations-Integrations-Runde' als politischer Interessenvertretung. [335)] Für die Übertragbarkeit ist aber vor allem darauf hinzuweisen, daß entscheidend nicht das meßbare Ergebnis ist, sondern daß vor allem der Anfang zählt, der einen Prozeß ins Rollen bringt, den niemand mehr stoppen kann: Behinderte sind dann ein Faktum in der Weiterbildung.

2.6 Synopse der fünf Modelle ZGA

Aus einer abschließenden Synopse der 5 Modelle (anhand der vorangestellten theoretischen Überlegungen) lassen sich einige Folgerungen ziehen:

– *Begriffliche Präzisierung*

Die Modelle 1 - 3 (Nürnberg, Ludwigshafen, Bethel) – zum Typ I gehörig – sind primär adressatenorientiert: der Veranstalter plant ‚für' antizipierte heterogene Adressaten. Demgegenüber sind die Modelle 4 und 5 (Frankfurt, Hannover) – zum Typ II gehörig – vorrangig teilnehmerorientiert: kooperativ planen alle Beteiligten gemeinsam ‚mit'einander. Von ZGA im definierten Sinne des ‚Aufsuchens der Zielgruppe' vor Ort kann in keinem der Fälle gesprochen werden. Im Typ I sind solche Zielgruppen ausschließlich Behinderter zwar existent, aber eine Zielgruppenentwicklung ist in der Konzeption nicht geplant; im Typ II hingegen sind Zielgruppen, bestehend aus Behinderten und Nichtbehinderten, zwar ausdrücklich intendiert, aber gegenwärtig noch nicht vorhanden. Typ II, Frankfurt und Hannover, muß also zuerst selbst die gewünschten Zielgruppen schaffen, um dann eine Zielgruppenentwicklung praktizieren zu können. Hier zeigt sich: Typen I wie II sind adressaten- bzw. teilnehmerorientiert, ohne gemäß wissenschaftlicher Terminologie ZGA im eigentlichen Sinne zu sein.

– *Auswahlkriterien zur Zielgruppe Behinderte*

Die unterschiedlichen Modelltypen weisen auch unterschiedliche Auswahlkriterien bezüglich der Teilnehmer auf. So erfolgt die Auswahl in den Modellen des Typs I (Nürnberg, Ludwigshafen, Bethel) primär nach sozialbiographischen Daten wie: Behinderung, Behinderungsart, Alter, Geschlecht, sozialer Status, schulische und berufliche Qualifikation; demgegenüber werden in den Modellen des Typs II (Frankfurt und Hannover) Mentalstrukturen bevorzugt, die von Lebenssituationen und Deutungsmustern ausgehen wie: Randgruppensituation, Umweltbarrieren, Minderwertigkeits-, Drogen-, Suicidproblematik, behindertes Elterndasein, verstecktes Kinderdasein, gestörte Partnerschaft, mangelnde Interaktionschancen, abgeschriebener Mitbürger. Bemerkenswert ist also, daß vorrangig im Typ II die Auswahlkriterien als erwachsenen-pädagogisch lernrelevante entdeckt werden können.

– *Ziele, Aufgabenverständnis, Veranstaltungsformen*

Die Tendenz einer Sonder-Andragogik als Pendant zur Sonder-Pädagogik demonstrieren die Projekte 1 - 3, Typ I; ihre Ziele sind Stabilisierung des Behinderten durch Problembewältigung und Lebenshilfe, insofern leisten sie propädeutische Arbeit und setzen kontinuierlich die schulische Separation in der Weiterbildung fort.

Weiterführend suchen die Modelle 4 und 5, Typ II, nach einer Überwindung dieser schulorganisatorisch vorprogrammierten Separation durch integrierte Lernfelder in der Weiterbildung. Dabei verfolgen sie die Ziele Konfliktfähigkeit und Krisenverarbeitung zur Interaktionsfähigkeit. Sie wollen zu Interaktionen mit Nichtbehinderten animieren. Konstitutiv für Typ II sind das Prinzip der didaktischen Selbstwahl der Teilnehmer, der Prozeßcharakter sowie die Dynamik der Zielgruppenentwicklung.

3. Lernen als Krisenverarbeitung im Interaktions-Modell Hannover

3.1 Zielgruppenarbeit im ersten Schritt: Stabilisierung in einem Eltern-Familien-Bildungsseminar *„Leben mit unserem behinderten Kind"*

Lernprozeß Krisenverarbeitung
vom EINGANGS-Stadium I:
‚Ja aber, das kann doch gar nicht ...' *Gewißheit (2)*
zum DURCHGANGS-Stadium II:
‚Warum gerade ich? ...' *Aggression (3)*

Es mag unwissenschaftlich erscheinen, führt aber am unmittelbarsten in die didaktisch-methodische Fragestellung ein, wenn wir den ersten Abend der ersten Zielgruppenarbeit für Eltern geistigbehinderter Kinder 1972 schildern. Die konkrete Lernsituation konfrontiert uns mit Lebenssituationen und Deutungsmustern der Eltern und kann überdies jene Betroffenheit auslösen, die über wissenschaftliches Denken hinausweist und es gerade dadurch erschließt. Die Hypothesen sollen erst vor der zweiten Lernsituation formuliert werden.

3.1.1 Lernsituation [336)]

Der Einladung zum Gespräch über „Leben mit unserem geistigbehinderten Kind" folgten siebzehn Mütter, ein Vater, eine Geschwister-Schwester (Alleinerzieher), vier Elternpaare und ein Pflegeelternpaar, also zusammen neunundzwanzig Teilnehmer. Dem Gespräch war das persönliche Aufsuchen von Zielgruppen in Elternversammlungen und anderen Einrichtungen wie Kindergärten, Schulen, Werkstätten vorausgegangen sowie die Verteilung von Handzetteln in dem Früherfassungszentrum der Kinderheilanstalt und der Behindertenberatung des Gesundheitsamtes, ergänzt durch die übliche Werbung über Programme, Presse und Rundfunk.

Das Einleitungsgespräch thematisierte die Startsituation: *„Wie fanden Sie den Weg zur VHS?"* Es erbrachte eindeutige Reaktionen auf die Werbe-Ansprache-Aktionen. Keiner der Teilnehmer war je zuvor in der VHS gewesen, etwa die Hälfte hatte schon etwas von ihr gehört, niemand war aufgrund der Handzettel-, Programm-, Presse- oder Rundfunkwerbung erschienen, alle kamen ausschließlich aufgrund der persönlichen Einladung, zusätzlich ermutigt durch den ausgehändigten Teilnehmerausweis. Der Ausweis enthielt Thema, Uhrzeit, Lageplan und Verkehrsmittel zur VHS.

Kennzeichnend war etwa die Antwort:

„Ich kam, weil Sie ja extra zu uns 'raus gekommen waren, Sie hatten mir doch auch diese Karte gegeben, da wußte ich, daß Sie uns wirklich meinten." Das deutet auf die besondere Situation der Zielgruppe hin: Die Teilnehmer fühlten sich dort abgeholt, wo sie sich schon vergessen glaubten, und sie hielten den Beweis dafür, den Teilnehmerausweis, in Händen; an ihn konnten sie sich anklammern, wenn es galt, allein die Entscheidungs-Schwelle zu überwinden, nämlich tatsächlich von sich aus den ersten Schritt aus der Behinderteneinrichtung in die öffentliche Weiterbildungs-Einrichtung zu gehen.

Im Verlauf des Startgesprächs erkannten alle Beteiligten deutlicher eigene Barrieren gegenüber anonymen Werbemedien: *„Wenn ich ehrlich bin, nur auf Programm oder Presse wäre ich nie gekommen, da weiß man doch nie, ob man wirklich gemeint ist!"*, und sie erlebten zunehmend bewußter den vollzogenen Teilnahmeentschluß als eigene Leistung, sie waren auf das Gesprächsangebot ‚Leben mit einem behinderten Kind' eingegangen, sie hatten mit der Veränderung ihrer Lebenssituation begonnen. Das erhärtete der Zahlenspiegel: 29 reale Teilnehmer entsprachen nur 7% der Gesamtzahl der Angesprochenen.

Zur Verstärkung der Lernmotivation wurde ein VHS-Rundgang angeboten, der – durch eingeplante Kursbesuche und Teilnehmerinterviews – die Palette der Lernangebote präsentierte und erste Kontakte mit Lernenden und Lehrenden paralleler Kurse anknüpfte mit dem Ergebnis, alles bewirkte Neugier, Vertrautheit und das Erleben: *„... eigentlich sind wir doch wie jeder andere auch!"*

Damit war gleich zu Beginn ein entscheidender Fortschritt erreicht:

1. Alle hatten Spaß im Haus des Lernens, der VHS!
2. Alle hatten das Erfolgserlebnis: ich habe eine Entscheidung getroffen, bin einer von 7%!
3. Alle hatten wenigstens einmal laut in der Gruppe gesprochen: ich kam aufgrund von ... zur VHS!
4. Alle hatten erkannt, persönliches ‚Angesprochensein' hat Wirkungen, kann etwas verändern!
5. Fast alle hatten mit Teilnehmern anderer Kurse gesprochen – Transfer geleistet –, sie ‚angesprochen' und dabei neue erste Kontakt-Erfahrungen gemacht!

Da es hier nicht um die Darstellung einer Zielgruppenarbeit an sich gehen soll, sondern um die Differenzierung eines didaktisch handlungsorientierten Ansatzes, soll der weitere Verlauf nur skizziert werden, um zu zeigen, unter welchen Bedingungen die Krise einer Lebenssituation, hier die Nichtannahme des geistigbehinderten Kindes, didaktisiert werden kann.

Im zweiten Gesprächsteil war ein themen- wie teilnehmerorientierter Einstieg vorgesehen: die Eltern sollten sich über das Erzählen von Situationen kennenlernen, und zwar vor dem Hintergrund ihres „Lebens mit unserem behinderten Kind":

– „Was macht uns besondere Freude mit unserem behinderten Kind?
– Was macht uns besonderen Kummer mit unserem behinderten Kind?"

Statt einer zunächst in Aussicht genommenen Partner- oder Gruppenarbeit mittels medialer Hilfsmittel (wie Zeichenblätter, Tapetenrollen, Kollagenmaterial) war in der Pause auf einer Wandzeitung eine größere Anzahl von Teilnehmeräußerungen aufgezeichnet worden, die während des VHS-Rundganges mitgehört worden waren. Das führte sogleich zu Heiterkeit und z.T. neuer Aktivität.

Als weiterer Impuls wurde über die Teilnehmer-Situations-Deutungen während des VHS-Rundganges auf der Wandzeitung nur ein Ausrufungszeichen und daneben auf ein leeres Blatt nur ein Fragezeichen gesetzt; zusätzlich wurden leere Pappstreifen mit Klebeaufhängern verteilt.

Anscheinend belustigt, fraglos verunsichert und zunehmend zweifelnder, rätselten die Teilnehmer zunächst, diskutierten miteinander, beschrieben Pappstreifen und zerrissen sie wieder, hefteten einige an, ergänzten die Wandzeitung, bis schließlich das Fragezeichen beantwortet war: Sie hatten ihr anderes Ich entdeckt, hier einige Beispiele:

!	?
– *eigentlich sind wir doch wie jeder andere auch*	– *uneigentlich sind wir nicht wie jeder andere auch*
– *ich finde das toll hier, so dazu zu gehören, das kann ich gar nicht glauben*	– *ich gehöre sonst nicht dazu*
– *ich hatte ja keine Ahnung davon, was es da alles in der VHS so gibt, ich hätte so viel Lust mitzumachen, aber, was soll's mir!*	– *selbst wenn ich Ahnung gehabt hätte, nein; ich kann's nicht!*
– *ich wundere mich über mich selbst, hier bin ich wer anderes, mutiger, selbstbewußter, nicht die behinderte Mutter*	– *ich wundere mich nicht über mich, sonst bin ich nicht wer anderes, nicht mutig, nicht selbstbewußt, nur die behinderte Mutter*
– *ja, für die hier war ich Frau S., nicht nur die Mutter des behinderten Kindes*	– *nein, für die hier bin ich nicht Frau S., nur die Mutter des behinderten Kindes*
– *ob die mich wiedererkannt hat, die hat so komisch geguckt, so als ob sie sagen wollte: Guck' ich richtig. Du hier?*	– *die hat mich wiedererkannt, etwa gesagt: Ich guck nicht richtig, Du hier, nein!*
– *ich frage mich, wenn die wüßten, wer wir wirklich sind, ob die genau so normal gewesen wären, die hätten bestimmt gedacht, sie müßten sich anders verhalten, – à la Heilsarmee –, na, und ich dann natürlich auch – ich bin 'ne arme Seele! –*	– *ich denke, weil die nicht wußten, wer wir wirklich sind, waren die un-normal (sie waren zu Eltern behinderter Kinder nämlich normal !), die haben nicht gedacht, sie müßten sich anders verhalten – à la Heilsarmee – na, und ich dann natürlich auch nicht; – ich war Ich! –*

Beim Lesen dieser Aussagen setzte bei den Teilnehmern schlagartig die Erkenntnis von der Differenz zwischen Deutung und Umdeutung ein, wurde die Spannung zwischen Ich und Nicht-Ich entdeckt – (alter und ego / me and I, nach Mead; personale und soziale Identität nach *Goffman* und *Krappmann*) [337] –, wurde die Chance zur freien Entscheidung als Angebot zu selbstbestimmtem Handeln erkannt, wurde die Aufgabe deutlich, sich zu sich selbst verhalten zu können bzw. zu müssen, ich ‚bin' nicht, sondern ich ‚werde' durch meine Deutung der Situation, die ich bestimmend oder nichtbestimmend für mein verändertes Verhalten werden lasse.

Auf der Wandzeitung entwickelten sich stufenartig die Erkenntnisse:

– 1. Wir sind sonst andere als hier.
– 2. Wir sind sonst nicht andere als hier, sondern wir s e h e n uns selbst anders.
– 3. Wir sehen uns nicht wirklich anders, sondern unsere V o r s t e l l u n g von uns sieht uns anders, weil wir glauben, daß die anderen uns so sehen, darum verhalten wir uns so.
– 4. Das ist ein Teufelskarussel, warum steigen wir nicht aus?

Auf dem Boden dieser Erkenntnisse wurde im letzten Drittel des Abends die Situation „Leben mit unserem behinderten Kind" aus der Sicht von Freude und Kummer durch die Eltern eingebracht. (Binnen kürzester Zeit füllten sich Tafel, Wände und Fußboden mit Wandzeitungen, Skizzen, Bildern, Texten, Collagen) Ohne daß bisher sozialbiographische Daten erfragt worden waren, wurden Namen, Kinderzahl, Art der Behinderung, Herkunft und Grad, sozialer Status u.a. eingebracht. So interessant es auch wäre, Deutungen und Umdeutungen der Teilnehmer zu verfolgen, in diesem Zusammenhang soll lediglich versucht werden, die aktuelle Lernsituation der Gesamtgruppe in den Blickwinkel zu rücken:

Während einzelne und Gruppen im Plenum agierten, saß eine junge Frau bewegungslos da und rang sichtbar nach Fassung. Wortlos fielen Tränen. Als diese nonverbale Interaktion von den Teilnehmern anscheinend unbemerkt anhielt, wurde die Betroffenheit der jungen Frau dadurch aufgegriffen, daß die Lernberaterin von ihrer eigenen Betroffenheit zu sprechen versuchte. Bisherige Schwerpunkte der zunächst von den Teilnehmern nur angezeigten Lebenssituationen waren:

a) Blickpunkt und Anstoß in der Öffentlichkeit (Hänseleien auf der Straße, Abrücken im Verkehrsmittel, Verlassen des Restaurants, Mitspielverbot auf dem Spielplatz)
b) ausgeschlossen und gemieden durch Gemeinschaften (Kündigung der Hausgemeinschaft, Ausbleiben der Einladungen im Bekanntenkreis, Schwierigkeiten für Geschwisterkinder, unerwünscht nach Feierabend und Dienstschluß)
c) Hilflosigkeit, Sprachlosigkeit gegenüber dem Partner, den Fremden, sich selbst
d) Angst vor lebenslanger Elternschaft, Ausweglosigkeit angesichts der Verlassenheit des Kindes nach dem Tod der Eltern.

Einzelne Teilnehmer bezogen eine Gegenposition, indem sie auf die Entlastung verwiesen, die sich für sie aus dem angstfreien Mitteilenkönnen ergäbe und von dem sie sich neue Erkenntnisse erhofften.

An diesem Punkt stand die junge Frau auf und verließ schluchzend den Raum; die zurückgelassene Lerngruppe versuchte die angespannte Situation zu klären, der zuletzt redende Teilnehmer fragte: *„Was habe ich falsch gemacht?"*, ein anderer: *„Sie hat schon länger still geweint"*, eine dritte: *„Das kenne ich, so ist es mir auch immer gegangen, ich konnte nichts davon hören, schon gar nicht darüber reden; vielleicht ist ihr Kind noch sehr klein"*; die Lernberaterin fragte zurück: *„Was haben Sie sich in jenen Situationen am meisten gewünscht?"* Darauf antwortete sie: *„Ach, nur einen Menschen, der nichts von mir gewollt hätte, der da bei mir ausgehalten hätte, mich nicht allein gelassen hätte, und viel Zeit zum Zuhören, vielleicht zum Mitdenken, aber keinen Trost!"* Schweigend stimmte ihr die Gruppe zu, sie aber stand ebenfalls auf und ging hinaus. Nach kurzer Unterbrechung und nachdem beide in die Gruppe zurückgekehrt waren, wurde versucht, die Situation zu definieren: *„Ich denke, wir haben eine wichtige Erfahrung miteinander gemacht; in unserer Gruppe wird jede Sprache – mit oder ohne Worte, verbal oder nonverbal – ge-*

sprochen, und wir haben erlebt, sie wird auch verstanden. Wir lernen von unseren Kindern, daß die Sprache ohne Worte, die der Liebe wie der Trauer, die deutlichste aller Sprachen ist, und vielleicht lernen wir es in diesem Kursus wieder, zu jener echten Sprache zurückzufinden, die wir am allerbesten von unseren geistigbehinderten Kindern lernen können, sie reagieren wie ein Seismograph auf Echtheit oder Unechtheit der Gefühle und Beziehungen."

Mit der Bitte, die angefangenen Lebenssituationen am nächsten Abend gegebenenfalls durch Fotos, Dias, Filme, Kinderarbeiten u.a. eventuell zu veranschaulichen, und mit der Ankündigung einer anschließenden Wein/Bierrunde wurde der erste Abend beschlossen.

3.1.2 Beratungssituation [338)]

Wenige Tage später erschien die junge Frau bei der Lernberaterin in der VHS:

K 1: *Frau S., Sie erinnern sich noch an mich?*

S 1: *Ja, natürlich, Sie sind Frau K., wir haben uns am Donnerstagabend kennengelernt, ich habe seitdem viel an Sie gedacht, – es ist gut, daß Sie da sind, Frau K.*

K 2: *Ja, ich bin froh, daß ich es geschafft habe, eigentlich wollte ich mich ja wegen ...,*
Sie wissen schon, entschuldigen; aber ich weiß schon, Sie haben mich verstanden – (Pause)

S 2: *(nickt)*

K 3: *Wissen Sie, das wird immer schlimmer, ich kann nirgendwo mehr hingehen, schon gar nicht drüber sprechen, ... (Pause);*
das war so gut, daß alles so selbstverständlich war, daß alle so ganz normal mit mir waren, – ich kann nichts mehr ertragen, schon gar keinen Trost, es ist alles so schrecklich, das kann doch gar nicht wahr sein!
(kämpft mit Tränen)

S 3: *Ich erlebe Sie so, daß Sie sehr deutlich mit Ihren Tränen sagen: Ich habe keine Worte für mein behindertes Kind.*

K 4: *Ja, das ist es, das ist alles entsetzlich! Das alles mit Ralf, meine ich ... Verstehen Sie? Er ist so ein hübscher Junge, hat dunkle Augen und schwarze Locken. Sie können selbst sehen, man sieht ihm nichts an. Sehen Sie? (holt das Bild hervor und zeigt es mir) Keiner sieht etwas. Darum kann es doch gar nicht wahr sein; und alles, was die anderen Eltern erzählen, ist auch so anders.*

S 4: *Sie wünschten sich jetzt, daß ich Ihnen Ihre Zweifel abnehme, es ist in der Tat ein liebes Bild von Ralf, aber was geht jetzt dabei in Ihnen vor?*

K 5: *Ja, ich möchte, daß Sie das tun; aber ich könnte es gar nicht glauben. Sie wissen doch gar nichts von Ralf, und ich selbst fange ja an zu zweifeln.*

S 5: *Ja, ich höre sehr deutlich, wie groß Ihre Zweifel sind, so stark, daß Sie daran ersticken, wenn Sie davon sprechen wollen.*

K 6: *Ja, das ist das schlimmste, ich fange an, es selbst zu sehen, ich habe Angst davor, es wird jetzt immer sichtbarer, ich erschrecke mich, ich schäme mich, aber ich verstehe mich nicht mehr ... (weinen)*

S 6: *Sie verstehen Ihre unbekannten Gefühle nicht mehr und haben Angst vor sich selbst?*

K 7: *(Weinen) ... ja, ich halte das nicht aus! Das darf nicht wahr sein! Das darf niemals sein! Verstehen Sie, niemals! Das hat es doch noch nie in der Familie gegeben! Warum geschieht das mir?! – Ich kann das nicht ertragen! – Damit kann ich auch nicht leben! –*

S 7: *Wenn ich Sie richtig verstehe, sagen Sie: ‚Damit kann ich auch nicht leben', das kann auch heißen: ‚Damit will ich auch nicht leben, damit kann ich auch nur sterben.' Oder Sie sagen: ‚Ich kann das nicht ertragen', kann das für Sie auch heißen:‚Ich kann mein behindertes Kind Ralf nicht ertragen, ich muß Ralf loslassen, liegenlassen, sterbenlassen?'*

K 8: *(Heftiges Weinen) ...*

S 8: *Das schnürt Ihnen die Kehle zu, das macht Ihnen Angst, Sie können Ihre unbekannten Todeswünsche nicht verstehen.*

K 9: *Wie können Sie das so einfach sagen, ich will doch Ralf gar nicht hergeben, ich hänge an ihm, habe ihn lieb, er versteht mich, spürt meine Hilflosigkeit, ich brauche ihn! ... Gibt es denn keinen anderen Ausweg? Ich weiß nicht, wie ich damit, mit Ralf meine ich, weiterleben kann? Was wird mein Mann dazu sagen, ich weiß gar nicht, wie er denkt? – Er hat mich alleingelassen! ...*

S 9: *Könnten Sie sich vorstellen, daß er ähnliche Gefühle wie Sie selbst hat und auch Angst davor, es zu Ihnen oder irgendeinem Menschen zu sagen?*

K10: *Daran habe ich noch nie gedacht, ich habe mich in mich verkrochen und meist nur geweint, Tränen hält er nicht aus, da ist er immer öfter und länger im Geschäft geblieben ... Jetzt verstehe ich auch warum. Was sollte er zu Hause. Ich war ja eigentlich gar nicht richtig für ihn da. Es ist meine Schuld, wir sind uns richtig fremd geworden. – (Pause) Ich könnte das anders machen, ich will's versuchen, ihm alles von mir erzählen, vielleicht spricht er dann auch wieder von sich, und wir reden wieder miteinander, ich meine auch über Ralf! – Sagen Sie, haben andere Menschen auch solche, ich meine solche nicht zu verstehenden, aber mächtigen Gedanken –, auch solche Todeswünsche?*

S 10: *Ja, fast alle Tagebücher oder Lebensgeschichten von Müttern und auch Vätern mit einem behinderten Kind sprechen davon. Übrigens kann das auch bei Eltern nichtbehinderter Kinder der Fall sein.*

K 11: *Sie sagen das so, als ob das etwas Selbstverständliches, ich meine gar keine Schuld wäre, als ob man das alles so sagen darf?*

S 11: *Ich glaube nicht, daß einer von uns das Recht hat, einen anderen Menschen schuldig zu sprechen, wir sind nicht der andere, leben nicht in seiner für ihn ausweglosen Situation, aber wir können versuchen, ihn zu verstehen und mit ihm auszuhalten und ein Stück mitzugehen.*

K 12: *Ich glaube, ich verstehe mich jetzt besser! – Ich möchte das alles nicht verlieren! – Haben Sie solche Lebensgeschichten von Eltern?*

S 12: *Ja, hier die von Pearl S. Buck: ‚Geliebtes unglückliches Kind', es müßte aber m. E. richtiger heißen: ‚Geliebtes glückliches Kind'. Sie kennen sie?*

K 13: *Ja! – Ist das nicht die Nobelpreisträgerin? – Aber das kann doch gar nicht wahr sein! Warum? – Wie kann diese kluge Frau ein geistigbehindertes Kind haben?*

S 13: *So wie Sie oder ich oder jeder von uns! – Und sie hat genau so gezweifelt und gefragt wie Sie heute! Bitte, nehmen Sie's mit, – Ihr Wegbegleiter!*

Der Gesprächsverlauf veranschaulicht auch ohne systematische Analyse, wie mittels unserer Intervention der Beratung jede Gelegenheit genutzt wird, die Deutungen der Frau K. umzudeuten, so daß Veränderung angebahnt werden kann. So werden wir bei Frau K. Zeuge eines Veränderungs- oder Lernprozesses, der von der *Nichtannahme* ihres geistigbehinderten Kindes Ralf zur *Aggression* gegen ihn führt; gemäß unserer These von der Katharsisfunktion der *Aggression* [339] als komplementärer Bedingung und Voraussetzung für die *Annahme* der Behinderung/Krise stoßen wir damit in das Zentrum des Lernprozesses Krisenverarbeitung vor.

Diese Umstrukturierung der Deutungen spiegelt sich im Lernverlauf wider. Am ersten Kursabend sowie am Gesprächsbeginn erleben wir Frau K. im EINGANGS-Stadium I ihrer *Nichtannahme* in der Spannung zwischen verstandesmäßigem Wissen und gefühlsmäßigem Nichtwissenwollen; Ausdruck dafür sind wortlose Tränen oder - verbalisiert - der Gesprächsbeitrag K 3 ‚... es ist alles so schrecklich, das kann doch gar nicht wahr sein!' Das entspricht in unserem Lernprozeß Krisenverarbeitung der Spiralphase (2) *Gewißheit;* ‚Ja, ... aber das kann doch gar nicht ...'. Der Durchbruch zur Veränderung, hier zur Spiralphase (3) *Aggression,* ins DURCHGANGS-Stadium II entsteht aus den Umdeutungen der Deutungen von Frau K. durch die Beratende in dem Maße, wie die Differenz der Umdeutungen von Frau K. nicht zurückgewiesen, sondern zugelassen und dann auch von ihr selbst aufgenommen wird: K 6 ‚... ich habe Angst davor, ich verstehe mich nicht mehr' wird umgedeutet von S 6 ‚... Sie verstehen Ihre unbekannten Gefühle nicht mehr und haben Angst vor sich selbst?' K 7 bestätigt ‚weint ... ja', ... greift es auf und spricht es in einem achtfachen Anlauf selber aus: ‚Ich halte das nicht aus! Das darf nicht wahr sein! Das darf niemals sein! Verstehen Sie, niemals! Das hat es doch noch nie in der Familie gegeben! Warum geschieht das mir?! – Ich kann das nicht ertragen! – Damit kann ich auch nicht leben!' Umgedeutet von S 8 ,Wenn ich Sie richtig verstehe, sagen Sie: ,Damit kann ich auch nicht leben!', das kann auch heißen: Damit will ich auch nicht leben; damit kann ich auch nur sterben! Oder Sie sagen: ,Ich kann das nicht ertragen!', kann das für Sie auch heißen: ,Ich kann mein behindertes Kind Ralf nicht ertragen, ich muß Ralf loslassen, liegen-lassen, sterben-lassen?' Heftiges Weinen in K 8 signalisiert die getroffene Betroffenheit, der alle Worte fehlen, umgedeutet von S 8: ,Das schnürt Ihnen die Kehle zu, das macht Ihnen Angst, Sie können Ihre unbekannten Todeswünsche nicht verstehen'.

Dieser Dialog führt zum Durchbruch, leitet von der sprachlosen Ohnmächtigkeit zur Macht der Worte über und befreit ungesteuerte *Aggressionen* im DURCHGANGS-Stadium II, [340] die lange Zeit im EINGANGS-Stadium I kognitiv fremdgesteuert nicht zugelassen werden konnten. Solche *Aggressionen* erkennen wir gegen das Kind als Todeswunsch K 8: gegen die Beratende S als Schuldige ,wie können Sie ...?' K 9 und ,Sie sagen ..., als ob man das darf' K 10; gegen den Mann ,... Er hat mich allein gelassen' K 9; gegen sich selbst ,Es ist meine Schuld ...' K 10; gegen das Schicksal ,Warum ...? Wie kann diese kluge Frau (P.S. Buck) ...?' K 13. Parallel dazu und als Beleg für unsere These der hohen Korrelation zwischen *Aggression* (3) und *Annahme* (6) bahnt sich komplementär zu kathartischen *Aggression* erste *Annahme* an: ,... Gibt es denn keinen anderen Ausweg ...? Wie (kann) ich damit, mit Ralf, meine ich, weiterleben?' K 9; ,... Ich könnte es anders machen ...' K 10; ,Ich verstehe mich jetzt besser! Ich möchte ...! Haben Sie Lebensgeschichten?' K 12.

Frau K. geht ihren Lernweg, hat mit der Verarbeitung ihrer Krise begonnen: [341] Am zweiten Kursabend bringt sie sich mit Hilfe der Lebensgeschichte Pearl S. Bucks selbst ein, liest jene Zitate, die ihren Todeswunsch erklären, und bittet die Eltern um Stellungnahmen. Ihre unerwartete Offenheit erschlägt, richtet zunächst rationalisierende Mauern bei den Angesprochenen auf, keiner aber entzieht sich auf Dauer der Echtheit ihrer Betroffenheit, die Offenheit wirkt. Damit gewinnen die Lebenssituationsberichte der Eltern eine qualitativ neue Dichte, die primär kognitiv ablaufenden Darstellungsweisen werden jetzt von den emotional ungesteuerten Erlebensweisen durchwirkt; durch sie angereichert, erschließt sich die schillernde Vielfalt unterschiedlicher Alltagswelten, wächst das Verständnis für lebensgeschichtlich gewachsene Deutungsmuster anderer. Vor diesem Hintergrund werden Infragestellung und Umstrukturierung von Deutungsmustern zum Zentrum der Lernsituation, übersteigen subjektive Deutungen in den Spiralphasen *Aggression* (3), *Verhandlung* (4) und *Depression* (5) den eigenen Bezugsrahmen. Dabei erweisen sich die Biographien, von den Teilnehmern ausgesucht, erarbeitet und eingebracht, als didaktisches Material. Nach Ablauf eines Semesters forderte die *stabilisierte* Gruppe der Eltern behinderter Kinder gemeinsames Lernen mit Eltern nichtbehinderter Kinder, sie ging den zweiten Schritt der Zielgruppenarbeit zur *Integration*. Daraus entstand das Eltern-Kinder-Seminar (vgl. Lernsituation 3.2 Integrationsseminar „Behindert –Wie soll man damit umgehen? Sprechen mit Nachbarn – spielen mit Nachbarskindern“).

3.1.3 Merkmale der Lern-Beratungssituation [342)]

– *1. Beratung erweist sich als komplementäre Interventionsform der WB, gleichgewichtig mit Lehre und Planung*

Das gilt insbesondere für Zielgruppenarbeit mit lernungewohnten Teilnehmern. Hierbei scheint gerade die sog. Zufälligkeit der Begegnung mit der Sachthematik zur Überbrückung der eigenen Barrieren zu führen, indem über einen Sachinformationsvorwand das eigentliche Problem uneigentlich angesprochen wird. Während der Weg in die Beratungsstelle das manifeste Bewußtsein eines Problems voraussetzt, was subjektiv als Diskriminierung erlebt wird, bedeutet der Weg in die WB-Einrichtung VHS eher umgekehrt eine Prestigeaufwertung und bietet demnach die Möglichkeit an, über die Sachfrage die Barriere zu überwinden, ‚sachlich‘ von sich selbst zu reden.

Hier liegt eine noch unerkannte Funktion der Weiterbildung, die in ihrer teilweisen Tendenz zur Verschulung bisher die Aufdeckung des Defizits an Beratung verhinderte oder die Beratung ausschließlich auf die Funktion einer Weiterbildungs-Beratung reduzierte, nicht aber die Beratung als Interventionsform erkannte. Letztere lebt bisher ausschließlich aus dem Engagement einzelner WB-Mitarbeiter; in Honorarordnungen und Erwachsenenbildungsgesetzen wie auch in Studien- und Ausbildungsordnungen hat sie noch keinen festen Platz.

Unsere Konsequenz: Werbung, erster Kursabend, Beratungsgespräch.

– 2. *Didaktischer Angelpunkt ist die aktuelle Situation*

Sie wird präsent in den Interaktionen aller Beteiligten im Rahmen der Lernprozesse (Mikrokosmos). Nicht geht es dagegen um eine Analyse der Vergangenheit oder gar diagnostische Indikationen.

Unsere Konsequenz: Thematisierung der Situationen
a) Wie fanden Sie zur VHS?
b) Wie erleben Sie den Rundgang durch die VHS?
c) Wie reagieren Sie auf nonverbale Interaktionen (Tränen)?

– 3. *Didaktischer Gegenstand ist die Teilnehmer-Interaktion, die Lern-Störung oder der Teilnehmer-Konflikt*

Das bedeutet, der Teilnehmer wird zur curricularen Instanz. Damit folgen wir einer Grundregel *Eriksons:* ‚Verwende, was dir der Klient bringt.'

Unsere Konsequenz:
a) Teilnehmeräußerungen zum VHS-Besuch
b) Situationsbeschreibungen der Eltern
c) Rückmeldungen der Teilnehmer auf nonverbales Verhalten
d) Gesprächsaussagen der Mutter

– 4. *Didaktisches Prinzip ist die Selbstwahl des Lernenden*

Das schließt methodisch nicht aus, daß dieser Wille möglicherweise erst aus der Lernsituation selbst neu erwachsen muß. Der Lehrende/Beratende ist gemäß ‚sokratischer Mäeutik' jener Lern-Geburts-Helfer, der dafür eine Atmosphäre schafft, nach *Balint* ‚Zeit und Milieu' bereithält, was *Rogers* Variable positiver Wertschätzung entspricht.

Unsere Konsequenz:
a) freiwilliger Teilnahmeentschluß
b) spontane Teilnehmerdeutungen und Umdeutungen
c) kreative Lebenssituationsdarstellungen durch die Eltern
d) häusliche Gruppenarbeit zur Biographienerarbeitung
e) Eigeninitiative zum Beratungsgespräch
f) Forderung der Gruppe nach Integrationskursus.

– 5. *Konstitutives Element ist die definierende Deutung und Umdeutung der Situation – nicht aber die Diagnose der Situation – durch Lernende und Lehrende*

Deutung oder Definition der Situation leben aus der Interaktion aller Betroffenen inmitten der Situation, Diagnose aber kann losgelöst von den Betroffenen außerhalb der Situation gestellt werden. Der Unterschied von Deutung und Diagnose liegt also in ihrem „Verhältnis zur Situation". [343)] Lernen entsteht nicht primär aus dem Zuwachs an Wissen, also aus dem Wissen aufgrund der Diagnose der Krise, Lernen erwächst vielmehr aus dem permanenten Prozeß der Bewußtwerdung zwischen Wissen und noch nicht Gewußtem, also aus der Deutung, zutreffender der Differenz zwischen Deutung und Umdeutung.

Unsere Konsequenz: Differenz der Deutung und Umdeutung
a) zwischen Ich und Nicht-Ich, personaler und sozialer Identität
b) zwischen verbaler und nonverbaler Interaktion
c) zwischen Beratenem und Berater in der Gesprächsanalyse.

3.2 Zielgruppenarbeit im zweiten Schritt: Integration in einem Eltern-Kinder-Seminar

„Behindert – wie soll man damit umgehen?
Sprechen mit Nachbarn – spielen mit Nachbarskindern"

Lernprozeß Krisenverarbeitung
vom DURCHGANGS-Stadium II:
‚Wozu ..., alles ist sinnlos?' *Depression* (5)
zum ZIEL-Stadium III:
‚Ich erkenne jetzt erst ...!' *Annahme* (6)

3.2.1 Lernsituation Integration

Eltern-Kinder-Seminare [344)] sind nur *eine* Form der Integration, die manchmal auch allein mit Eltern oder Jugendlichen oder Erwachsenen, zum Beispiel als sogenannte Partnerschaftsseminare, als Offene Arbeit mit Jugendlichen, mit Großmüttern auf Zeit, als Animateurtraining u.a. durchgeführt werden können; aber immer mit der gleichen Zielsetzung, der Interaktion Behinderter und Nichtbehinderter. Diese Seminare realisieren den zweiten Schritt der ZGA, die Integration und Teilhabe am gesellschaftlichen Leben. Dazu muß auf der Grundlage des ersten Schrittes (Stabilisierung) der zweite Schritt (Integration) als Abbau von Interaktionsstörungen sowie als Aufbau von Interaktionsfähigkeit in angstfreien Situationen gemeinsam erlernt werden, d.h., Integration als Ziel bedient sich der Integration als Mittel.

Wir wählen hier zur Darstellung der Zielgruppenarbeit im Arbeitsschritt der Integration ein Eltern-Kinder-Seminar, weil dabei zweifache Problematik anschaulich demonstriert werden kann. Zum ersten vollzieht sich Integration am besten durch Prävention; sie wird effizient ‚eingeübt', solange sie miteinander gelebt wird, ehe es überhaupt zu einer Desintegration kommt. Zum zweiten sind Stereotype der Eltern am leichtesten über das unbefangene Aufeinanderzugehen und Miteinanderhandeln der Kinder aufbrechbar, hier fordert die emotionale Zuwendung zur Überwindung der Vorbehalte heraus. So erlebten wir im Eltern-Kinder-Seminar, wie nichtbehinderte

Kinder sich spontan gegenüber einem schwer körperlich behinderten Kind verhielten. Sie legten sich daneben, um aus der gleichen Lage heraus zu spielen, sie probierten am und mit dem Kind das Bein, den Kopf anzuheben, und das alles ausschließlich als selbstverständliche Hilfeleistung, begleitet von interessierten Fragen ohne jedes Mitleid und ohne jede Scheu oder gar Abwehr. Auffällig war, daß das Verhalten der nichtbehinderten Kinder von der Grundeinstellung der Eltern entscheidend abhängig war.

Hier sei an die in Teil II analysierten Biographien [345)] erinnert: *Carlson* in seinen Erinnerungen „So geboren", der sich schon als Vorschulkind aus Ästen seine ersten Krücken baute, um als Spielgefährte mit den anderen mitlaufen zu können, oder *Killilea* „Karen", deren erster Kindergartenbesuch zur staunend akzeptierten Untersuchung ihrer Beinapparatur führte, oder *Christy Browns* Fahrten im alten Henry usw.; übereinstimmend zeigten alle Biographien analog zu unserem Seminar, daß das behinderte Kind selbst sich in seinen ersten Lebensjahren nicht behindert fühlt, daß es nicht von Geburt daran leidet, anders zu sein, und daß der Behinderte erst mit zunehmender Bewußtwerdung und durch das anormale Verhalten der nichtbehinderten Umwelt sowie infolge der organisatorischen Desintegration in eine soziale Benachteiligung gerät, die ihrerseits die Vorurteile Erwachsener aufbaut und verstärkt.

Gegenstand unserer Darstellung der Lernsituation braucht nicht der Integrationsprozeß der Kinder zu sein, er ist existent, sobald sich ein soziales Lernfeld eröffnet. Vielmehr geht es uns darum, die Interaktionsstörungen der Eltern und die Möglichkeiten ihrer Überwindung aufzuzeigen. Es wird verständlich, daß die Konfrontation mit Eltern nichtbehinderter Kinder zur Krisenverarbeitung notwendig war; insbesondere im Übergang von der Spiralphase *Depression* (5) ‚Wozu ..., alles ist sinnlos?' aus dem DURCHGANGS-Stadium II zur Spiralphase *Annahme* (6) ‚Ich erkenne jetzt erst ..., ich kann ...!' in das ZIEL-Stadium III.

Vorab gehört es zum Ansatz der handlungsorientierten Didaktik vom Alltagswissen, daß Lernziele nur vorläufig als Hypothesen formuliert werden können. Wählt man aber Hypothesen, steckt man im Dilemma linearer Kausalität. Dieser

Schwierigkeit begegnet *Mader,* indem er aus der Wellentheorie der Physik das Paradigma der Interferenzerscheinungen entlehnt. [346] Interferenzhypothesen zur Lernsituation zeigen die Überlagerungen von Handlungen. Konkreter müßte also gefragt werden: wie interferieren, wie überlagern, verdecken, verstärken sich die angeführten *Maderschen* sechs Handlungen der Konstitutionsanalyse in der Lernsituation mit Eltern behinderter und nichtbehinderter Kinder?

3.2.2 Maders Interferenzhypothesen zur Lernsituation [347]

3.2.2.1 Intentionalität mit der Handlung des Sich-Richtens auf, d.h., die unterschiedlich gerichteten, aber routinisierten Handlungsmuster der Lernenden und Lehrenden [348]

Mit *Mader* ist davon auszugehen, daß zu Beginn jeder Lernsituation widersprüchliche Intentionalitäten vorfindbar sind. Entsprechend *Watzlawicks Axiom I* „Man kann nicht ‚nicht' kommunizieren" handelt es sich dabei sowohl um verbale als auch um nonverbale und paraverbale Verhaltensweisen von zwar gerichteten, aber routinisierten Handlungsmustern, die demzufolge weniger den abgehobenen bewußten Setzungen oder gar Zielen gleichzusetzen sind. Aufgabe der WB-Lehrenden ist es nach *Mader,* mittels Fremdwahrnehmung die sich widersprechenden Intentionalitäten aus einer dreifachen Perspektive ausfindig zu machen: „die Gerichtetheit einer einzelnen Handlung, die Gerichtetheit des einzelnen Teilnehmers und die Gerichtetheit der Situation als ganzes". [349] Aufgrund der Annahme routinisierter Handlungsmuster wird diese Ambivalenz der Teilnehmer erklärbar. Deren gegenläufige Intentionalitäten richten sich einerseits auf „helfende Intervention für die Familie" und andererseits auf „Vermeidung von Intervention in die Familie". Auf der einen Seite der Wunsch bzw. das „Gerichtetsein auf Abhilfe einer manifesten Störung": beispielsweise der Isolation bei Eltern eines behinderten Kindes, der Sündenbockrolle des behinderten Kindes, der Starrolle des nichtbehinderten Einzelkindes, der Flucht des Ehemannes in außerfamiliäre Aktivitäten, der Flucht der Mutter in die overprotection-Haltung gegenüber dem Kind; auf der anderen Seite die latente Angst, das Gerichtetsein auf Abwehr zur „Aufrechterhaltung der Familie als sakrosankter Privatbereich". [350] Daß die gegensätzlichen Intentionalitäten aus dem strukturellen Widerspruch herrühren, in dem sich die Familie heute befindet, belegen alle einschlägigen Untersuchungen. [351] Zutreffend hat *Richter* der Familie die chronische Rolle des Patienten [352] zugeschrieben.

Mader zieht aus seiner Interferenzhypothese zu Recht die Folgerung, daß keine didaktischen Tricks jene gegenläufigen Intentionalitäten überwinden können, sondern allein die Definierung der Situation, darin die Intervention auch schon als Möglichkeit enthalten ist. Das geschieht derart, daß zunächst die soziale Herkunft der Abwehrmechanismen definiert wird, so daß daraus mittels der folgenden Handlungen der Dominanz und Retrospektivität systematisch Identität im eigenen Zugriff aufgebaut werden kann.

3.2.2.2 Reziprozität mit der Handlung des Unterstellens, d.h., wechselseitige Unterstellung zwischen Lernenden, Lehrenden und Veranstaltenden

Mit *Mader* ist weiter davon auszugehen, daß gegenläufige Unterstellungen die WB-Situation beherrschen. Auf der Beziehungsebene zwischen Lehrendem und Lernendem unterstellt der WB-Lehrende einerseits die Autonomie des erwachsenen Lernenden, andererseits unterstellt der sich Weiterbildende die Allmacht des WB-Lehrenden. Auf der Beziehungsebene erwachsener Lernender unterstellen diese sich wechselseitig die Annahme der Andersartigkeit menschlicher Existenz angesichts von Behinderung oder Nichtbehinderung. Dem entspricht *Watzlawicks Axiom III:* „Die Natur einer Beziehung ist durch die Interpunktion der Kommunikationsabläufe seitens der Partner bedingt." [353]

Zur Ebene *Lehrender-Lernender:* Einerseits unterstellen die sich Weiterbildenden dem WB-Lehrenden, ein professioneller „Bildungsspezialist“ [354] zu sein, der mittels Bildung konkret zu helfen vermag; andererseits unterstellt der WB-Lehrende dem sich Weiterbildenden die Fähigkeit zu didaktischer Selbstwahl sowie – Bildungswilligkeit vorausgesetzt – „ausreichende Autonomie und Eigenkraft“ [355] zum Lernen. Umgekehrt veranschaulichen Untersuchungen, daß die Voraussetzung der Teilnehmerpartizipation als konstitutives Element von WB, lerngeschichtlich und biographisch bedingt, selbst zum Gegenstand des Lernens werden muß. [356]

Zur Ebene *Lernender-Lernender:* Einerseits unterstellen die Eltern behinderter Kinder den teilnehmenden Eltern nichtbehinderter Kinder den Anspruch auf Führungsrollen und leiten daraus ihre eigenen Inferioritätsgefühle ab, andererseits unterstellen die Eltern nichtbehinderter Kinder den Eltern behinderter Kinder personale Machtansprüche in bezug auf Zuwendung, Rücksichtnahme und Anpassung. Daß gerade hierdurch der circulus vitiosus der „Irrelevanzregel“ [357] programmiert ist, wird offenkundig. Erneut wird deutlich, daß die Intervention nur mittels Definition der Situation angebahnt werden kann, derart, daß die unterschiedlichen Situationsdefinitionen die Reziprozität der Perspektivverschränkungen offenbart und eben darin die Intervention als Möglichkeit bereits angelegt ist; ferner derart, daß der Lernende neue Deutungsmuster in sein bisher gültiges, ihn beherrschendes Alltagswissen aufzunehmen vermag. Dazu gilt, daß ein Zusammenhang besteht zwischen der Länge der Zeit des Aushandelns und der Bereitschaft und Fähigkeit zur Einstellungs- und Verhaltensänderung. [358]

3.2.2.3 Digitalität mit der Handlung des Unterscheidens, d.h., die Deutungsmuster des Alltagswissens als biographisch eingeschliffenes Set sedimentierender Entweder-Oder-Entscheidungen

In Anwendung von *Maders* dritter Interferenzhypothese ist davon auszugehen, daß digitalisiertes Alltagswissen als Aggregatwissen erster Stufe sedimentiert und – erkenntnisleitend immer schon vorhanden – die Lernsituation und ihre Definition als das sogenannte Aggregatwissen zweiter Stufe [359] speist. Solche digitalisierten Alltagswissensbestände, die die gesellschaftliche Konstruktion der Wirklichkeit im Gegensatz zu der realen Wirklichkeit erfassen und sich in symbolischer Interaktion erneuern und vermitteln, brechen auch „nach langer Arbeit in Lernprozessen immer wieder elementar durch", weil „Erziehung... in einem hohen Maß personalisiert und moralisiert (ist)." [360] Hier Beispiele aus der Arbeit mit Behinderten: „Aber es ist doch immer wieder das Gleiche, im Grunde lassen mich alle mit meinem behinderten Kind allein, niemand, auch nicht die Wissenschaft, kann uns sagen, was wir tun sollen." „Ich habe längst begriffen, daß ich eine Schuld mit meinem Kind wiedergutmachen muß und daß man mich darum isoliert."

Wenn wir davon ausgehen, daß jeder „ein kompliziertes Set von eingefahrenen Unterscheidungen von Entweder-Oder-Entscheidungen" in die WB-Situation einbringt, gilt es für den WB-Lehrenden, die „bevorzugten Unterscheidungen" mittels Analyse der Lernsituation herauszuhören, da jeder „zunächst in eingefahrenen Unterscheidungen weiterlernt." [361] Dem Lehrenden wird dies nur möglich mit Hilfe seines eigenen Sets von Unterscheidungen, dem Bewußtsein seiner Kontextgebundenheit und in Kenntnis der Lebenswelten und Deutungsmuster der Teilnehmer. [362] Der WB-Lehrende muß über die metakommunikative Kompetenz [363] verfügen, „das jeweilige Gegenteil in einem Gesprächsbeitrag mithören zu lernen", denn „Inhalte sind nur in ihrem Gegenteil begreifbar." [364] Demzufolge signalisieren die Teilnehmer gleicherweise: „Es ist nicht immer das Gleiche, im Grunde lassen mich nicht alle mit meinem behinderten Kind allein." „Ich habe längst nicht begriffen, daß ich eine Schuld wiedergutmachen muß ..." Übereinstimmend damit formuliert *Watzlawick* in seinem metakommunikativen *Axiom IV:* „Menschliche Kommunikation bedient sich digitaler und analoger Modalitäten. Digitale Kommunikationen haben eine komplexe und vielseitige logische Syntax, aber eine auf dem Gebiet der Beziehungen unzulängliche Semantik. Analoge Kommunikationen dagegen besitzen dieses semantische Potential, ermangeln aber der für eindeutige Kommunikationen erforderlichen logischen Syntax." [365] Dem entspricht *Axiom II:* „Wir dürfen ferner vermuten, daß der Inhaltsaspekt digital übermittelt wird, der Beziehungsaspekt dagegen vorwiegend analog.“ [366] *Parows* Charakterisierung der ‚digitalen‘ und ‚analogen‘ Dimensionen menschlicher Kommunikation als ‚horizontale‘ und ‚vertikale‘ Vernunft wird von *Mader* zur Verdeutlichung des mit Digitalität Gemeinten herangezogen: „Vernunft, die die Oberfläche menschlichen Verhaltens (das ist aber die Ebene intersubjektiv geteilter Symbole) formalisiert und reguliert, dient dem menschlichen Bedürfnis nach Sicherheit und Vorhersagbarkeit, nach Wiederholbarkeit ehemals erfolgreichen Handelns.“ [367] Daraus folgert *Mader:* „Die Oberfläche einer WB-Situation scheint sich oft ausschließlich in diesen Handlungen des Unterscheidens, des Bemühens um Eindeutigkeit mit dem Ziel, eine Aussage zu finden wie ‚so ist es und nicht anders‘ zu bewegen.“ [368] Daraus folgt weiter die Neigung zur ‚self-fulfilling prophecy‘, nach der gerade im Bereich der Familie als verinnerlichtem Binnenraum stärker als im Bereich des Berufs als Außenraum alles zur „Bestätigung des schon Gewußten“ drängt. Die metakommunikative Kompetenz des WB-Lehrenden, das jeweilige Gegenteil des Gesagten, das ‚Oder des Entweder‘ mitzuhören wie auch das analoge Beziehungsmaterial, das jenes digitale Inhaltsmaterial einschließt, mit aufzunehmen, deutet darauf hin, daß oft die „digitale Kapazität“ von Lernenden nur eingesetzt wird „als Funktion der Retrospektivität“, [369] ohne daß damit inhaltliche Aussagen angestrebt werden; dieser Einsatz erfolgt vielmehr als notwendige Strategie zur Aufrechterhaltung der Identität, die möglicherweise in Gefahr war, in eine Identitätskrise und damit in einen echten Lernprozeß zu geraten. Die Intervention des WB-Lehrenden in Gestalt einer Digitalisierung des jeweiligen Gegenteils in einem Gesprächsbeitrag oder in Gestalt einer Übersetzung von digitalem in analoges Material kann die Scheingefechts-Situationen an der Oberfläche ‚horizontaler‘ Vernunft in Lernprozesse ‚vertikaler‘ Vernunft überführen, nämlich durch die Auslösung von Identitätskrisen mittels Konstitutionsanalyse der Lernsituation. [370]

3.2.2.4 Analogik mit der Handlung des Vergleiches, d.h., vergleichen, verknüpfen und werten mit den eigenen Verwendungs- und Deutungsfeldern, die in die Weiterbildung übertragen werden

Wir folgen jetzt *Maders* vierter Interferenzhypothese, wonach die lernenden Erwachsenen in einer Lernsituation, insbesondere im Bereich der Familienbildung, ihre „in der jeweiligen Familie vorherrschenden Verwendungsarten von Intentionalität, Reziprozität und Digitalität in die WB-Situation übertragen, um analoge Beziehungs- und Deutungsmuster zum Zwekke eigener Verhaltenssicherheit herzustellen". [371] So ist es kein Zufall, daß in der Eingangslernphase die – auch von *Mader* zitierte – berüchtigte „Kaffeeklatschsituation" das *eigentliche* Thema oft zu verdrängen droht; umgekehrt und neu interpretiert sie sich dann aber bald als das *eigentliche* Thema, erweist sie sich eben vor dem Hintergrund der Analogik als jene Stabilisationsphase, in der sich jeder Teilnehmer aufgrund von „merkwürdigen Assoziationsketten" *(Mader)* einzubringen versucht und darin Hinweise gibt, wo Wort oder Ereignis zu deuten sind. Treffend beschreibt *Mader:* „die Erzählung eines Teilnehmers löst durch ein genanntes Wort/Ereignis bei einem anderen die Erzählung eines Ereignisses aus, das als ‚ähnlich' (‚genau dasselbe habe ich vor ein paar Jahren auch erlebt ...') eingeführt wird vom Erzählenden". [372] Darin sucht er seine Chance, alles Gesagte in das eigene Verwendungs- und Deutungsfeld zurückzuholen, um aus dieser vertrauten sicheren Ausgangsposition seinen Beitrag leisten zu können.

Wenn *Watzlawicks Axiom IV* aussagt, menschliche Kommunikation verlaufe digital und analog, und *Bühler* der Sprache in seinem Organonmodell eine dreifache Funktion von Darstellung (Symbol), Ausdruck (Symptom) und Appell (Signal) zuweist, [373] so entspricht das in der amerikanischen Familienforschung und Familientherapie, die Familie gleichfalls als Kommunikationssystem begreift, der Beziehungsregel: Mitteilungen haben eine Report- und Commandfunktion, d.h., ein Satz berichtet etwas (Report), ordnet aber auch gleichzeitig etwas an (command). [374] Erzählungen der Kaffeeklatschsituation sind also nicht durch den Grund der Mitteilung, die

Digitalität, den Ausdruck oder die Reportfunktion allein erfaßt; vielmehr definieren sie sich durch Analogik, Appell oder command als Beziehungen, erschließen sie den Verwertungszusammenhang des Erzählten und geben sie Hinweise, wo in dem jeweiligen anderen familiären Verwendungszusammenhang ein Wort, ein Ereignis gedeutet wird. *Laing* [375] hat – worauf *Mader* hinweist – für diesen Vorgang der Übertragung von Gruppenmotiven den Begriff „mapping" gewählt: abgebildet (‚mapped') wird immer die „verinnerlichte Familie" *(Laing)* oder die „internalisierte Beziehungsstruktur" *(Mader)* aus dem Alltagswissensbestand. Didaktisch folgt für die Intervention des WB-Lehrenden, daß die WB-Situation selbst immer gleichzeitig Bericht und Anordnung (Report und command, *Laing*), Ausdruck und Appell (Symptom und Signal, *Bühler*) oder Inhalt und Beziehung (Digitalität und Analogik, *Watzlawick*) ist, wobei nach *Watzlawicks Axiom II* der Beziehungsaspekt den Inhaltsaspekt bestimmt und daher eine Metakommunikation entsteht. Metakommunikation aber hat jene spezifische pädagogische Relevanz, weil sie die Ebene ist, auf der Kommunikationsstörungen und Probleme verhandelt werden können.

Für Interventionen in der WB-Situation folgt daraus: Inhalte, die in einer WB-Situation in Form von Aussagen, Meinungen, Theorien, Überzeugungen definierend ausgetauscht werden, müssen zugleich in ihren nicht-thematisierten (nicht-digitalisierten) Bedeutungsfeldern, in denen sie geäußert und empfangen werden und die erst den Inhalten ihren Stellenwert geben, erkannt werden. Ein Abbruch oder eine Verkürzung der Eingangslernphase verhindert „durch vorschnelle Zuordnung" jenen Prozeß des mapping, in dem Teilnehmer die ablaufende Diskussion in ihre eigene Situation übertragen können und darin dem Lehrenden Hinweise für ihre übertragene Familienstruktur geben, die er aufzudecken hat. Es ist einsichtig, daß nur eine längerfristige WB dieses zu leisten vermag. Auch muß nachdrücklich betont werden, daß dazu „kein gruppendynamischer Trainingskurs nötig" ist. [376]

3.2.2.5 Dominanz mit der Handlung des Sich-Durchsetzens von Lehrenden und Lernenden, d.h., der Einfluß sozialstruktureller Determinanten auf die Lernsituation muß definiert, und es muß entsprechend interveniert werden

Maders fünfte Interferenzhypothese verweist darauf, daß die institutionell bedingte „Dominanz" des WB-Lehrenden in der Lernsituation von den Teilnehmern in dem Maße verstärkt wird, „als sie sich ‚strategisch' brauchen läßt zur Stärkung und Reproduktion der familiären Dominanzverhältnisse selbst;"[377] umgekehrt dazu aber auch vom Lehrenden verstärkt werden kann, weil er in der Dominanz nicht das Problematische erkennt, sondern den „Ausweis seiner Qualität", sie also seinerseits ‚mißbraucht' für subjektive Dominanzbedürfnisse oder auch -verhältnisse. Lehrende und Lernende ‚mißbrauchen' sich also wechselseitig in ihrer vereinnahmenden Strategie derart: „Sie stimmen doch auch mit mir überein ...!" Weniger geht es hier um ein Sich-Behaupten im Sinne von Durchsetzung als um einen „Abwehrmechanismus: Die Dominanzverhältnisse der Familie sind Burgmauern gegen die Luftgewehrkugeln der Weiterbildung. Was tut man besser, als sich – wenn die Mauern schon nicht, weder von außen noch von innen, zu schleifen sind – einige Verzierungen in die Oberfläche schießen zu lassen, die doch immerhin anzeigen, daß man sich einer Auseinandersetzung gestellt hat." [378]

Watzlawicks Axiom V erfaßt das Dominanzproblem im Rollenverständnis zwischen den Kommunikationsteilhabern: „Zwischenmenschliche Kommunikationsabläufe sind entweder symmetrisch oder komplementär, je nachdem, ob die Beziehung zwischen den Partnern auf Gleichheit oder Unterschiedlichkeit beruht." Gelingt es dem WB-Lehrenden nicht, die vorgegebene Struktur ins Wanken geraten zu lassen, sie zu definieren und sie damit allen Beteiligten zur herrschaftsfreien Interaktion – symmetrisch wie komplementär – in freiwillig bewußter Wahl verfügbar werden zu lassen durch Partizipation an allen Steuerungsprozessen, so stagniert der ‚eigentliche' Lernprozeß. [379] Wenn WB für Behinderte auf der normativen Ebene der digital abgeleiteten WB ‚für' Behinderte stehenbleibt, ohne sie in eine interpretative Ebene einer WB ‚mit' Behinderten zu überführen, handelt es sich nur um einen Austausch der Dominanzverhältnisse, nicht aber um Arbeit an ihrer Aufhebung bzw. Veränderung: „Das abgeleitete Wissen über den anderen wird zum Knüppel und macht dadurch seinen Besitzer zum Herrn." [380] Zum ‚eigentlichen' Thema gehört die Definition der sozialstrukturellen Determinanten, die in dem Rollenverständnis der Kommunikationsteilhaber sichtbar in der WB-Situation selbst erscheinen als Ansatz zur Intervention und damit zur Entscheidungsfreiheit in bezug auf die Wahl einer Veränderung.

3.2.2.6 Retrospektivität mit der Handlung des Sich-Behauptens, d.h., die Wahrung der Ich-Identität oder die Ausbildung einer systematischen Biographie im Lernprozeß

Nach *Maders* letzter Interferenzhypothese besteht grundsätzlich „eine geringe Neigung und Fähigkeit ..., das digital angegebene allgemeine Thema" zu bearbeiten, „zugunsten einer starken Neigung, ‚sein Problem' " [381] vorzutragen und es dominierend werden zu lassen, aus dem notwendigen „notwendenden" Bedürfnis heraus, Hilfeleistung für die Identitätsbalance zwischen personalem und sozialem Ich zum Aufbau der systematischen Biographie zu gewinnen. Es wurde schon verdeutlicht, daß die Familie angesichts ihrer Autoritätsentleerung desto nachdrücklicher zum Übungsplatz für Autorität überhaupt geworden ist und damit zur Bestimmung der eigenen Position im Familiensystem, also zur Stabilisierung der Identität überhaupt. Teilnahme an der WB-Situation erweist sich damit als Bauzeit an der Identität, der sie angesichts der verunsicherten Positionen gegenwärtiger Familie und Gesellschaft vorrangig dienen muß, um Selbstbestimmung und Wollen des Wollens überhaupt wieder zu ermöglichen. [382]

3.2.3 Konstitutionsanalyse der Lernsituation

Die Analyse der Lernsituation Krisenverarbeitung zur sozialen Integration untersucht, inwieweit die Interferenzhypothesen der antizipierten Lernsituation mit der realen Seminarsituation korrelieren. Dabei geht sie der Frage nach: Inwieweit lassen sich Lernprozesse ‚Krisenverarbeitung zur sozialen Integration Behinderter und Nichtbehinderter' institutionalisieren und welche Interaktionsprozesse lassen sich dabei beobachten, wie läßt sich intervenieren und wie können durch wechselseitige Erweiterung und Korrektur von Deutungsmustern und Erfahrungen im Sinne von Differenzierung, Problematisierung und gegebenenfalls Umstrukturierung des Alltagswissens neue Handlungsperspektiven erschlossen werden.

Es geht also nicht um das Eltern-Kinder-Seminar als solches, sondern um Durchleuchtung bzw. Analyse unserer didaktischen Konzeption durch exemplarische Veranschaulichung, hier anhand der vierten und fünften Seminareinheit eines zwölf Einheiten umfassenden Wochenendseminars als dem zweiten Schritt der Zielgruppenarbeit zur Integration: [383)]

Die situativen Bedingungen des Seminararrangements am Sonnabendvormittag sind vorab nennenswert: ein warmer Hochsommer-Julitag, einige Eltern haben von sich aus eine Stuhl-Kreisgruppierung im Garten arrangiert, während fernab die Kindergruppe auf einer der Oberwiesen durch akustische Signale präsent bleibt; später breitet sich zunehmend eine entspannte Atmosphäre angesichts fallender Schwellenbarrieren nach konfliktlos verlaufener Trennung von den Kindern und ihrem ständig bekräftigenden entfernten Lachen und Jauchzen aus.

In diese Situation hinein wird mit einer ersten Intervention die Lernsituation eröffnet: Die Seminarleiterin thematisiert die Ereignisfolge der vorangegangenen Seminareinheiten aus ihrem Erleben, von der gemeinsamen Gelände-Schnitzeljagd nach dem Anreise-Kaffeeempfang angefangen, über Spiel, Spaß und Kennenlernen beim Musikmachen mit *Orff'* schem Instrumentarium bis hin zur abendlichen Aktion Alleingang nach dem Motto ‚Kinder helfen Kindern, wir schaffen's allein!' sowie der parallel dazu verlaufenden Elterndiskussion über Selbststeuerung und Selbständigkeit, vertieft durch einen Anspielfilm der Fernsehelternschule. Sie ruft alles noch einmal in Erinnerung und läßt den Bericht einmünden in die Frage: Wie erleben Sie das alles? Wie erleben Sie sich selbst, Ihren Partner, Ihr Kind und alle Ihre Mitseminarteilnehmer? Das wird verbunden mit dem Angebot, darüber oder über das, was im Augenblick wichtig erscheint, zu sprechen.

Ohne jeden weiteren Impuls äußern die Eltern eine Flut von fast beziehungslosen Eindrücken, jeder möchte sich äußern, möchte die Fülle der Erlebnisse, sein momentanes Glücklichsein bar aller Pflichten austauschen, aber wie von selbst stellen die Teilnehmer Vergleiche zur back home Situation an. Zunehmend spürbar weicht die Euphorie des erfüllten Augenblicks im Hier und Jetzt der resignativen Tendenz zur Ausweglosigkeit jener bedrohlichen Apathie angesichts der back home Situation: die betroffenen Eltern behinderter Kinder klagen nicht an, es wird keine Aggression laut, *Depression* breitet sich aus, ergreift den Raum, sprachlos staunend hören die Eltern nichtbehinderter Kinder zu: ...

Analyse: Diese Einstiegssituation veranschaulicht die Interferenz zweier Handlungen des Sich-Durchsetzens in der Kategorie *Dominanz* (fünfte Handlung) und des Sich-Richtens auf in der Kategorie *Intention* (erste Handlung) der *Maderschen* Konstitutionsanalyse. Sehr deutlich wird das Bedürfnis der einzelnen Teilnehmer, vorrangig das eigene private Problem durchzusetzen und demgegenüber das relativ verschwindend geringe Interesse an dem ausgeschriebenen Sachthema der Lehrankündigung bzw. den bereitgestellten Angeboten. Aus dem schon vorgenannten notwendigen Bedürfnis heraus, angesichts der verunsicherten Familienstruktur wie dem daraus resultierenden Identitätsverlust eine Befriedigung zu gewinnen, erfolgt der Versuch der Identitätsbestätigung in der Lernsituation, notfalls auch durch Ausnutzung der Gruppe. Parallel dazu verlaufen gegenläufige Intentionen, die anhand der folgenden Tonbandmitschnitte anschaulicher werden können, die überdies zugleich die Handlung des Vergleichens in der Kategorie der *Analogik* (dritte Handlung) verdeutlichen:

Herr Z. – behinderter Sohn *Stephan,* mongoloid, 8,0 Jahre:

„... *Ja, wissen Sie, das ist hier wie eine andere Welt, so etwas gibt es doch gar nicht. – Ich hab' das noch nie erlebt. In meinem Betrieb – unvorstellbar, ich habe nicht mal gewagt zu sagen, daß ich hierher mitfahre. – Ich kann denen einfach gar nichts von meinem behinderten Kind erzählen, das lohnt sich doch alles gar nicht.*"

Herr D. – behinderter Sohn *Gerald,* körperbehindert nach Kinderlähmung, 7,3 Jahre:

„*Doch, meine Kumpel wissen, daß da was nicht stimmt mit Gerald, haben die ja alles mitgekriegt damals, als ich immer in die Klinik mußte; aber die sind froh, wenn ich nicht davon rede, meistens sagen sie: ‚Na, alles o.k.?', dann weiß ich schon, die meinen's ja nicht ernst, und nicke einfach wie immer mit dem Kopf dazu. Und ab und an geben sie mir Süßigkeiten mit: ‚Da, für Deinen Kleinen!' ... lange Pause. Da hab ich's gewagt. Da habe ich gesagt: ‚Es gibt jetzt noch mehr als bloß 'ne Aktion Sorgenkind. Da gibt's sowas in der Volkshochschule, da sind auch gesunde Kinder dabei, jetzt fahren bald alle zusammen weg, billiges Wochenende, sage ich Euch, bezahlt alles der Staat. Ihr könntet auch mitfahren – die erste Bierrunde ist schon sicher, zahlt die Leiterin für 'ne verlorene Wette; – ist auch 'n dufter Kumpel!*
Aber ..., sie haben nur genickt ‚ach, laß uns man da raus', haben sie gesagt, das ist nichts für uns, das lohnt sich doch nicht, was sollen unsere Kinder schon davon haben, und ... was denkst Du Dir wohl, was unsere Frauen dazu sagen, ist doch kein Umgang für unsere Kinder'. Da hab' ich's aufgegeben. Ist ja doch immer wieder das gleiche, gerade wie bei den Nachbarn auch."

Frau E. – behinderter Sohn *Dirk.* Hirnschaden nach Zangengeburt, 12,1 Jahre:

„*Ja, unsere Nachbarin hat jetzt auch verboten, daß Silvia mit Dirk auf dem Hof spielen darf. Jahrelang haben sie zusammen gespielt, und ich weiß, ... Silvia hat's gern getan, ich hab's ja gesehen, war ja auch immer dabei oder hab vom Balkon aus aufgepaßt, – und dann lief sie plötzlich weg, als der Dirk kam, einfach so weg, direkt vor ihm weg. Da hab ich sie mir das nächste Mal geschnappt und gefragt, was denn los ist. Erst hat sie nichts gesagt und endlich hab ich's aus ihr herausgekriegt:*

‚Ich darf nicht mehr mit Dirk spielen, meine Mutter hat's mir verboten!' Dirk hat das mitgehört, er hat bitterlich geweint. Wie oft haben wir beide das schon erlebt. Wenn es überhaupt mal durch Zufall Spielkameraden gibt, dann wird es ihnen von den Eltern verboten. Na ja, hier ist alles ganz anders, aber übermorgen ist alles vorbei, ist alles wie immer, es ist doch alles sinnlos."

Frau B. – nichtbehinderte Tocher *Bettina,* 7,5 Jahre:

„Wissen Sie, Frau E., ich verstehe Sie nicht, warum sind Sie denn nicht mal einfach zu der Mutter von Silvia hingegangen ... (zögert)? Ich muß Ihnen etwas sagen. Jetzt bin ich ehrlich hier, weil es mir Spaß macht, aber zunächst bin ich eigentlich aus einem ganz anderen Grunde gekommen. Ich kannte Frau Schuchardt aus anderen Seminaren, und da hat sie uns und auch mich persönlich angesprochen, an diesem Seminar mit behinderten Kindern teilzunehmen ... (Pause) Da fiel mir alles plötzlich wieder ein: Ich hatte ein Erlebnis, als Bettina zwei Jahre alt war, im Sandkasten, und mit ihre spielte ein fünfjähriges Kind, das war geistigbehindert, und ich wußte einfach nicht, wie ich mich verhalten sollte. Ich hatte also Angst, daß das Kind vielleicht schlägt oder sonst irgendetwas, also man kriegt da jedenfalls wirklich Angstzustände. Da hab ich Bettina gepackt und bin auch weggelaufen. [384] *(Pause) Ja darum bin ich eigentlich hier."*

Mutter E.: *„Das haben S i e wirklich getan? ... Und jetzt sind Sie h i e r ? Das hätte ich n i e von Ihnen gedacht?! – "*

Analyse: Die vier ausgewählten Elternaussagen spiegeln die Überlagerung der Handlungen entsprechend den Interferenzhypothesen wider: die *Dominanz* (5. Handlung) des Sich-Durchsetzens zeigt sich am Tatbestand, daß jeder versucht, seine spezifische Problematik einzubringen, und das mittels der *Analogik* (4. Handlung) scheinbaren Vergleichens. Jeder greift ein Reizwort aus der Erlebniserzählung seines Vorgängers auf, um daran wie an einer Assoziationskette sein Erlebnis anzuhängen, z.B. Herr *Z.:* Betrieb ...; = Herr *D.:* Kumpel wie Nachbarn; = Frau *E.:* Nachbarn ...; = Frau *B.:* Nachbarn wie ich.

Somit wird das alte gewohnte Bezugsfeld im Sinne der self fulfilling prophecy rekonstruiert, um aus dieser vertrauten Sicherheit an der WB-Situation teilhaben zu können; sie läßt es zu, in der alten Rolle der Selbstbemitleidung und Sinnlosigkeit zu verharren, die bei der Betrachtung unter dem Gesichtspunkt von typischen Spiralphasen der Krisenverarbeitung der 5. Spiralphase *Depression* entspricht. [385] Das spiegeln auch die gegenläufig verlaufenden *Intentionalitäten* wider: einerseits richtet man sich – entsprechend der ersten Handlung – darauf ein, sein Problem einzubringen, das SOS-Funksignal: ‚Hilf mir, daß alles anders wird, es ist ja so unerträglich', andererseits und parallel dazu ertönt das unverkennbare Abwehrsignal: ‚Laß mich, ändere nichts, dann wird alles nur noch schwieriger, weil mir dann jede Orientierung fehlt'; z.B. Herr *Z.:* „ ‚Hier wie in einer anderen Welt', ‚das lohnt sich doch alles gar nicht' "; Herr *D.:* „ ‚doch meine Kumpel wissen' = ‚aber' ... und ‚da hab ich's gewagt ...' = ‚da hab ich's aufgegeben, ... immer wieder das gleiche' "; Frau *E.:* „ ‚hab ich sie mir geschnappt ...' = ‚Na ja, ... aber ... ‚doch alles sinnlos' "; Frau *B.:* „ ‚Wissen Sie ..., ich verstehe Sie nicht ... ICH kriegte Angstzustände ...!' "; Frau *E.:* „ ‚Sie ... hier ... nie ...!' "

Hier bahnt sich bereits über die zweite Handlung der Unterscheidung, der *Digitalität* einer Entweder-Oder-Auseinandersetzung, scheinbar eine Sachauseinandersetzung an, die aber schon – gemäß der Interferenz der Handlungen – von der sechsten Handlung, der *Retrospektivität* zur Wahrung der Identität, durch Protest der Frau *E.* gegenüber Frau *B.* überlagert wird. Nur so kann die Verunsicherung ihrer verfügbar routinisierten Deutungsmuster von guten und schlechten Menschen unangreifbar verfochten werden. Eine echte Infragestellung hätte die zwangsläufige Überprüfung der eigenen Deutungsmuster zur Folge; also muß abwehrend reagiert, ‚gemauert' werden.

Deutlich ist die Bedrohung von Frau *E.* zu spüren ‚Sie ... hier ... nie ...!', ausgelöst durch die Ich-Botschaft von Frau *B.* ‚Wissen Sie ..., ICH hatte Angst ..., ‚man', (Wahl der dritten Person, weil die Betroffenheit vor *E.* unerträglich groß wird), ‚man' kriegt da wirklich Angstzustände, da hab' ICH Bettina gepackt und bin auch weggelaufen; – darum bin ich eigentlich hier.'

Nach *Watzlawicks Axiom II* bestimmt der Beziehungsaspekt den Inhaltsaspekt einer Interaktion, der hier die Identitätskrise von Frau *E.* auszulösen droht, nämlich ihr aufgebautes Bild von Frau *B.*, besser ihr verfügbares Alltagswissen über Frau *B.*, das sie als gültig gesetzt hatte. ‚Frau *B.* ist eine Frau, die auf meiner Seite, also der Behinderten steht, denn sie ist ja in unserem Seminar' wird blitzartig zerstört durch Frau *B.* selbst: ‚Ich bin auch so wie alle die anderen, darum ... bin ich hier!' Die Beziehung ist zerbrochen. Erschrecken, Verwirrung, Unruhe breiten sich angesichts der Sprachlosigkeit aus, eben weil niemand nicht ‚nicht' kommunizieren kann; die Betroffenheit wächst zur Bedrohung, fordert die Stellungnahme heraus, wird als Störung verdrängt, um sich der Irritation über das fremde wie das eigene Verhalten nicht auszuliefern.

Angesichts der bedrohlichen Spannung, daß die Identitätskrise sowohl zur Lernchance als auch zur Lernbarriere wachsen kann, folgt die Intervention der psychotherapeutischen nach *Laing*, [386)] dergemäß „die richtige, zweckmäßige Strategie des Eingreifens" immer schon „in der Definition der Situation und durch sie vorgeschrieben" wird. Also wird definiert:

> *„Ich erlebe diese Situation als sehr offen, sie ist einerseits hilfreich und andererseits verunsichernd. Einige haben uns an ihrem Erleben teilnehmen lassen. Das öffnet Vertrauen und Mißtrauen zugleich, weil jeder von uns andere Erfahrungen in seinem bisherigen Leben gemacht hat und durch die Brille dieser Erfahrungen die Situation hier als Bestätigung oder Enttäuschung, vielleicht auch als Verunsicherung seiner Erfahrungen erleben muß. Ich stelle mir vor, daß es für uns alle hilfreich sein könnte, die eigene Brille kennenzulernen, damit wir sie frei verfügbar auf- und absetzen können."*

Pause. Langes Schweigen ...

> *„Ich glaube, daß unsere Sprachlosigkeit etwas von unserer Betroffenheit ausspricht. Ich kann mir vorstellen, daß es sehr schwer oder ungewohnt ist, darüber vor allen zu sprechen, daß es aber andererseits erleichternd und für einige unter uns auch ein Anliegen wäre, sich mit einem anderen in der Gruppe auszutauschen; darum erscheint es mir gut, eine Gesprächspause von 15 Minuten einzulegen. Noch eins ist wichtig: Ich möchte Ihnen*

Mut machen, gerade auf den Teilnehmer in dieser Gruppe zuzugehen, den Sie noch am wenigsten kennen, um sich gerade mit ihm über ihrer beider Erlebnisse und Ihre Erwartungen an die erste Gesprächsrunde heute morgen auszutauschen. Wir haben hier die Chance, uns neu oder besser einmal anders zu unterhalten, als im alltäglichen Leben am Arbeitsplatz; darüber würde ich gern mit Ihnen nach der Pause sprechen."

Nach diesem Hinweis wird die Gruppe sich selbst überlassen. Langsam stehen die Teilnehmer auf, suchend, teils lachend, witzelnd, Unsicherheit überspielend gehen sie aufeinander zu, ergehen sich im Garten und auf den Feldwegen, und endlich reden alle miteinander; sie haben ihre Sprache wiedergefunden.

Später als verabredet, aber angeregt, z.T. heftig diskutierend, treffen die Partner wieder ein, sprechen über ihre ‚unvorstellbaren Mißverständnisse' oder das ‚nicht faßbare Anderssein' des anderen, über ‚kaum zu glaubende Unterstellungen', und in heiter gelassener Atmosphäre großer Erleichterung und Entspannung eröffnen sie unaufgefordert einander die erlösende Befreiung aufgrund ihrer wechselseitigen Entdeckungen: Jeder hatte ein anderes Bild vom anderen, so wie es auch jeder von sich selbst hatte. Sie offenbaren einander das Auseinanderklaffen zwischen ihrem Selbstbild und dem unterstellten Fremdbild des anderen. Behutsam ertastend nähern sie sich der Ambivalenz ihrer eigenen Gefühle, wächst ihr Erkennen der Beidseitigkeit im eigenen Ich, beginnen sie, ihren Schatten wahrzunehmen:

Frau E.: „Ich habe immer von mir geglaubt, ich würde alle behinderten Kinder lieben, weil ich doch selbst eins habe, aber ich bin ganz erschrocken, daß ich, genau wie Frau B. damals in der Sandkiste, andere bei mir gar nicht so gerne sehen will, ja, daß ich eigentlich nichtbehinderte Freunde suche und daß ich mich bei dem Gedanken ertappe: wenn schon ein behinderter Freund, dann bitte kein Krüppel."

Herr D.: „Mir geht das in der Firma auch so, ich suche auch immer die besten von meinen Kumpeln für mich aus, dann steigt doch auch mein Ansehen, – die anderen, eigentlich lasse ich die auch einfach so links liegen,

die kosten mich zu viel Zeit, und was bringen die mir schon? ... Aber ich versteh' mich gar nicht, eigentlich sind sie doch die besten Kumpel – Pause –
Ich versteh' mich selbst nicht, ich tu ja im Betrieb genau das Gleiche, was ich in der Nachbarschaft so hasse, das was mich ärgert, daß sie das so mit unserem Gerald so einfach tun."

Analyse: Die Auswertung des Partnerinterviews hat alle Teilnehmer mit der Diskrepanz zwischen Selbst- und Fremdbild konfrontiert und überdies die wechselseitigen Unterstellungen entlarvt – gemäß der zweiten Handlung, der *Reziprozität.* Vereinzelt wurde schon erkannt, daß das eigene Handeln bereits ausschließlich von der dem anderen unterstellten Handlung bestimmt wird; diese Erfahrung, daß sich eine Unterstellung oft als mißverständlich, häufig sogar als falsch erwies, ermöglichte eine erste Differenzierung der eigenen Deutungsmuster, die sich aus der *Digitalität* (3. Handlung) des ‚entweder – oder' in eine neue Dimension des ‚sowohl – als auch' in Abhängigkeit von den biographisch unterschiedlich bedingten Sichtweisen ausweiteten und neue Handlungsperspektiven eröffneten, z.B.:

Frau E.: „Ich kann Frau B. jetzt wirklich verstehen, wir haben uns darüber ausgesprochen. Wenn ich ehrlich bin, ich hätte, glaube ich, genau so wie sie reagiert, wenn ich nicht selbst ein behindertes Kind hätte. Aber man vergißt das eben; man sieht immer nur sich selbst, dabei hat doch jeder sein ganz anderes Leben. Eigentlich müßte man das alles viel ehrlicher sagen. Eigentlich muß ich Frau B. richtig dankbar sein, dabei habe ich sie vorhin gehaßt; ohne sie hätte ich das nie kapiert, jetzt kann ich das anders machen."

An diesem Punkt (– dem ersten eigentständigen Schritt von Frau *E.* aus der passiven *Depression* (5) ‚Wozu ..., alles ist sinnlos ...?' bzw. der *Aggression* (3) ‚Warum ... Sie ... hier?', aus dem DURCHGANGS- in das ZIEL-Stadium –) wäre eigentlich der richtige Augenblick für eine Krisenintervention dagewesen, in die aktive Spiralphase der *Aktivität* (6) ‚Ich erkenne jetzt erst ... ich hätte genau so wie sie reagiert ... Eigentlich müßte man das alles viel ehrlicher sagen ... jetzt kann ich das anders machen!' überzuleiten. Die sich anbahnende konstruktive Aktion wäre in dem Angebot eines Rollenspiels zu fördern gewesen, dessen Gegenstand das Gespräch zwischen Frau *E.* und jener Nachbarin, die das Zusammenspielen von Dirk und Silvia verbot, sein sollte. Das geplante Rollenspiel hätte, aufbauend auf diesem neuen Verständnis der biographisch bedingten Deutungsmuster, die unser Handeln primär bestimmen, eine exemplarische Hilfestellung für die Gesamtgruppe geben können, um aus der Grundstimmung der *Depression* (5. Spiralphase), in der ja mehr oder weniger alle teilnehmenden Eltern behinderter Kinder verharrten, einen weiteren Vorstoß in die 6. Spiralphase *Aktivität* zu wagen bzw. Verhaltensalternativen zur Erweiterung des Handlungsspielraums anzubieten. Dazu war eine kurze Kleingruppenarbeit vorbereitet, in der den Teilnehmern die Ergebnisse zu Einstellungsuntersuchungen der Öffentlichkeit gegenüber behinderten Kindern vorgegeben wurden, mit der Aufgabe, erstens die subjektiv wahrgenommenen Vorurteile auf dem Hintergrund repräsentativer Befragungen einzuordnen, zweitens gesellschaftliche Erklärungen zu suchen.

Bevor es aber im Anschluß daran überhaupt hätte zum Rollenspiel kommen können, ergriff Frau *M.*, rückblickend auf die Situation vor der Gruppenarbeit und unter Bezug auf die Untersuchungen aus der Gruppenarbeit, Partei für Herrn *D.*:

> *Frau M.: ... „Aber das muß doch so sein, das geht doch gar nicht anders. Im Betrieb kann man keine Rücksicht nehmen, da geht's immer um Geld und um den bestbezahlten Arbeitsplatz. Und in der Schule geht's immer um Leistung, darum braucht man eben kluge Freunde. Gott sei Dank ist unser Matthias ein guter Schüler und hat Freunde, also kann er es sich leisten, hier mit uns eine Freizeit mit Behinderten mitzumachen, zumal er auch nur ein Einzelkind ist." – Unruhe!*
> *Frau A.: „Dann gebrauchen Sie uns ja nur als Freizeitbeschäftigung, Sie, Frau M. und Ihr Matthias! Dann sind Sie ja wie alle anderen auch! Wann haben Sie uns dann wieder ausgebraucht?"*
> *Herr M.: „Meine Frau meint das anders. ..."*
> *Frau C.: „Aber sie hat es doch selbst gesagt."*
> *Frau A.: „Ich finde, da müssen Sie (Frau Schuchardt) jetzt was sagen, denn so schlimm steht's ja auch genauso in den Befragungen. So geht das doch nicht!"*
> *Frau C.: „Da müssen Sie eingreifen, dann ist ja Frau M.*

mit ihrem Gymnasiasten schon fast genauso wie Frau B. mit ihrer Bettina und wie die öffentliche Meinung ist."

Die erregte aggressive Stimmung schlägt augenblicklich in angespanntes Zuhören um.

Analyse: Wurde die WB-Lehrende solange als Teilnehmerin oder Mitlernende akzeptiert, wird sie jetzt in einer erneuten Krisensituation zur Autorität erhoben, wird die Entscheidung auf die professionalisierte Fachkraft und die Instanz der Wissenschaft abgeschoben. Angesichts der ohnehin verunsichernden, Identität bedrohenden Situation wurde die Zuweisung dieser Rolle nicht direkt verweigert, vielmehr versucht, diese zugewiesene Rolle, also das Beziehungsverhältnis, zu problematisieren, um ein zweites Mal die sich widersprechenden Unterstellungen (2. Handlung – *Reziprozität*) erkennbar werden und lerngeschichtlich verwurzeltes und eingeschliffenes Lehrer-Schüler-Verhältnis ins Wanken geraten zu lassen. Die Situation zeigt die Interferenz der fünften Handlung der *Dominanz* mit der Kategorie des Sich-Durchsetzens. Einerseits wollen einige der Teilnehmer die WB-Lehrende als ‚Fachidiotin' mißbrauchen, entsprechend ihrer *Intentionalität* (1. Handlung), sich bestätigt zu finden und sich dabei auf Bestätigung stützen zu können; andererseits unterstellen sie (2. Handlung – *Reziprozität*), daß eine gültige eindeutige Antwort, und natürlich in dem von ihnen erwarteten Sinne, erteilt werde, was ihnen eine verunsichernde Neudefinition ihrer Position ersparte und ihre bisher gültigen wertorientierten Deutungsmuster (3. Handlung – *Digitalität*) auch in der übertragbaren WB-Situation verstärkte (4. Handlung – *Analogik*). Um diese Problematisierung der 5. Handlung *(Dominanz)* leisten zu können, gibt die WB-Lehrende wieder, wie sie die Situation erlebt, und fragt, wie sie nach ihrer Meinung reagieren sollte:

„Ich erlebe die Situation als ziemlich verfahren. Einer hat dem anderen Aussagen über sich selbst gemacht, und es scheint mir so, als ob wieder gegenseitige Unterstellungen, die noch nicht ausgesprochen werden konnten, Mißverständnisse, oder Störungen in unser Gespräch bringen. Wie erwarten Sie, soll ich damit umgehen?"

Daraufhin sammeln sich folgende Aussagen vorwurfsvoll und affektiv an:

„Sie sollten sagen, was hier richtig und was falsch ist."
„Sie sollten eindeutig Stellung beziehen, damit wir uns danach richten können."
„Sie sollten uns von der Wissenschaft her eine Antwort geben können."
„Sie sollten für Ruhe sorgen, Probleme haben wir zu Hause auch."
„Sie sollen uns schützen, wenn wir als Objekte für Freizeitbeschäftigung mißbraucht werden."
„Sie meinen das doch auch wie wir, das sollen Sie sagen."
„Weil die anderen es Ihnen eher abnehmen."
„Sie sollen uns die Unsicherheit nehmen, man weiß ja gar nichts mehr, findet sich nicht mehr zurecht."

Nachdem die Erwartungen ausgesprochen sind, formulierte die Antwort die entgegengerichteten Erwartungen an die Teilnehmer:

„Auf mich schlagen Ihre Erwartungen wie Hammerschläge ein. Jeder Hammer ist eine Forderung, auf die ich zurückschlagen müßte. Wir könnten den restlichen Vormittag ein Scheingefecht in Form eines Schlagabtauschs miteinander ausfechten. Ich fühle mich durch Ihre Erwartungen in die Rolle eines Schiedsrichters versetzt, und zwar nur aufgrund meines Studiums und des Berufs, ebenso wie der Lehrer in der Schule. Der eine weiß alles, hat Rechte, ist mündig, und der andere weiß weniger, hat weniger Rechte, erscheint teilweise fast noch unmündig. Aber ich selbst erlebe mich so, daß ich beide Seiten zu verstehen glaube. Vielleicht versuchen Sie einmal, sich aus Ihrer Rolle zu lösen und das alles aus meiner Rolle zu sehen."

Verhalten und zögernd sind die Aussagen:

„Wir verteidigen uns."
„Wir sehen jeder nur unsere Meinung, aber verstehen uns nicht."
„Wir kämpfen fast so lächerlich wie die Kinder."
„Wir haben Angst voreinander, vielleicht vor dem, was auch in uns ist."
„Wir wollen uns jeder für uns mit unserer festen Meinung durchsetzen."
„Wir wollen nicht zulassen, daß der andere anders ist."
„Wir sehen beim anderen immer das, was wir bei uns nicht sehen wollen."

„Eigentlich wollen wir, daß Sie das alles bestätigen, dann können wir alle so weitermachen wie vorher, dann ist Ruhe."
„Ich finde, das ist hier genau so wie in meinem Betrieb auch, alles entscheidet der Boß, der sagt, was Sache ist, und wenn's falsch ist, dann schlagen wir hinter seinem Rücken alle auf ihn ein, statt es ihm selbst zu sagen. Aber das war schon immer so, zu Hause bei den Eltern, in der Schule, in der Lehre und heute im Betrieb, und auch noch im Verein ist das so. Und genau so war das hier eben auch wieder, nur Sie wollten das so nicht. Ja, Sie haben uns selbst zu Bossen gemacht, stimmt doch, was?"

Alles lacht, und es folgt die Rundfrage, wie andere diese oder vergleichbare Situationen aus ihrer Lebensgeschichte erinnern. Am Ende dieser Diskussionsrunde, deren überlagernde Handlungen *Digitalität* und *Analogik* sind, steht die Erkenntnis, daß das Handeln hier in der WB-Situation analog zur Lebens- und Lerngeschichte immer um die Aufrechterhaltung des altgewohnten routinisierten Dominanzverhältnisses bemüht ist und demzufolge reduziert bleibt auf die biographisch eingeschliffenen Digitalisierungen als Verhaltensset:

„Das ist man doch so gewohnt von klein auf an: Das ist schon reine Routine, einer entscheidet und die anderen tun so."
„Das läuft automatisch ab wie unser Band."
„Da kennt man sich aus wie mit der Westentasche."
„Gehorchen, das habe ich schon mit der Muttermilch in mich rein geschluckt."
„Da kann man gar nichts machen, wenn man da nicht mal aussteigt."
„Ja, dann ist man ja auch eigentlich nie verantwortlich?"
„Man kann immer sagen, was die da oben tun, und so."

Und bildhaft faßt einer seine Lernerfahrung so zusammen:

„Ich hätte Lust gehabt, mich den ganzen Vormittag so richtig zu streiten, so wütend war ich. Gut, daß Sie da nicht mitgespielt haben, unsere Säbel waren alle sehr spitz. Aber eines weiß ich jetzt auch, man muß mal ab und an 'ne Coca-Cola trinken und vom Balkon aus zugucken, was die anderen da unten so miteinander spielen und was man selbst da so einfach mitspielt, dann hat

man so von oben den richtigen Durchblick. Sie haben uns alle auf den Balkon raufgehüsert, heute mogen, wie ich das so sehe, – ehrlich! – Wissen Sie, kämpfen wollte ich, mußte mich doch verteidigen, war doch klar, daß ich nicht richtig lag."

(Pause)

„*Na ja, aber das ist zuviel, das kann man doch nicht so einfach sagen, da geht ja alles kaputt, da muß man ja nochmal wieder anfangen. – Nein, heute hat's mich aber gepackt.*"

Die *Analyse* zeigt deutlich, nicht ‚es' hat ihn gepackt, sondern ‚er' ist auf dem Weg, ‚es', das meint sich selbst ... anzupacken, er arbeitet an der sechsten Handlung, *Retrospektivität* des Sich-Behauptens, und vollzieht die mühsame Weiterarbeit am systematischen Aufbau seiner Identität, wobei er sich der unumgänglichen Identitätskrise einer Ambivalenz zunächst noch ohnmächtig ausgeliefert fühlt; das wird von ihm als jenes ‚es' benannt. Typisch charakterisiert die Flucht in die dritte Person diese bedrohliche Nähe unmittelbarer Betroffenheit, die sich übrigens auch in allen Aussagen der Beteiligten stereotyp als ‚die anderen', ‚man', ‚es' symptomatisch für verobjektivierende Distanz widerspiegelt, dabei permanent durchwirkt wird vom ‚aber', d.h., ‚nein', naja', d.h., ‚Schluß damit', worin sich latent aller Wunsch nach Zurücknahme oder gar Beendigung indirekt ausspricht. Nicht zuletzt gibt implizit der Tempuswechsel vom Imperfekt zum Präsens die unabweisbare Unmittelbarkeit der bedrohlichen Identitätskrise wieder vom ‚Ich hätte' über ‚eines weiß ich jetzt' zu ‚Wissen Sie ...', am treffendsten und explizit durch ihn selbst ausgesagt: ‚Mann, heute hat's mich aber gepackt.' Daß auch alle anderen einerseits diese ‚Balkon-Erfahrung' als einen Lösungsweg für sich erkannten, um sich wie die anderen von da aus zu erkennen, beweisen die zitierten Aussagen. Allen gemeinsam ist die in dreifacher Hinsicht aufgegangene Erkenntnis: erstens über den Zusammenhang ihrer Handlungen mit ihrer Lebens- und Lerngeschichte: ‚Das ist hier genau so wie in meinem Betrieb – Das war doch schon immer so, zu Hause, bei den Eltern, in der Schule, in der Lehre und heute im Betrieb, und auch noch im Verein'. ‚Das ist man doch so gewohnt von klein auf an'. – ‚Damit kennt man sich aus wie in der Westentasche'. – ‚Gehorchen, das habe ich doch schon mit der Muttermilch in mich rein geschluckt.' Zweitens über die Unbewußtheit bzw. die Unverfügbarkeit handlungssteuernder Deutungsmuster ihres Alltagswissens, jenem sedimentierenden Aggregatwissen erster Stufe nach *Berger/Luckmann:* ‚Das läuft automatisch ab wie unser Band'. – ‚Das ist schon reine Routine.' – ‚Da kann man gar nichts machen, wenn man da nicht mal aussteigt.' Drittens die Lernerfahrung angesichts der eigenen Begrenztheiten, des Angewiesenseins auf Interaktion mit dem anderen, der Lernerfahrung einer Chance zum neuen Verhalten, zum reflektierten, nicht mehr nur routinisierten Handeln: ‚Und so war das hier eben auch wieder, nur Sie wollten das nicht so. Ja, Sie haben uns selbst zu Bossen gemacht, stimmt doch, was?' – ‚Ja, dann ist man ja auch eigentlich ... nie verantwortlich?' – ‚Man kann dann immer sagen, was die da oben tun und so...'

Weitere Belege liefern die Zitate aus den vorangegangenen Diskussionsrunden. Nach *Watzlawick* haben alle Beteiligten in ihrer Balkonerfahrung Metakommunikation betrieben, die allein die Kommunikationsstörungen auflösen kann. Das geschah, indem nach *Watzlawicks* Bild die Personen aus ihrem Versponnensein in den Kokon ihrer Kommunikation ausschlüpften, um *über* Kommunikation zu reden; oder indem – nach *Mead* – sich das Ich in Distanz zu sich selbst neu verhalten hat; damit war Interaktion als eine symbolisch vermittelte von allen Beteiligten erkannt worden, das aber bedeutet: Sozialisation war zum systematischen Aufbau der Identität verfügbar geworden. Es kann hier als Lernerfolgskontrolle angemerkt werden, daß zu diesem Zeitpunkt die zuvor von der WB-Lehrenden geplante Intervention eines Rollenspiels jetzt als eigener Anstoß aus der Lerngruppe eingebracht wird:

> *„Jetzt können wir's doch mal selbst versuchen, unser Problem von vorhin zu lösen. Wir könnten doch mal überlegen, wie man mit der Nachbarin von Frau E., die doch ihrer Tochter Silvia verbot, mit Dirk zu spielen, wie man mit der reden könnte. Vielleicht ist die gar nicht so, wie das jetzt aussieht, vielleicht schieben wir der auch nur unter, was wir so denken."*

Die nun folgende Intervention reduziert sich auf einen methodischen Vorschlag zum Rollenspiel. Der üblicherweise spontan eintretende Schweigeeffekt wird von der Lerngruppe selbst thematisiert, zunächst durchbrochen durch mühsam vorgebrachte reflektierte Rationalisierungen wie:

> *„Das nützt uns allen doch gar nichts."*
> *„Ich kenne Frau E's Nachbarin doch nicht."*
> *„Ich kann mich gar nicht in die Lage von Frau E. versetzen."*

Sodann wieder von den Teilnehmern selbst entlarvt als mauernde Angstabwehr:

> *„Das ist uns allen einfach zu nah, da habe ich Angst, wieder ganz in meine Depression zurückzufalllen, wo ich doch gerade erst angefangen habe, da rauszukommen!"*

Das Angebot der Intervention liegt in dem Vorschlag für eine methodische Hilfestellung, nämlich zum ‚Doubeln': jedem Gruppenteilnehmer wird die Chance zum Eingriff in das Rollenspiel dadurch eröffnet, daß er sich hinter den Interaktionspartner stellen kann, also ihn doubelt und damit an dessen Rolle aktiv partizipiert. An dieser Stelle soll das Pausenangebot einen Spannungsabbau bewirken. Danach erfolgt die Wiederaufnahme der Lernsituation durch zwei Frauen, die sich für das Rollenspiel bereits abgesprochen haben, das als Protokoll nachfolgt:

Rollenspiel – Tonband – Protokoll I

Bedingungsfaktoren der Rollenspiel-Situation: Frau *E.*, Mutter des hirngeschädigten *Dirk*, sucht das Gespräch mit Frau *N.*, Mutter der nichtbehinderten *Silvia*, wohnhaft in ihrer Nachbarschaft, um sich über das angebliche Spielverbot für *Silvia* mit *Dirk* auszusprechen.

E 1: *Guten Tag, entschuldigen Sie, daß ich störe, aber ich möchte Sie etwas fragen.*

N 1: *Ja, guten Tag, wer sind Sie?*

E 2: *Ich bin Frau E., die Mutter von Dirk.*

N 2: *Dirk, ach, den kenne ich nicht, was wollen Sie von mir?*

E 3: *Das kann ja gar nicht sein, warum haben Sie sonst Silvia verboten mit Dirk zu spielen?*

N 3: *Das weiß ich ja gar nicht. Damit habe ich nichts zu tun.*

E 4: *Aber Ihre Tochter hat es doch gesagt, daß Sie es Ihr ausdrücklich verboten haben.*

N 4: *Davon weiß ich nichts. Was wollen Sie überhaupt von mir, im übrigen, ich habe keine Zeit.*

E 5: *Aber Silvia hat doch dazu gesagt, darüber soll ich nicht mit anderen reden ...*
Sie haben anscheinend eine ganz falsche Vorstellung von behinderten Kindern oder Sie haben gar keine Ahnung.

N 5: *Nein, ich habe ja auch kein behindertes Kind.*

E 6: *Wie können Sie dann ihrer Tochter verbieten, mit meinem Sohn zu spielen?*

N 6: *Also Frau E., so können Sie ja nun nicht mit mir reden, das geht nun wirklich zu weit, wenn Sie mir Vorwürfe machen wollen, dann gehen Sie doch bitte!*

E 7: *Ich muß Ihnen aber doch sagen, daß Sie bestimmt eine falsche Vorstellung von einem hirngeschädigten Kind haben.*

N 7: *Das brauche ich ja auch gar nicht zu wissen, wozu sind Sie überhaupt gekommen?*

E 8: *Damit Sie wissen, daß mein Dirk anders ist als Sie das denken, und damit Silvia wieder mit ihm spielen darf und nicht wegläuft, wenn er kommt. ... Ich habe doch gesehen, wie gern die beiden immer zusammen gespielt haben.*

N 8: *Aber, wissen Sie, da muß ich erst einmal mit meinem Mann darüber reden; so etwas kann ich nicht allein entscheiden; dann wird man weitersehen.*

E 9: *Tun sie das.*

N 9: *schließt die Tür.*

Aus der unmittelbar spontanen Selbstwahrnehmung der Betroffenen aus der Erlebniserinnerung ergab sich das folgende Bild:

Frau E.:

„Ich war zuerst nett, ich wollte ja Frau N. für mich, ich meine für Dirk gewinnen, obleich ich ihr Verbot nicht verstand. Aber dann wurde ich richtig ärgerlich, nicht nur, weil sie sich an Dirk nicht erinnern konnte, sondern erst recht, weil sie so tat, als hätte sie ihr Verbot vergessen. Das war doch 'ne glatte Lüge. Da hab' ich mich gerächt und ihr mal so richtig meine Meinung gesagt, das kam natürlich falsch an, aber da war's einfach so aus mir rausgelaufen, ich hab's gar nicht mehr gemerkt. Na ja, im Grunde hat sie sich ja genau so verhalten, wie das eben immer wieder dasselbe ist, das hatte ich ja auch schon erwartet, das war von vornherein klar, das konnte ja gar nicht anders laufen, das ist doch alles sinnlos. Es bleibt dabei, alle sind gegen uns."

Frau N.:

„Ich verstehe das gar nicht, wie das so ablaufen konnte. Ich hatte das Gefühl, ich müßte mich immerzu nur wehren, dabei war ich doch gar nicht schuldig, denn ich konnte mich wirkllich nicht so schnell erinnern; das geht mir bei meinen drei Kindern und deren vielen Freunden oft so; aber Frau E., Sie haben mich ja auch gar nicht ausreden lassen, ich hatte die ganze Zeit das Gefühl, Sie wären nur gekommen, um mir die Leviten zu lesen, aber das wollten Sie doch eigentlich gar nicht, wir hatten uns doch vorher darüber ausgesprochen. Ich glaube, Sie haben mich die ganze Zeit mit irgendeiner anderen Person verwechselt, ich konnte gar nicht mehr ich sein, Sie haben mich so gar nicht verstanden, das wurde immer schlimmer, ganz sinnlos war das alles."

Übereinstimmend äußerten die Beobachter ihre Fremdwahrnehmung in der Auswertungsrunde des „feedback': eindeutig wird aggressive Kampfstimmung zwischen den Frauen herausgestellt, beide wehren sich; während Frau *E.* Für Dirk kämpft, streitet Frau *N.* für sich selbst. Die Beobachter erkennen das Scheingefecht, das auf der Inhaltsebene mittels Sachargumenten ausgetragen wird, als tiefer liegenden Konflikt auf der Beziehungsebene: ‚Frau *E.* fühlt sich minderwertig durch ihr behindertes Kind und unterstellt Frau *N.*, daß sie von ihr nicht ernst genommen wird bzw. sogar von ihr angelogen wird. Frau *N.* fühlt sich zu Unrecht beschuldigt und unwürdig abgekanzelt. Dieses wechselseitig unterstellte Mißtrauen wird bestimmend für das permanente Mißverstehen.'

An dieser Stelle bietet die Seminarleiterin als Gegenstück zu dieser primär subjektiv-orientierten Selbst- und Fremdwahrnehmung eines Teilnehmer-feedback die Möglichkeit einer objektivorientierten Medien-Rückmeldung mittels Tonbandaufzeichnung an, überließ die Entscheidung darüber aber ausschließlich den Rollenspielern. Motiviert durch ihren sie unbefriedigt und irritiert zurücklassenden Gesprächsverlauf stimmen sie in ihrer Suche nach Antwort sofort zu. Spontan äußern sich während und nach dem Abspiel die Betroffenen, erschrocken und ratlos stehen sie ihrer Selbstwahrnehmung gegenüber:

Frau E.:

> *„Ich kenne mich selbst nicht wieder, ich setzte mich ja nur durch, die arme Frau N., die kriegt ja kein Bein an den Boden, ich lasse sie ja gar nicht zu Wort kommen. Ich kenne mich selbst so gar nicht, das ist wie ‚Friß Vogel oder stirb'!"*

Frau N.:

> *„Mir geht das aber umgekehrt mit Ihnen genau so. Ich höre bei Ihnen nur den Vorwurf und schlage immer stärker zurück. Das ist ‚wie Du mir, so ich Dir', statt irgendwann mal aufzuhören. Ich kann mir doch eigentlich ausmalen, wie schwer der Gang für Sie war, statt dessen packe ich Ihnen einen Stein nach dem anderen in den Weg, nein, ich meine vor meine Tür. Sie können ja machen, was Sie wollen, ich bin gereizt und baue die Steine wie Mauern vor mir auf. Ich verstehe mich selbst nicht mehr?! – "*

Jetzt kann die Gesprächsanalyse auf fruchtbaren Boden fallen, beide Partner haben die Chance zur Selbstwahrnehmung wahrgenommen, zuerst spontan subjektiv aus der Erlebniserinnerung, sodann reflexiv aus der Tonbandwiedergabe, und beide Partner haben die Fremdwahrnehmung des Gruppenfeedbacks wie des Tonbandes in eine Differenzierung und Umstrukturierung ihres Selbstbildes einfließen lassen. So hat sich die Selbstwahrnehmung bei beiden von einer ersten nur destruktiven Rückkoppelung ‚alles war sinnlos' gewandelt in eine konstruktive Problematisierung ‚wer bin ich?' Frau *E.:* ‚Ich kenne mich selbst so gar nicht?! – '. Frau *N.:* ‚Ich verstehe mich selbst nicht mehr?! –'. Damit ist jene Voraussetzung konstruktiver Wachsamkeit sowohl bei der Gruppe als auch bei den Betroffenen erreicht, die den Lernprozeß einer systematischen Analyse eröffnet.

Die Gesprächsanalyse bezieht die *pragmatischen Axiome Watzlawicks* ein, weil sie die Ebene sind, auf der Kommunikationsstörungen ausgehandelt werden können. Unter Hinweis auf das *Axiom I,* man kann nicht ‚nicht' kommunizieren, erkennen die Teilnehmer die Gleichzeitigkeit verbaler und nonverbaler Kommunikation und entdecken allein in dem Tatbestand, daß alles da draußen vor der Tür abläuft, eine eindeutige nonverbale Mitteilung: die verschlossene Wohnung symbolisiert die verschlossene Haltung. Das wird verursacht durch Frau *E.,* die in E 3 gleich mit der Tür ins Haus fällt und unaufgefordert mit dem Vorwurf herausplatzt: ‚Warum haben Sie Silvia verboten'; daraufhin mauert Frau *N.* mit ansteigenden Ablehnungen N 1: ‚wer sind Sie' und N 2: ‚was wollen Sie', N 3: ‚damit habe ich nichts zu tun', N 4: ‚ich hab keine Zeit', N 5: ‚Nein, ich habe ja auch kein behindertes Kind', N 6: ‚aber dann gehen Sie doch bitte'. Fazit also: Ich bin zu und die Tür bleibt auch zu! Analog zum Gesprächseingang verläuft der Gesprächsabschluß, E 9 erteilt den Befehl: ‚Tun Sie das!', worauf N 9 schweigend vor *E.* die Tür verschließt. Keine der beiden Frauen spricht ein ‚Auf Wiedersehen' aus. Nonverbal eskalierte der eingangs noch latente Beziehungskonflikt hin zum Beziehungsabbruch.

Der Hinweis auf *Axiom II,* wonach jede Kommunikation einen Inhalts- und einen Beziehungsaspekt hat, veranlaßt die Beteiligten zu der Annahme, daß zwar im realen Gespräch, also verbal, nur der Inhaltsaspekt in Gestalt eines argumentativen Schlagabtauschs berührt wurde, jedoch der unausgesprochene, bereits im *Axiom I* herausgestellte nonverbale Aspekt, präziser als Beziehungsaspekt nach *Axiom II* bezeichnet, der bestimmende zu sein scheint. Die Lerngruppe erkannte damit deutlich das Grundproblem der Kommunikationsstörung als tiefverwurzelte, schon vor Gesprächsbeginn eingefahrene Beziehungsstörung. Rückgreifend auf die vorangegangenen Diskussionsstunden verweist sie wiederholt auf die unterschiedlichen Alltagserfahrungen über die Beziehungen zwischen der Mutter eines behinderten und der Mutter eines nichtbehinderten Kindes. Mit Hilfe der Handlungen von *Digitalität* und *Analogik* klären sie, daß beide Mütter unausgesprochene Vorverständnisse in alle ihre Wahrnehmungen einfließen lassen. Als Lösung erscheint immer wieder der Balkon, die Metaebene: ‚Warum hört denn keine der beiden mit dem teuflischen Spiel auf und sagt, was da eigentlich los ist, daß die Beziehung kaputt ist?‘

Damit antizipieren die Teilnehmer schon das *Axiom III,* das besagt, daß die Interpunktion von Ereignisfolgen seitens beider Partner die Natur einer Beziehung bedingt. Sie entschlüsselten die Interaktionen nicht mehr als ununterbrochenen Austausch, sondern als Struktur von Interaktionsketten insofern, als eine Mitteilung N 2: ‚Dirk, ach, den kenne ich nicht‘ beim Partner E. entsprechende Reaktionen E 3 provozierte: ‚Das kann ja nicht sein ...‘, die er wiederum in eine Mitteilung umsetzt, N 3: ‚Damit hab' ich gar nichts zu tun‘, auf die hin erneut eine Reaktion erfolgt, E 4: ‚Aber Ihre Tochter Silvia ...‘ und so fort. Staunend entdecken sie erneut, daß die spezifischen Deutungsmuster in Abhängigkeit von der Biographie ‚Leben mit oder ohne behindertes Kind‘ die Ereignisfolge in der Situation scheinbar unverständlich gliedern. Kennzeichen der Handlungsketten ist die *Reziprozität,* d.h. die in ihr enthaltene Einschätzung; diese wird wieder unmittelbar Auslöser der Handlungsmuster, deren Diskrepanz, der Interpunktion unbewußt, weil unbearbeitet, zwangsläufig zu tief verwurzelten Beziehungskonflikten eskaliert: ‚Weil Du denkst, daß ich denke, daß Du denkst, darum also tue ich das so‘, konkret: ‚Du Nachbarin, Mutter einer nichtbehinderten Silvia, denkst, daß ich, Frau *E.,* Mutter des behinderten Dirk, unberechtigte Erwartungen an Dich habe, so daß Du, Frau *N.,* denkst, Du kannst Verbote erteilen, darum also muß ich, Frau *E.,* Dir, Frau *N.,* die Leviten lesen.‘ Das heißt wörtlich in spontaner Selbstwahrnehmung bei Frau *E.:* ‚Ich wollte gewinnen (Kampfansage), obgleich ich das Verbot von Frau *N.* nicht verstand (unverarbeitet), aber dann wurde ich richtig ärgerlich, weil sie so tat, als ob ... (Unterstellung) 'ne glatte Lüge ... (Verurteilung), ich hab' mich gerächt (Vernichtung) und ihr so richtig meine Meinung gesagt ...' Und sie begründet wörtlich ihre Unterstellung aufgrund ihrer routinisierten Alltagswissenserfahrungen: ,... im Grunde hat sie sich ja genau so verhalten, wie das eben immer wieder dasselbe ist!' Anschaulicher noch offenbart sie den Zwangscharakter ihrer Handlungen in Abhängigkeit von ihren Alltagswissensbeständen, die den Teufelskreis vorprogrammieren: ,Das hatte ich ja auch schon erwartet, das war von vornherein klar, das konnte ja gar nicht anders laufen, das ist doch alles sinnlos. Es bleibt dabei, alle sind gegen uns.' Spiegelbildlich reagiert das feedback von Frau *N.*: ,Sie haben mich die ganze Zeit mit irgendeiner anderen Person verwechselt, ich konnte gar nicht mehr ich sein, Sie haben mich so gar nicht verstanden!'

An diesem Punkt werden verschiedene Weisen der Kommunikation deutlich: *Axiom IV* spricht von digitaler und analoger Modalität. Im zweiten Tonband-feedback umschreiben sie bildlich mit Hilfe von Sprichwörtern, also analog mittels semantischem Potential, was sie im ersten Gedächtnis-feedback mittels logisch komplexer Syntax digital bei Namen nannten: So analogisiert *E.* ,Friß Vogel oder stirb' und *N.* ,Wie Du mir, so ich Dir'. Die Gleichzeitigkeit beider Modalitäten wird deutlich als sich ergänzender, primär digitaler Inhalts- neben dem sekundär analogen Beziehungsaspekt; aber die Teilnehmer erkennen aus ihren eigenen Rückmeldungen die Notwendigkeit ständiger Übersetzung von der einen in die andere Modalität, um die Störungen transparent werden zu lassen. Letztlich wird auch noch das Rollenverständnis im Verhalten von *E.* zu *N.* als ungleiche Dominanz beschrieben; Frau *E.* verhält sich nach *Gordon* im Zustand des ,Eltern-Ich' wie eine scheltende Mutter gegenüber *N.* als einem trotzenden Kind, so ergänzen beide Partner das Verhalten des anderen, setzt nach *Watzlawicks Axiom V* die komplementäre anstelle symmetrischer Interaktion ein.

Den Abschluß der 4. und 5. Seminareinheit bildet das ,feedback' der Teilnehmer als ,Blitzlicht': Die Aussagen aller Teilnehmer stimmen darin überein, daß sie alle mit einer Infragestellung ihres eigenen Verhaltens begonnen haben, darüber hinaus in der Lage sind, daraus Zusammenhänge zwischen Lebens- und Lerngeschichte und ihren Verhaltensweisen bzw.

Deutungsmustern zu erkennen, und drittens, durch die Betroffenheit über ihre bisherige Beziehungsblindheit motiviert, als Lernbedürfnisse für die nächste Nachmittagssitzung die Fortsetzung einer Umsetzung ihrer Erkenntnis in weiteren Anwendungssituationen wünschen. Exemplarische Aussagen waren:

> *„So habe ich mich und die anderen noch nie gesehen."*
> *„Auf dem Balkon da oben habe ich sehen gelernt; ich weiß jetzt, was ich tun kann, wenn ich nur will."*
> *„Im Bild oder analog gesprochen, ich weiß jetzt, was das Sprichwort meint: Jeder ist seines Glückes Schmied. Das Glück ist nich da, sondern ich kann es schmieden, wenn ich selbst anfange, ich meine: neu oder anders denke, als ich es gelernt habe."*
> *„Mir ist klar, meine Depression ist eigentlich meine Sache, ich hab ja erlebt, ich kann da raus, aber ich muß das wirklich wieder wollen, ich muß aktiv mit mir werden."*
> *„Wir verstehen jetzt unsere Spiele, das ist beim Ehekrach und auch im Betrieb immer der gleiche Film, der da abläuft, demnächst werde ich ihn cutten."*
> *„Ich wußte gar nicht, daß Eltern nichtbehinderter Kinder im Grunde die gleichen Probleme im Zusammenleben haben."*
> *„Ich fühle mich befreit, nicht mehr ohnmächtig, sondern mächtig, ich hab' hier erfahren, ich kann auf andere zugehen, ich kann sie und sie können mich dann anders, richtig verstehen lernen."*

Den Abschluß soll das Protokoll der Rollenspiel-Wiederholung bilden, das auf Wunsch der Teilnehmer als Einstieg in das 6. Nachmittagsseminar diente; es zeigt im Sinne einer Lernerfolgskontrolle die erworbene Fähigkeit zum Transfer und zur Selbstkorrektur in Form einer Problematisierung, Differenzierung und Modifizierung von Deutungsmustern, in gewandelter symbolischer Interaktion eines neuen Verhaltenssets in der Realsituation.

Rollenspiel – Tonband – Protokoll II

Die situativen Bedingungsfaktoren des Rollenspiels entsprechen unverändert dem ersten Rollenspiel: Frau *E.*, Mutter des hirngeschädigten *Dirk*, sucht das Gespräch mit Frau *N.*, Mutter der nichtbehinderten *Silvia*, wohnhaft in ihrer Nachbarschaft, um sich über das angebliche Spielverbot für *Silvia* mit *Dirk* auszusprechen. Demgegenüber unterscheiden sich die personalen Bedingungsfaktoren durch die vorausgegangene Analyse in Selbst- und Fremdwahrnehmung sowie metakommunikativer Erkenntnisgewinnung. Darauf können die Interaktionspartner ihre bewußte Verhaltensmodifikation aufbauen:

E 1: *Guten Tag, entschuldigen Sie, daß ich störe, aber ich möchte Sie etwas fragen.*

N 1: *Ja, Guten Tag, wer sind Sie?*

E 2: *Ich bin Frau E., die Mutter von Dirk.*

N 2: *Dirk, ach den kenne ich nicht, was wollen Sie von mir?*

E 3: *Ich möchte mit Ihnen über etwas sprechen. Dirk kennen Sie vielleicht vom Ansehen, er ist der starke große Junge, der einen Hirnschaden hat. Silvia – Sie sind doch Ihre Mutter? – hat oft mit ihm zusammen auf dem Hof gespielt.*

N 3: *Ach, ja, der ... Ja, ich erinnere mich. Aber wollen Sie nicht zunächst einmal reinkommen?*

E 4: *Gern, das macht's etwas leichter.*
(Austausch von Förmlichkeiten)

E 5: *Es ist mir richtig schwer gefallen, zu Ihnen zu gehen, aber Dirk kann seine Konflikte nicht allein lösen, darum muß ich ihm dabei helfen, darum bin ich doch gekommen.*

N 4: *Und was wollen Sie von mir?*

E 6: *Ich möchte Ihnen sagen, wie wichtig es für Dirk war, daß Silvia eins der wenigen Kinder hier in der Nachbarschaft war, das oft gern mit Dirk gespielt hat; ich glaube auch, so wie ich das sehe, beide hatten Spaß daran.*

N 5: *Das weiß ich nicht, wir haben nie darüber gesprochen.*

E 7: *Das erlebe ich oft, immer wieder das gleiche, über behinderte Kinder spricht man nun eben nicht! Alle tun so, als ob sie gar nicht da sind.*

N 6: *Warum sagen Sie das gerade mir, immerhin hat Silvia ja noch als Ausnahme mit ihm gespielt.*

E 8: *Entschuldigen Sie, ich wollte wirklich keinen Vorwurf machen, das rutscht mir leider oft so raus, wenn ich verzweifelt bin, aber es stimmt, daß man nicht über Behinderte spricht. Ich muß Ihnen ehrlich sagen, ich war gerade erst jetzt auf einem Seminar zusammen für Eltern mit behinderten und nichtbehinderten Kindern, da habe ich zum erstenmal entdeckt, daß ich sicher ganz genau so wie alle anderen auch wäre und ich nur durch mein anderes Schicksal, eben durch Dirks Geburt, anders wurde. Wissen Sie, das Leben als Mutter mit einem behinderten Kind ist so ganz anders, alle behandeln einen gerade so, als ob man selbst behindert wäre, und irgendwie glaubt man es schließlich selbst, man traut sich gar nicht mehr als vollwertiger Mensch auf die Straße, zu den anderen hinzugehen.*

N 7: *Das verstehe ich gut. Was ist das eigentlich mit Dirk, wie kommt sowas und was kann man dabei tun.*

E 9: *Ich bin froh, daß Sie mich danach fragen, das wollte ich Ihnen so gern einmal sagen. Das, was Dirk hat, nennt man einen Hirnschaden, ja, das war ein Geburtsfehler, wissen Sie, eine Zangengeburt, dabei wurden Hirnteile verletzt, darum Hirnschaden, und was man damit tun kannn? – Ja, das ist es ja eben. Man muß damit leben, das ist schwer. Wie oft wollte ich schon aufgeben, immer wieder muß ich allen klar machen, Sie wissen ja, Dirk selbst kann es nicht, daß er keine bösen Absichten hat, daß er gutwillig ist. Sie glauben ja gar nicht, wie anhänglich und dankbar Dirk ist und wie genau er spürt, ob jemand es wirklich ernst mit ihm meint oder nur so tut als ob. Können Sie sich vorstellen, daß mein Mann und ich manchmal über seine Fähigkeiten staunen, wie er wirklich unfehlbar echte und unechte Zuwendung unterscheidet?*

N 8: *Ich habe das nie erlebt, ich dachte, das sei bei so einem gar nicht möglich.*

E 10: *Ja, das ist das Gute daran, er ist ein so liebes Kind, aber schwer ist für uns, daß seine geistige Entwicklung stehen bleibt, immer wird er ein Kind bleiben, nie wird er richtig erwachsen werden – verstehen Sie? –*

N 9: *... schweigt und nickt.*

E 11: *Ich bin gekommen, weil ich Ihnen das alles sagen wollte, ich glaube, dann können Sie verstehen, wie wichtig es für mich und Dirk und für uns alle ist, daß Sie Silvia darin unterstützen, weiter mit Dirk zu spielen, natürlich nur, wenn es ihr auch Spaß macht, und das glaube ich, wenn ich den beiden so zugucke.*

N 10: *Ich glaube, ich erinnere mich jetzt auch, daß Silvia mal davon erzählte ..., da wäre einer, der immer geduldig alles mitmachte ..., aber irgendwie war ich damit nicht einverstanden, ich wußte damals ja alles nicht so richtig.*

E 12: *Das glaube ich Ihnen, woher sollten Sie das auch wissen, aber man denkt immer zuerst anders, ich meine, daß der andere alles weiß und was gegen einen hat.*

N 11: *Da haben Sie recht, mir geht das auch so – irre ist das eigentlich! – Ich finde das gut von Ihnen, daß Sie einfach so zu mir gekommen sind, ich bin jetzt sicherer, weiß, was los ist; vor allem kenne ich Sie jetzt, ich werde auch mit Silvia darüber sprechen, ich weiß jetzt ja Bescheid, und ich kenne Sie ja nun auch selbst.*

E 13: *Auf Wiedersehen und grüßen Sie Silvia.*

N 12: *Ja! Da fällt mir grad ein, haben Sie und Ihr Mann nicht mal Lust, mit zu unserem Kegelklub zu kommen, wir suchen noch Mitglieder, dann können Sie das denen auch mal richtig erklären, die haben doch auch keine Ahnung von all dem, überlegen Sie mal, immer freitags ab 20.00 Uhr im Clubhaus. Auf Wiedersehen bis dann.*

Im Zeitraffer soll der weitere Seminarablauf skizziert werden: Auf zusätzliche Rollenspiele folgte im 7. Seminar eine Kleingruppenarbeit zur Analyse von Interaktionsstörungen zwischen Behinderten und Nichtbehinderten im Prozeß ihrer Krisenverarbeitung anhand von Autobiographieausschnitten, Zeitungsberichten, Tonbandhörspielen zur Entwicklung alternativer Handlungsmöglichkeiten.

Im 8. Abendseminar war die Gruppe zu Gast in der Zirkus-Manege, die, nach den Kinder-Ideen gestaltet, die Zuschauer faszinierte und forderte. Ebenfalls unter Regie der Kinder folgte die Einstudierung einer Zirkus-Eltern-Nummer; letztendlich waren alle Seminarteilnehmer Zirkusartisten. Während die Kinder den trainierten Alleingang ins Bett ‚Kinder helfen Kindern! Wir schaffens allein' wiederholten, erlagen die Eltern analog Goethes Zauberlehrling in Diskussionen bis zum Morgengrauen der Magie ihrer neu erworbenen Interaktionsfähigkeit. Einem Kinder-Weck-Manöver mit *Orff*schen Rhythmen folgte am Sonntagmorgen das 9. Seminar mit Musizieren und Meditation über das Thema und die Anspielszene ‚Keiner ist ohne Gaben'. Anschließend besuchten die ‚Zirkusakteure' den Zoo; die Eltern ließen sich von dem Gedanken ansprechen, ihre Lernerfahrungen durch Elterninitiativen an andere Eltern weiterzugeben. Zu Beginn des 10. Seminars sammelten sie zunächst im brain-storming Ideen, um sodann untereinander erste Informationsaufgaben zu verteilen und das ständig als Handapparat bereitgestellte Material zu sichten (Kleingruppenarbeit über Spiele, Bücher, Tonbandsendungen und Filme). Diese Arbeit wurde sogar während der Mittagspause fortgesetzt. Die dazwischenliegende freie Verfügungszeit wurde zu einem Seminarfeedback gemeinsam mit den behinderten und nichtbehinderten Kindern. Es wurde gefragt: ‚Was war für mich hier das Schönste? Was war für mich hier das Schwerste? Was möchte ich zu Hause weiter- oder anders machen?'

Das 11. Seminar galt der Auswertung der Arbeitsgruppenberichte (veranschaulicht auf Wandzeitungen) und im 12. wurde eine neue Idee geboren: die Messe-Aktion als Elterninitiative für eine Öffentlichkeitsarbeit, die sich dann ein Jahr später tatsächlich auf der infa-Messe realisieren ließ, unter dem Motto: ‚Integration – Brücke zwischen Behinderten und Nichtbehinderten' (vgl. Kap. 3.3: Lernsituation ZGA im 3. Schritt: Partizipation). Damit war der Lernprozeß Krisenverarbeitung zur sozialen Integration Behinderter durch die Problematisierung, Differenzierung und Umstrukturierung von Deutungsmustern der Eltern aus dem DURCHGANGS-Stadium II der 5. Spiralphase *Depression* ‚Wozu ..., alles ist sinnlos ...?' in das ZIEL-Stadium III der 6. Spiralphase *Annahme* ‚Ich erkenne jetzt erst ..., ich kann!' und darin zu neuen erweiterten Handlungsspielräumen vorgedrungen.

3.3 Zielgruppenarbeit im dritten Schritt: Partizipation in der Öffentlichkeit einer Messeveranstaltung *„Behinderte unter uns – Menschen wie wir"*

Lernprozeß Krisenverarbeitung im ZIEL-Stadium III
Ansätze zur Überprüfung des Lernprozesses

Es bleibt schwierig, Bildungsarbeit zu bewerten. Immer wieder stellt sich dabei die Frage nach den Kriterien und den sie leitenden Zielvorstellungen, auf die hin Überprüfung oder Evaluation erfolgen soll.

Bei unserem Thema „Soziale Integration Behinderter" kann eine Überprüfung der geleisteten Bildungsarbeit weniger quantitativ am Zuwachs von Kenntnissen oder gar steigenden Teilnehmerzahlen gemessen werden, sondern vorrangig an der Reintegration unterrepräsentierter Adressaten in das Gesamt-WB-Angebot sowie am Ausmaß ihrer Partizipation am gesellschaftlichen Leben. Das aber besagt, daß die im Verlauf des Lernprozesses umstrukturierten Deutungsmuster der Teilnehmer im veränderten Handeln sichtbar werden, und zwar in doppelter Hinsicht als Partizipation der Teilnehmer an herkömmlichen Programmangeboten wie auch an ihrer Fähigkeit, eigene Deutungsmuster infrage zu stellen oder abzuändern und entsprechend zu handeln.

Nach unserer These von dem Prozeßcharakter der ZGA im Dreierschritt Stabilisierung, Integration, Partizipation setzen wir mit einer ersten Bewertung der Bildungsarbeit bereits im Erreichen des dritten Schrittes der ZGA, der Partizipation, ein und untersuchen hier, wie die Behinderten jetzt als partizipierende ‚behinderte Nichtbehinderte' sich selbst zu akzeptieren gelernt haben; ferner ob sie zunehmend selbst- und mitbestimmende Beteiligte geworden sind, sowohl im Rahmen des WB-Angebotes der VHS als auch innerhalb ihres gesellschaftlichen Umfeldes (Familie, Nachbarschaft, Arbeitsplatz, Öffentlichkeit).

Diese Teilnahme am gesellschaftlichen Leben entspricht in unserem Lernprozeß Krisenverarbeitung dem ZIEL-Stadium III, d.h. den primär aktionalen Lernebenen der drei Spiralphasen *Annahme* (6) ,Ich sehe jetzt erst, ich kann ... !', *Aktivität* (7) ,Ich tue das ... !' und *Solidarität* (8) ,Wir handeln ...!'.

Das ZIEL-Stadium der Partizipation erreichten die Zielgruppenteilnehmer (Stabilisierte wie Integrierte) für unsere Evaluation am sichtbarsten im Messe-Öffentlichkeits-Sozialtraining, das aus vierjähriger Zielgruppenarbeit im Interaktions-Modell Hannover erwuchs.

Zur Veranschaulichung dieses Lernprozesses sollen zuvor die vorangegangenen Zielgruppenentwicklungen aufgeführt werden.

Themen-Schwerpunkte der Stabilisierungs-Zielgruppen (erster Schritt) waren:

- Leben mit unserem ,behinderten' Kind,
  (oder ,geistigbehinderten' –, ,körperbehinderten' –, ,sinnesbehinderten' –, ,psychischbehinderten' Kind)
- Vater und Mutter – aber auch noch Mann und Frau und ihr behindertes Kind
- Geschwister und ihr(e) behinderte(r) Bruder/Schwester
- Eltern-Kinder-Seminare mit Behinderten und Geschwisterkindern
- Behinderte Kinder – Daheim oder im Heim?
- Heimbewohner – Schicksal oder Chance?
- Verwaiste Eltern – unser Kind lebt nicht mehr.

Themen-Schwerpunkte von Integrations-Zielgruppen (zweiter Schritt) waren:

- Behindert – wie soll man damit umgehen?
  Sprechen mit Nachbarn, Spielen mit Nachbarskindern!
- Behinderte – Partner wie jeder andere auch?
  Partnerschaft zwischen Behinderten und Nichtbehinderten!
- Behinderte(r) Ehepartner(in) – behinderte Ehe?
  Kinder oder Kinderlosigkeit: Eigene, Pflege- oder Adoptiv-Kinder
- Offene Arbeit behinderter und unbehinderter Jugendlicher

- Eltern-Kinder-Seminare mit behinderten und unbehinderten Kindern
- Animateur-Training mit behinderten und unbehinderten Animateuren
- Ideenkarussel – Markt der Möglichkeiten mit behinderten und unbehinderten Partnern
- Eltern-Kinder-Parkplatz für behinderte und unbehinderte Kinder
- Großmütter auf Zeit für behinderte und unbehinderte Kinder
- Integrations-Kooperations-Runde mit behinderten und unbehinderten Partnern

3.3.1 Integrations-Runde

Aus der dargestellten Zielgruppenarbeit (ZGA) zur Stabilisierung und zur Integration entwickelten sich im Verlauf vierjähriger Weiterbildungsarbeit verschiedenartige Partizipationsbausteine, die sich nach Art, Grad und Herkunft der Behinderung sowie dementsprechender Lebens- und Lerngeschichten unterschieden.

Zur Koordinierung derartiger Partizipationsbausteine wie zur Überwindung tradierter Hierarchien unter den verschiedenen Behinderungsarten und konkurrierenden Interessenvertretungen konstituierte sich im zweiten Schritt der ZGA die ‚Integrations-Runde' an der VHS Hannover, die zunächst ausschließlich aus Vertretern aller Zielgruppen bestand, sich zunehmend aber auf dem Weg zum dritten Schritt der ZGA um Vertreter regionaler und kommunaler Behinderteneinrichtungen und -verbände wie der des Rates der Stadt Hannover erweiterte, und zwar proportional zur fortschreitenden Partizipation der Betroffenen. So entwickelte sich die Integrations-Runde zu einem politischen Meinungsbildungsinstrument, das, ‚an' der VHS angesiedelt, eine neutrale Plattform abgab, auf der konkurrierende Interessen ausgehandelt, Prioritäten gesetzt und Durchführung von Aktivitäten vollzogen wurden.

Wie schon erwähnt, soll an dieser Stelle die Darstellung der Partizipationsbausteine auf die Aktionen im Rahmen einer

Messe-Öffentlichkeit beschränkt werden. Ausgangspunkt war die Zusammenarbeit derjenigen Zielgruppenteilnehmer, die in der Integrations-Runde zusammengetroffen waren, weil sie in ihrem Lernprozeß zur Krisenverarbeitung die Spiralphase *Annahme* (6) ihrer Behinderung erreicht hatten. Sie versuchten jetzt gemeinsam, zur weiteren Verarbeitung vorzudringen, sie suchten nach *Aktivität* (7) ‚Ich tue das ...!' und letztlich nach *Solidarität* (8) ‚Wir handeln ...!'. Gemeinsam verband alle die grundlegende Lernerfahrung ‚Angesprochensein schafft Interaktion, Interaktion bewirkt Partizipation!' Alle suchten nach Umsetzung ihrer erfahrenen Interaktion. Was war naheliegender, als diesen selbstbegangenen Lernweg jetzt auch öffentlich einzuschlagen? Unter dem Slogan: ‚Interaktion vor Information' ging man das Wagnis ein: Aufsuchen einer anonymen Öffentlichkeit, welche Mitmenschen des sozialen Umfeldes, also Nachbarn, Eltern, Kinder, Arbeitskollegen, Freizeit- und Vereinspartner Behinderter repräsentierte; sie wurde gefunden in den Messebesuchen der Verbraucherausstellung der *infa-Messe Hannover,* Norddeutschlands größter *Informations-Familien-Messe.* Diese überregionale Informations-Verkaufs-Hauswirtschafts- und Familienausstellung mit einem Einzugsbereich von 100 km und durchschnittlich 200 000 Messebesuchern an zehn Ausstellungstagen richtet sich an den ‚Normal-Verbraucher', den Konsumenten im sozialen Nahraum. Sie lockt ihn mit ihren verbraucherorientierten Branchen (wie Bauen und Wohnen, Nahrungs- und Genußmittel, Hauswirtschaft, Mode – Kosmetik – Textilien – Schmuck, Hobby, Freizeit, Garten der Nationen) und ist begleitet von einer *Lehr- und Sonderschau.* Die Ausstellung befriedigt den passiven Konsumenten, der zu 91% Information, zu 24% Käufe und zu 16% Vorführung erwartet: [387)] sie repräsentiert in ihrer Besucherstruktur die Alltagswelt, in der Behinderte und ihre Familien leben (zu 41% Angestellte und Arbeiter, zu 25% Hausfrauen und nur zu 7% Beamte). [388)] Die *infa-Messe* stellte also jene Öffentlichkeit dar, die aufgesucht werden konnte unter der doppelten Zielsetzung: für die Beteiligten als Lern- und Anwendungsfeld ihrer Partizipation in der Ernstsituation (ZIEL-Stadium III der Krisenverarbeitung), für die Besucher als Interaktionsfeld zur Bildungswerbung neuer Zielgruppen. So wurde aufgrund des Vorstoßes der Integrations-Runde Weiterbildung zum Thema der *Lehr- und Sonderschau 1975*, an der mitzuwirken alle freien und gebundenen Träger der Erwachsenenbildung aufgerufen waren. [389)]

Die Tragweite unseres Risikos zeigte sich in anfangs distanzierenden Reaktionen: die eigene Institution VHS lehnte die Trägerschaft ab mit der Begründung, die VHS dürfe nicht zu einer Behinderten-Sonderschule werden, ebenfalls reduzierte der zuständige Landesverband mit derselben Argumentation seine Präsenz im Rahmen der Lehrschau Weiterbildung. In diesen Vorgängen spiegelt sich deutlich der defizitäre gesellschaftliche Bewußtseinsstand wider: auch in dreijähriger Arbeit hatte sich die Normorientiertheit maßgeblicher Bildungsfachleute nicht verändern lassen. So blieb es nur bei der Toleranz aus sozialer Distanz gegenüber der ZGA mit Behinderten. [390)]

3.3.2 Messe-Aktionen

Die Ansprache der Öffentlichkeits-Zielgruppe Verbraucher mußte über ihre Konsumbedürfnisse erfolgen; Messebesucher wollen Angebote konsumieren, nicht aber in erster Linie reflektieren. Dementsprechend galt es, eine reichhaltige Angebotspalette zu präsentieren, die anlockte, Neugier weckte, Spontaneität auslöste und über die Schwellenbarriere emotionaler Betroffenheit durch Ansprache hinweghalf. Unter dem Arbeitstitel ‚Sozialtraining' wurden die Partizipationsbausteine aller stabilisierten und integrierten Zielgruppenteilnehmer zu einem 20 Aktionen umfassenden non-stop-Programm zusammengefügt, das vom Roll-in der Messebesucher in Rollstühlen durch die Messehallen bis zur Beratungs-Kaffee-Stube streute. Waren im Sozialtraining alle Alterstufen durchgehend von 9 - 18 Uhr angesprochen, so wurden zusätzlich behinderte und unbehinderte Vorschul- und Grundschulkinder vormittags von 10.00 - 11.00 Uhr zu Spielaktionen *„Wir spielen! – Machst Du mit?"* und behinderte und unbehinderte Kinder und Jugendliche nachmittags von 15.00 - 16.00 Uhr zur Hobbyaktion *„Mitgemacht – Selbstgemacht – Spaßgemacht“* angelockt. Diese Sonderveranstaltungen wurden insbesondere von den Eltern unter den Messebesuchern gern gesehen, die die Freistellung von den Kindern während des Messebummels wünschten und anschließend ins Beratungskaffee einkehrten, was uns Gesprächsanlässe mit Eltern und Kindern über ihre Erlebnisse mit behinderten Partnern eröffnete. Zur speziellen Unterrichtung aller Mitarbeiter wurde ein Animateurtraining angeboten, in dem Konfliktsituationen mit Messebesuchern wie ‚Hier ist eine Spende für Ihre Arbeit‘ oder ‚Warum verderben Sie uns den Spaß‘ oder ‚Sowas sollte man verbieten‘ antizipiert, analysiert und Handlungsalternativen im Rollenspiel erarbeitet wurden.

Nachfolgend werden die Aktionen als Partizipationsbausteine des Messe-Sozialtrainings aller unterschiedlichen Zielgruppen zur Illustration des Lernprozesses Krisenverarbeitung im ZIEL-Stadium III der Spiralphasen *Annahme* (6), *Aktivität* (7) und *Solidarität* (8) beschrieben. [391)]

Partizipationsbaustein der Körperbehinderten und Unbehinderten war das Roll-in, bei dem jeder Messebesucher aus der Perspektive des „Pseudo-Rollstuhlfahrers“ neben einem realen Rollstuhlfahrer und begleitet von einem Rollstuhlschieber unmittelbar an sich selbst die 1000-fache Behinderung durch die Reaktionen der Umwelt während der Spießrutenfahrt durch die Messehallen erfahren sollte. Zu diesem Zweck standen täglich 40 leere Rollstühle zur Verfügung, erwarteten 40 Körperbehinderte als Animateure und weitere 40 Rollstuhlschieber die Messebesucher. Den An- und Abtransport aller Körperbehinderten hatten die freien Wohlfahrtsverbände übernommen. Die Organisation dieses Fahrdienstes sowohl für Animateure wie auch für körperbehinderte Messebesucher hatten die Zielgruppenteilnehmer durch Telefonketten organisiert, die über Rundfunk und Zeitung schon vier Wochen vor Messebeginn werbend anliefen. [392)] So bauten die körperbehinderten Interaktionspartner Brücken zu Nichtbehinderten auf:

– 1 *„Setzen Sie sich 5 Minuten in einen Rollstuhl, erfahren Sie die infa im Roll-in als ein Behinderter, erleben Sie die 1000-fache Behinderung durch die Umwelt."*

Die gemeinsame Verarbeitung der erlebten Situationen, Ängste, Lösungen erfolgte im anschließenden Gespräch und Niederschlag auf einer Wandzeitung, die ihrerseits werbewirksam vorübergehende Messebesucher animierte:

– 2 *„Sprechen Sie mit uns über Ihre Erfahrungen, Ängste und Lösungen, schreiben Sie Ihre Erlebnisse auf unserer Wandzeitung an."*

Parallel dazu konnte das Stadtzentrum Hannovers über ein Roll-in-Würfelspiel – das den Tagesablauf eines Behinderten verfolgte –, erforscht und am Beispiel öffentlicher Gebäude und Verkehrsmittel die behindertenfreundliche oder -feindliche Stadt aus der Sicht eines Rollstuhlfahrers entdeckt werden, um angesichts der Treppenbarrieren ein Treppentraining an der Messe-Treppe zu üben:

– 3 *„Erobern Sie im Roll-in-Spiel die Stadt Hannover, trainieren sie auf der Messe-Modell-Treppe, entdecken Sie eine behindertenfreundliche oder -feindliche City."*

Politisches Handeln sollte durch Unterzeichnung einer Unterschriftenliste ermöglicht werden:

– 4 *„Handeln Sie mit Ihrer Unterschrift, fordern Sie behindertengerechtes Wohnen, Bauen und Leben."*

Dazu forderte außerdem die Round-table-Diskussion mit Stadtrat, Stadtschülerrat und Journalisten heraus:

– 5 *„Diskutieren Sie mit Stadtrat, Schülerrat und Journalisten über Schwerpunkte im Behindertenplan der Stadt Hannover."*

Zum Trimm-dich startete im Messe-Freigelände die Rollstuhl-Olympiade:

– 6 *„Trainieren und kämpfen Sie mit uns auf der Rollstuhl-Olympiade im Freigelände."*

Partizipationsbaustein der Sinnesbehinderten und Unbehinderten wurde das zentrale Messe-Schreib-Büro, es erledigte gleicherweise für Aussteller wie Messebesucher und Journalisten kostenfrei die Ausführung aller Schreibaufträge:

– 7 *„Bedienen Sie sich unseres Blinden-Schreib-Service, im non-stop-Tempo erledigen wir Ihre Schreibarbeiten."*

Ergänzt wurde der Schreibservice durch eine Messe-Telefon-Aktion, die gleicherweise funktional die Interaktion zwischen Behinderten und Unbehinderten aufbaute:

– 8 *„Wählen Sie die Blinden-Telefon-Auskunft, sie vermittelt Rufnummern, Informationen, Kontakte."*

Lerneifrige konnten die Anfänge des Lormschen Handalphabetes erlernen und über das Lernen erste Kontakte zu Taubblinden aufnehmen:

– 9 *„Erlernen Sie das Lormsche Handalphabet, unser Verständigungsmittel mit Taubblinden."*

Fortgeschrittene Lerner versuchten sich daran, am Braillomaten, dem Telefon der Taubblinden, erste telefonische Kontakte mit ihnen anzuknüpfen:

– 10 *„Testen Sie das Telefon der Taubblinden, den Braillomaten, fühlen Sie Ihre Sprache am Monofonator."*

Partizipationsbausteine der Mehrfachbehinderten, z.B. Schwerstbehinderten (Ausfall der Bewegung und Sprache) wurden Interaktionen über Multicom, der geblasenen Tastatur einer Schreibmaschine, deren Zeilenentstehung die Messebesucher voll Spannung verfolgten, lasen und beantworteten:

– 11 *„Blasen Sie über Multicom bewegungs- und sprachlos die Tastatur einer Schreibmaschine für schwerstbehinderte Kindergelähmte."*

Sprachbehinderte suchten Interaktion über sprachtherapeutische Spiele am language-master und phonic-mirrow sowie über Kasper- und Rollenspiele:

– 12 *„Erleben Sie Sprachtherapie am language-master und phonic-mirrow, spielen Sie mit uns Kasper- und Rollenspiele."*

Partizipationsbausteine aller behinderten und unbehinderten Zielgruppenteilnehmer waren Spiel – Spaß – Gesprächsangebote, angefangen von Spiel- und Schachturnieren über Musik- und Quizraten bis hin zum Fragebogen-Interview:

– 13 *„Gewinnen und verlieren Sie beim Schach – Musik- und Quizturnier zwischen behinderten und nichtbehinderten Partnern."*

Die Infothek präsentierte 40 Kassetten, die von, mit und über Behinderte und ihre Probleme direkt informierten, Betroffene sprachen mittels Medien indirekt, aber unverschlüsselt offen über Kontaktprobleme zu Nichtbehinderten, Fachleute demonstrierten Ausschnitte aus Behandlung und Therapie und informierten anhand von Fallstudien über Behandlungsarten, über Vorbeugung durch humangenetische Beratungsstellen und über Früherkennungsmöglichkeiten:

– 14 *„Besuchen Sie unsere Infothek, 40 Kassetten von, mit und über Behinderte sprechen zu Ihnen."*

Die Mediothek mit 50 Filmen zur Behindertenproblematik verlockte durch eine Ruhezone im Messegelände zum Verweilen, sie bot Sitzplatz, Abwechslung und die Ansprache durch Medien und ständig bereite Gesprächspartner:

– 15 *„Sehen und sprechen Sie über Filme, Behindertsein im ZDF, ARD und anderen Medien."*

Die Spielothek stellte Arbeits-, Spiel-, Lern- und Lehrmaterial zum Ausprobieren bereit und bot überdies einen Kinderparkplatz an:

– 16 *„Entdecken Sie die 500 Ideen in der Spielothek, als Spiel-, Lehr-, Lern- und Arbeitsmaterialien."*

Die Bibliothek präsentierte mittels Handapparat Behindertsein im Kinder-, Jugend- und Elternbuch und lud zu Vorlesestunden in der Ruhezone ein:

– *17 „Stöbern Sie in der 100-Titel-Bibliothek, Behindertsein im Kinder-, Jugend- und Elternbuch."*

Die Kaffee-Beratungs-Stube erwartete die Messebesucher zur Muße, Erfrischung und zum Gespräch:

– *18 „Trinken Sie Kaffee, denken, diskutieren, handeln Sie mit uns."*

Die schon erwähnten *Partizipationsbausteine der Kinder- und Jugend-Sonderaktionen* boten neben der Entlastungsfunktion für die Eltern den Kindern gemeinsame Spiel- und Lernfelder zur Interaktion; beispielsweise ‚Fingerfarbenmalerei mit geistigbehinderten Kindern', ‚Kasper- und Rollenspiele mit sprachbehinderten Kindern', ‚Tanz und Spiel mit mehrfachbehinderten Kindern', ‚Musikmachen mit sinnesbehinderten Kindern', sie luden ein unter dem Motto:

– *19 „Wir Spielen! – Machst Du mit?"*

In den Hobby-Bastel-Aktionen am Nachmittag stellten sich geistigbehinderte Jugendliche einer Eingliederungswerkstätte als Lehrmeister für nichtbehinderte und behinderte Messebesucher zur Verfügung, oder beim ‚Portraitzeichnen' nahmen Behinderte und Nichtbehinderte nonverbal Kontakt zueinander auf, lernten sie einander neu sehen, erkennen und zueinander sprechen, alles unter dem Motto:

– *20 „Mitgemacht – Selbstgemacht – Spaßgemacht!"*

Einzige schriftliche Information waren drei Blätter über die täglichen Aktionen des Sozialtrainings, über die ganzjährigen Angebote der VHS und über Einstellungsumfragen unter der Bevölkerung über Behinderte. [393)]

3.3.3 Begleituntersuchung und Medienecho

Zur Überprüfung des beschriebenen Lernprozesses Krisenverarbeitung im Interaktions-Modell dürfte unter dem Kriterium wachsender Interaktionsfähigkeit bei abnehmenden Interaktionsstörungen schon allein die Präsentation der durchgeführten Partizipationsbausteine selbst als Aktionen in der Öffentlichkeit einer Messe unter Beteiligung aller Zielgruppen als ausreichend anzusehen sein. Die davor liegenden Bausteine demonstrieren die angestrebte Verhaltensänderung von der *Nichtannahme* des EINGANGS-Stadiums I über die *Aggression* des DURCHGANGS-Stadiums II zur *Annahme, Aktivität* und *Solidarität* im ZIEL-Stadium III. Daneben können quantitative Messungen vorgelegt werden. Entscheidend aber bleibt die Priorität der Qualität des Interaktionsprozesses, in dem alle Beteiligten die Barriere vom personellen zum gesellschaftlichen Handeln überschritten haben. Demzufolge müssen die Interaktionsprozesse der einzelnen Partizipationsbausteine als Ausdruck einer personalen und sozialen Identitätsfindung betrachtet werden, die sich im ZIEL-Stadium III der primär aktionalen Lerndimension selbstgesteuert unterschiedlich nach Art und Grad der Behinderung auslebt; als *Annahme* ‚Ich kann!' als *Aktivität* ‚Ich tue!' und als *Solidarität* ‚Wir handeln!'

Zur weiteren Überprüfung der Konzeption in den Messe-Aktionen sollen nachfolgend zunächst die Begleituntersuchungen, [394] sodann zwischenzeitlich publizierte Gutachten und Forschungsergebnisse vorgestellt werden. Dazu sind drei Vorbemerkungen erforderlich:

1. Die Begleituntersuchung orientierte sich primär an der infa-Messekonzeption der Interaktion; sie wollte mittels standardisierter Fragen Gesprächsanstöße vorgeben, erst sekundär war sie auf Überprüfung ausgerichtet.
2. Eine Repräsentativität der Begleituntersuchung konnte angesichts der Messebesucher einer Verbraucherausstellung von vornherein nicht gegeben sein, es handelte sich vielmehr nur um eine anfallende Zufallsstichprobe.
3. Der Aussagewert der Befragung als Einstellungsuntersuchung reduziert sich weiter aufgrund des häufig vernachlässigten Faktors der kognitiven Dissonanz zwischen Einstellung und Verhalten.

Trotz dieser einschränkenden Bemerkungen lassen sich in Anbetracht der Größe der Stichprobe (2 167 Messebesucher als Probanden) dennoch gewisse Trends feststellen, insbesondere dann, wenn die Funktion der *infa-Messe* ‚Verbraucheraufklärung durch passiven Konsumgenuß' und die Zielsetzung der Bildungsarbeit ‚Zielgruppenarbeit Öffentlichkeit durch aktives Interaktions-Sozialtraining' in ihrer diametralen Relation erkannt werden. [395)]

Die zugrunde gelegte Hypothese lautete:
Integration Behinderter kann durch intensivere Interaktion angebahnt werden. Interaktion kann den Abbau von Informations- und Interaktionsstörungen bewirken und Interaktionsfähigkeit zwischen Behinderten und Nichtbehinderten aufbauen. Interaktion kann lernungewohnte Teilnehmer ansprechen sowie neue Bildungserwartungen wecken.

Die Überprüfung führte zu folgenden Ergebnissen: [396)]

a) Animateure beim Messe-Sozialtraining

Täglich erlebten 200 Teilnehmer als Animateure in den 20 Aktionen ihre Partizipation an gesellschaftlicher Wirklichkeit. [397)] Damit ist eine unerwartet hohe Anzahl Behinderter und Nichtbehinderter in das ZIEL-Stadium III des hier vorgestellten Lernprozesses Krisenverarbeitung eingetreten; sie hatten damit die *Annahme* ihrer Behinderung (Spiralphase 6), ihren personalen Identitätsaufbau in der *Aktion* (Spiralphase 7) sowie ihre Balance zwischen personaler und sozialer Identität in der *Solidarität* (Spiralphase 8) erreicht. Allein in der Präsentation der Partizipationsbausteine während zehn Messetagen durch insgesamt ca. 500 Animateure, die als neue WB-Teilnehmer in dreijähriger Zielgruppenarbeit gewonnen wurden, ließ sich der Lernprozeß Krisenverarbeitung bei allen Beteiligten überprüfen. Darüber hinaus lassen sich Aussagen über den Erfolg der Aktionen aufgrund der externen Evaluation der Fragebogeninterviews mit Messebesuchern machen.

b) Messebesucher beim Messe-Sozialtraining

Das Sozialtraining nahm überraschenderweise eine Spitzenposition unter den besuchten Messeständen ein. Von den 200.000 Messebesuchern konnten täglich ca. 2.000, an Wochenendtagen ca. 4.000 ‚Standbesucher', zutreffender Interaktionspartner der Partizipationsbausteine, gezählt werden. Das bestätigt unsere Hypothese: Interaktion ist effizienter als Information.

c) Interviewte beim Messe-Sozialtraining

Während der Konsummesse waren insgesamt 2.167 Besucher, das sind 1% der Gesamtzahl der Messebesucher oder 10% der Standbesucher, bereit, sich auf das Gesprächsangebot im Sinne eines standardisierten Interviews einzulassen und sich dem 17-Fragen-Katalog [398)] im Interaktionsprozeß zwischen Behinderten und Nichtbehinderten zu stellen; davon waren 1.736 Fragebogen auswertbar. Die unerwartet hohe Beteiligung kann als Indiz für den starken Aufforderungscharakter des Sozialtrainings gelten.

d) Sozialstruktur der Interviewten und der Besucher [399)]

Die Sozialstruktur der Fragebogeninterviewten erwies sich als repräsentativ für die der Messebesucher. So zeigte übereinstimmend mit der Begleituntersuchung die Statistik der infa 1975 eine beachtliche Übergewichtung der Mittelschicht, wobei der hohe Anteil der Schüler bzw. Studierenden nicht übersehen werden darf. [400)] Da jedoch das Sample der anfallenden Zufallsstichprobe von Messebesuchern nicht repräsentativ war, konnten auch keine schichtspezifischen Merkmale aus der Untersuchung abgeleitet werden.

e) Kontakte der Befragten zu Behinderten [401)]

74% der Befragten gaben an, Kontakte mit Behinderten zu haben, gegenüber 26% (434), die ohne solche Kontakte die Interaktion mit einem Behinderten in der Fragebogenaktion spontan aufnahmen. Daraus folgt, daß auf der infa allein durch die Fragebogenaktion 434 erstmalige Kontakte zwischen Behinderten und Nichtbehinderten erfaßt wurden; es ist realistisch anzunehmen, daß sich diese Anzahl hätte beträchtlich erhöhen lassen, vielleicht auf knapp 10.000, wenn die Fragebogenuntersuchung exemplarisch als nur 1 Partizipationsbaustein angesehen und folgerichtig mit den 20 parallel dazu verlaufenden Aktionen des Sozialtrainings multipliziert worden wäre, die täglich 2.000 und an Wochenenden bis zu 4.000 Standbesucher pro Tag registrierten. Diese Annahme wird erhärtet durch Frage 8, [402] in der von den 100% (1.796) Befragten nur 20% (347) angaben, an einer Aktion des Sozialtrainings selbst teilgenommen zu haben, woraus abgeleitet werden kann, daß sich die Befragten selbst als Nichtteilnehmer einordnen, weil sie das Befragungsgespräch eines Interviews nicht der Aktion zuordnen. Wir können desto wahrscheinlicher annehmen, daß nicht nur 434 sondern knapp 10.000 Teilnehmer erste Kontakte zu Behinderten beim infa-Sozialtraining anknüpften. Das erhärtet unsere Hypothese: Interaktion baut Vorurteile ab.

f) Kontaktfelder der Befragten zu Behinderten [403]

Es ist aufschlußreich, daß von den 74% derjenigen, die bereits über Kontakte zu Behinderten verfügten, 75% funktionale Kontaktfelder im Sinne ungeplanter Lernprozesse angaben gegenüber einer Minderheit von 19%, die intentionale Kontaktfelder nannten. So verteilten sich die Angaben über die Kontaktfelder zu 26% auf die Öffentlichkeit, zu 21% auf die Nachbarschaft, zu 18% auf die Familie gegenüber nur 17% mit Kontakten in der Schule und nur 2% in der VHS.

Das zeigt, Integration ergibt sich bisher überwiegend funktional aus zufälligen Kontakten zwischen Behinderten und Nichtbehinderten in Öffentlichkeit, Nachbarschaft oder Schule und überdies noch ohne unterstützende Angebote einer pädagogischen Begleitung, in der Umgang mit Behinderten gelernt werden kann. Daraus werden die Fluchtwege in die Abstinenz Nichtbehinderter oder in die Vermeidung im Sinne einer Irrelevanz fast zwingend angezeigt. Das verstärkt unsere Hypothese: Interaktion kann Informations- und Kommunikationsdefizite abbauen.

g) *Teilnahme der Befragten am Sozialtraining* [404]

Von den 1736 Befragten gaben nur insgesamt 347, also nur 20% an, sich an einer der zwanzig Messe-Aktionen beteiligt zu haben; zwar stimmte die Mehrzahl der Notwendigkeit solcher Aktionen rational zu, d.h., weitere vier Fünftel stellten sich der Auseinandersetzung mit dem Fragebogen, aber sie verharrten zugleich emotional weiter in sozialer Distanz. Das bestätigt erneut das Phänomen der kognitiven Dissonanz, das desweiteren durch die Analyse des Verhaltens gegenüber Behinderten [405] erhärtet wird: auf die Fragen nach dem eigenen Verhalten wurden folgende Einstellungen angegeben:

– Gehen Sie von sich aus selbst aktiv auf Behinderte zu? 57,7% ja.
– Bejahen Sie eine Hausgemeinschaft mit Behinderten? 87,7% ja.
– Lassen Sie Ihr Kind mit einem behinderten Kind spielen? 85,3% ja.

Wenn schon die Diskrepanz auf der infa zwischen aktiver Teilnahme als Verhalten und passiver Meinungsäußerung als Einstellungshaltung nachdenklich werden ließ, läßt der Vergleich mit repräsentativen Untersuchungen noch schwerere Bedenken aufkommen; dort wird die Hausgemeinschaft von 56% der Bevölkerung abgelehnt, [406] und nur ein Drittel ist bereit, das eigene Kind mit einem behinderten Kind spielen zu lassen; [407] daraus wird zusätzlich eine zu positive Aussage der Untersuchung auf der infa-Messe deutlich.

h) *Lernerfahrungen aus dem Sozialtraining* [408]

Die Befragten schätzen ihre Lernerfahrungen selbst wie folgt ein: ‚Ich bin im Umgang mit Behinderten sicherer geworden‘ (24%); ‚Ich weiß etwas mehr über Behinderte‘ (30%); ‚Ich bin dabei, meine Einstellung gegenüber Behinderten zu ändern‘ (2,3%). Die letztere zu direkte Frage kann eine Abwehrhaltung herbeigeführt haben, und die Kreuztabellierungen ergeben, daß das durchschnittliche Viertel der Befragten, die ihre Lernerfahrungen als Veränderungen ihrer Einstellungen beschreiben, mit jenem Viertel korreliert, das die infa-Kontakte als Erstkontakte mit Behinderten angab.

i) *Einstellung zum Sozialtraining* [409]

Es ist auffällig, daß mit zunehmendem Alter die Ablehnung des Messe-Sozialtrainings ansteigt. Während die unter 25-Jährigen und die 25 - 34-Jährigen ohne jede Ablehnung der infa-Aktion uneingeschränkt zustimmen, lehnen die 35 - 49-Jährigen zu 50% das Sozialtraining ab. Hier befinden wir uns in Übereinstimmung mit dem Untersuchungsergebnis v. *Brakkens*, der zu der These kommt: ‚Mit steigendem Lebensalter vermehren sich die Anhaltspunkte für Vorurteile und für soziale Distanz.' [410]

Zusammengefaßt belegt die – nichtrepräsentative – Begleituntersuchung zur Krisenverarbeitung anhand der Messe-Aktionen die Hypothese: *Integration Behinderter kann durch intensivere Interaktion angebahnt werden.* Interaktion kann den Abbau von Informations- und Interaktionsstörungen bewirken und Interaktionsfähigkeit zwischen Behinderten und Nichtbehinderten aufbauen. Interaktion kann lernungewohnte Teilnehmer ansprechen sowie neue Bildungserwartungen wecken.

Bevor eine weitere Wirkungskontrolle der Messe-Aktionen anhand des Echos in den Massenmedien erfolgt, sollen die vorgelegten Untersuchungsergebnisse in einem kurzen Exkurs in den Kontext repräsentativer **Forschungen zum Abbau von Vorurteilen gegenüber Behinderten** gestellt werden. Dazu sei zunächst auf die (zwischenzeitlich publizierten) Gutachten der *Psychiatrie-Enquête* hingewiesen, die im Auftrage der Bundesregierung wissenschaftlich abgesicherte Konzeptionen zum ‚Abbau von Vorurteilen gegenüber psychisch Behinderten' 1974 vorlegten. [411] Wenn auch dort – entsprechend der Aufgabenstellung – noch nicht auf Realisierungen zurückgegriffen werden konnte und auch noch auf keine Einbindung einer solchen Konzeption als Teil von Weiterbildung oder eines institutionalisierten systematischen Lernprozesses – wie hier des Lernprozesses Krisenverarbeitung – abgehoben wird, führen die Schlußfolgerungen übereinstimmend in allen drei eingeholten Gutachten und damit in unserem Sinn konsequent zu der These: ‚*Interaktion hat Vorrang vor Information.*

Die Gutachter beziehen in der *Psychatrie-Enquête* wie folgt Stellung:

Bauer: Zusammenfassende Schlußfolgerungen

> „... Sozialpsychologische Einstellungsforschung ... hat gezeigt, daß negative Einstellungen und distanzierte Handlungen am ehesten über gemeinsame Aktivitäten vermindert werden können. Aus diesem Grunde wird Öffentlichkeitsarbeit dann besonders wirksam werden können, wenn alle diejenigen Gruppierungen eine Unterstützung erfahren, deren Ziel es ist, solche Kontakte zu vermitteln, herzustellen oder zu unterhalten.
>
> Die unter 1 - 3 genannten Formen der Öffentlichkeitsarbeit sollten von den Massenmedien Presse, Funk und Fernsehen publizistisch begleitet werden.“ 412)

Finzen: Konkrete Empfehlungen

> „Einmalige Aktionen, etwa Aufklärungsaktionen großen Stils, werden weder als Broschüre noch als Fernsehsendung anhaltenden Erfolg haben, weil es nicht nur um Information, sondern vor allen Dingen um die Korrektur von Verhalten und die Änderung von emotionalen Haltungen geht. Beides sind längerfristige Prozesse, die eine dauernde Auseinandersetzung mit dem Problem voraussetzen.“ 413)

Scherer: Zusammenfassung

> „Die Versuche, die Einstellung der Bevölkerung ... positiver zu gestalten, haben in nahezu allen Fällen gezeigt, daß sachliche Informationsvermittlung mit persönlichem Kontakt mit den betroffenen Personengruppen kombiniert werden muß, um eine Einstellungsänderung herbeizuführen.
>
> ... die Entwicklung von Kursen, Veranstaltungen und ähnlichen Maßnahmen, die eine optimale auf eine bestimmte Zielgruppe ausgerichtete Kombination von Informationsvermittlung und Kontakterfahrung beinhalten, (ist) eine sehr sinnvolle und erfolgversprechende Vorgehensweise ...“ 414)

Zu vergleichbaren Ergebnissen führt auch die erste spezifisch in einer Behinderteneinrichtung durchgeführte großangelegte Untersuchung der *Kommunikationsforschung* in Wuppertal. In einer der größten und ältesten Einrichtungen der Behindertenhilfe, im *Hessischen Diakoniezentrum Hephata* in *Treysa,* [415] wurde – gefördert vom Bundesministerium für Jugend, Familie und Gesundheit (BMJFG) und der Evangelischen Kirche in Deutschland (EKD) – durch Situations- und Kommunikationsanalyse versucht, Grundlagen für Öffentlichkeitsarbeit zu gewinnen. [416] Die repräsentativ angelegte Untersuchung – deren Kontrolle in den *Rummelsberger Anstalten bei Nürnberg* durchgeführt wurde – deckte auf der empirischen Basis von 1050 Einzelinterviews in der Bevölkerung, 200 Mitarbeiterinterviews in der Anstalt Hephata und 4136 Fragebogen aus dem Freundeskreis der Anstalt Trends auf, aus denen Handlungsvorschläge zur Verbesserung der Öffentlichkeitsarbeit als ‚public und human relation' als ‚externe und interne Kommunikation' entwickelt wurden. Für unsere Öffentlichkeitsarbeit im Messe-Sozialtraining sind die Ergebnisse der ‚Informationserwartungen und Kommunikationserwartungen der Bevölkerung gegenüber Behinderten' relevant. Sie sollen vorgestellt werden, da sie – gleicherweise wie die Gutachten der Psychiatrie-Enquête – die Interaktionskonzeption unseres Sozialtrainings empirisch erhärten. Die Untersuchungsergebnisse aus *Hephata* führen zu folgenden Konsequenzen für die Konzeption der Öffentlichkeitsarbeit: [417]

a) Die Wirkungen publizistischer Öffentlichkeitsarbeit sind nicht zu hoch anzusetzen.
b) Zielgruppenarbeit hat Priorität vor der Öffentlichkeitsarbeit durch Massenmedien.
c) Mitarbeiter der Behindertenarbeit sind bei intakter interner Kommunikation die besten Öffentlichkeitsarbeiter bzw. Multiplikatoren.
d) Die Bevölkerung engagiert sich stärker in der Behindertenhilfe, als angenommen wurde, jeder zweite Bürger in Nordhessen wünscht mehr Information über Behinderte.
e) Bereits informierte Menschen haben stärkere Informations- und Kommunikationserwartungen als nichtinformierte.
f) Zwei Drittel der Befragten in Nordhessen (Befragungseinheit Bevölkerung) – und im Landkreis sogar 77% – machen konkrete Angaben über ihre Informations- und Kommunikationserwartungen.
g) Eine Rangreihe der Informations- und Kommunikationserwartungen der Bevölkerung zeigt:
   – an 1. Stelle steht mit 80% das Interesse der Bevölkerung an Rehabilitation, an Möglichkeiten der beruflichen und

sozialen Eingliederung, mit denen sich die Bevölkerung identifiziert; keine Priorität haben Finanzierungsprobleme. [418)]
- an 2. Stelle mit 66% steht die Forderung der Bevölkerung nach ‚stärkerem Kontakt mit Behinderten, um Vorurteile abzubauen und mehr Verständnis zu entwikkeln', ferner nach Anleitung und Hilfe, wie sie sich den Behinderten gegenüber angstfrei und weniger verkrampft verhalten kann; die Probleme der Behinderten mit der Öffentlichkeit werden von der Bevölkerung als Probleme der Öffentlichkeit im Umgang mit Behinderten erkannt. [419)]
- erst an 3. Stelle steht das Interesse der Bevölkerung an Information über die frühzeitige Erkennung von Behinderungen und ihren Ursachen und an Aufklärung über Frühförderung. [420)]

Auf der Basis dieser Untersuchungsergebnisse wurden entsprechende Konsequenzen gezogen, die ähnlich wie unsere Messe-Aktionen das Projektziel ‚Integration Behinderter durch intensivere Kommunikation' verfolgen, das sich in Hephata noch in der Realisierungsphase befindet. [421)]

Die 1976 – ein Jahr später – vorgelegte *Marburger Untersuchung von v. Bracken* über ‚Vorurteile gegen behinderte Kinder ...', folgerte aus ihren Untersuchungsergebnissen zwar gleichfalls ein Programm zur sozialen Normalisierung, blieb aber bedauerlicherweise bei theoretischen Überlegungen stehen und begrenzte diese auf zwei Schwerpunkte, die Aufklärung durch Massenmedien und durch einzelne Persönlichkeiten, was primär einem ‚Informationskonzept' zuzuordnen wäre. [422)]

Nachdem eine Überprüfung des Lernprozesses Krisenverarbeitung zunächst anhand der Darstellung der Messe-Aktionen, sodann mittels der Begleituntersuchung und überdies unter Heranziehung repräsentativer Forschungsergebnisse geleistet wurde, soll abschließend das **Medienecho** wiedergegeben werden, das ein Ergebnis der Öffentlichkeitsarbeit war und eine Wirkungskontrolle ermöglichte. Wider alle Erwartungen wurde auch hier das Sozialtraining zur Behindertenintegration mit insgesamt drei Fernsehsendungen, sieben Rundfunkreportagen und zweiundzwanzig Zeitungsberichten während zehn Messetagen zum infa-Bestseller.

Gemäß unserer pädagogischen Konzeption stand auch in der Medienöffentlichkeit weniger die Information an sich als vielmehr die Kommentierung der Interaktionen im Vordergrund, die am Erlebnishorizont des Messebesuchers inmitten seines Alltags anknüpfte und dabei gezielte Sachaufklärung über Behinderungen einwob. Damit verstärkte gerade die tägliche Berichterstattung entscheidend den zunehmend sich ausweitenden Lern- bzw. Bewußtwerdungsprozeß der Öffentlichkeit zur Behindertenintegration; er schlug sich nieder in Titeln und Thesen der Fernseh- und Rundfunksendungen sowie in Schlagzeilen und Kommentaren der Zeitungen und intendierte eindeutig unsere Zielsetzung:

„Absage an Appelle zur Sorgenkind-Haltung für Behinderte gegenüber Interaktionsangeboten zum Partner-Verhalten mit behinderten Mitmenschen.“

In den *Zeitungen* war darüber u.a. zu lesen:
- Riesenerfolg der VHS: 5000 am Wochenende beim Sozialtraining
- Gesunde sollen die Probleme der Behinderten kennenlernen: Eine Pädagogin will auf der infa Vorurteile abbauen
- Im Roll-in durch die Messehallen oder im Rollstuhl zur infa
- Prominenz auf der infa zu Gast:
  Die Frau des Ministers rollte durch Halle 19
- Sozialtraining: eine Brücke zwischen Behinderten und Nichtbehinderten
- Behinderte auf der infa: geglückter Versuch
- Sozialtraining: ein mutiges Experiment geglückt
- Behinderte und gesunde Kinder lernen spielend voneinander:
- Diplom-Pädagogin wagt in der VHS neue Experimente

In den *Rundfunksendungen* war darüber u.a. zu hören:
- in den Funkbildern aus Niedersachsen, NDR/WDR
- in der Umschau am Abend, NDR/WDR
- im Messejournal, NDR/WDR
- In der Sendung Pop und Politik, NDR/WDR/HR:
  Versuche der Integration auf der infa geglückt
- in der Jugendsendung Fünf Uhr Club, NDR/WDR/HR:
  Vorurteile abbauen – Brücken aufbauen. infa 1975

In den *Fernsehsendungen* war darüber u.a. zu sehen:
- in der Tagesschau
- im Nordschaumagazin
- im Bildungszentrum, NDR/RB/SFB

In den aufgezeichneten (gekürzten) **Medien-Interviews** lassen Behinderte als Lernende der *Zielgruppenarbeit* wie als Animateure der *infa-Messe* erneut ihre Krisenverarbeitung als Lernprozeß im ZIEL-Stadium III erkennen. So beantworten sie die Frage: *,Wie reagieren nichtbehinderte Messebesucher auf Ihre Behinderung'* jeweils in der aktional selbstgesteuerten Dimension der Spiralphase *Annahme* (6) ,Ich erkenne jetzt erst ..., ich kann!' oder der *Aktivität* (7) ,Ich tue das ...!' bzw. der *Solidarität* (8) ,Wir handeln ...!'

- *Tatjana Grützmann* (mehrfachbehinderte Rollstuhlfahrerin) an der Infothek:

  „Zuerst sind sie total ablehnend ...
  so wie es mir gestern passiert ist, und danach meinte der Herr, er käme dann wieder, ich sagte ihm, na ja, das haben schon viele gesagt, ich glaube nicht so recht daran. Kaum zehn Minuten später war der gleiche Herr wieder da und sagte, er hätte auf unserer Wandzeitung gelesen, daß man Behinderte ansprechen müßte, und so wollte er es jetzt auch machen, und nachdem er mich dann so einiges gefragt hatte, sagte er im Laufe des Gesprächs zu mir, er hätte das alles gar nicht gewußt, er wäre doch sehr glücklich, daß er laufen kann und sein Kopfwehwehchen und die vielen anderen Sachen wären in diesem Falle doch plötzlich ganz harmlos, jetzt wüßte er erst, wie gut es ihm geht. Er bat mich dann anschließend nach diesem Gespräch, ob er nicht einmal zu uns ins Annastift kommen könnte und sich ein Wochenende in einen Rollstuhl setzen kann mit seinem Kind, daß das Kind nicht die Erfahrung macht wie er: Ich wußte gar nicht, daß es Behinderte gibt."

- *Peter Bier,* Redakteur:

  „Passiert so etwas häufig? Sind die Leute sehr scheu? Kommen Sie überhaupt mit Fragen zu Ihnen?"

– *Tatjana Grützmann*

„Ja, sie kommen mit Fragen, meistens auf die Behinderung hin, aber auch oft, weil sie Angst haben, überhaupt Behinderte anzusprechen. Ich finde gerade das wichtig, daß man Behinderte anspricht und daß w i r sie a u c h a n s p r e c h e n, um der Öffentlichkeit zu sagen, daß auch wir Menschen sind!"

– *Helmut Tank* (Schwerbehindert durch Kinderlähmung, Rollstuhlfahrer) an der ‚Multicom' Schreibmaschine ohne Tastatur:

„Die Besucher sind neugierig, wollen wissen, wie das Gerät funktioniere. Und das erleichtert mir häufig die Kontaktaufnahme. Ich setze dann das Multicom in Gang und schreibe ... Manchmal Schlagworte wie: Sprechen Sie mich ruhig an, ich tue Ihnen nichts, und dann bediene ich das Gerät, indem ich in dieses Gerät hineinpuste. Mit dem Druck aus der Mundhöhle kann ich einen Lichtreflex über die gesamte Tastatur bewegen und so jeden Buchstaben erreichen. Und dann sprechen die Leute zu mir, zunächst aus Angst natürlich nur über das Gerät, und ich erkläre ihnen dabei, wie es dazu kam, daß ich das Gerät überhaupt brauche, weil ich kurz vor der Mittleren Reife Kinderlähmung bekam ... und plötzlich schlägt's dann ein wie ein Blitz: Sie sehen m i c h, den Helmut Tank, und nicht mehr den Behinderten, den Sprachlosen, den Rollstuhlfahrer. Das ist toll, ich bin froh, daß ich dabei bin, ich sehe, wieviel i c h s e l b e r t u n k a n n! Das hätte ich nie für möglich gehalten!"

– *Stephan Weiler* (blind) im Messe-Schreib-Service:

„Ich kam also hier an den Stand und hab' vor mir eine Schreibmaschine, eine richtige Schwarzschriftschreibmaschine. Die Leute kamen also, stellten sich an den Tisch, sie – man merkt das – unterhielten sich gegenseitig, kamen also nicht direkt auf mich zu, sprachen mich nicht an, bis dann so einer den Mut aufbringt und fragt, ja, wie sieht das denn nun aus, wie funktioniert das denn? Man kann also sagen, daß viele Nichtbehinderte sehr schüchtern sind, ganz einfach deshalb, weil sie – so denke ich mir jedenfalls – einfach nicht wissen, wie man – in diesem Fall mit Blinden – also mit Be-

hinderten umgehen soll. Man sollte deshalb a l s B e h i n d e r t e r versuchen, s e l b e r den Kontakt herzustellen.“

– *Karin Sandner* (blind) an der Messe-Telefon-Auskunft:

„Ich habe auch zuerst gedacht, es sei so ein Zoo-Effekt, daß man hier sitzt und bestaunt wird wie ein 7. Weltwunder, aber das ist nicht so. Mitleid also, ... die armen Blinden, die können ja nicht und so ..., das ist mir bis jetzt noch nicht passiert. Ganz im Gegenteil! Wenn ich mit dem Gerät lese, dann kommen viele und fragen, was ich da mache, sie sind interessiert und ganz erstaunt, daß ich mit dem Gerät Schwarzschrift lesen kann; die meisten können sich das gar nicht vorstellen, wie das überhaupt funktioniert ...“

– *Agnes Maharens* (blind) im Messe-Schreib-Service:

„Ich erlebe hier, wieviele Menschen gar nicht wissen, daß blinde z.B. ein Stenogramm aufnehmen können oder daß Blinde Schreibmaschine schreiben können oder was immer man nimmt; man braucht ja nicht bei Blinden zu bleiben; man kann ja auch von anderen behinderten Gruppen ausgehen, wenn man bedenkt, wieviele Menschen wir hier erleben, die gar nicht wissen, was also ein Behinderter wirklich alles kann. Es ist erstaunlich, wieviele das nicht wissen und was w i r h i e r s e l b e r tun k ö n n e n!“

– *Frau Plotz* (Mutter eines geistigbehinderten Jungen, 13,6), in der ‚Beratungs-Kaffee-Stube‘:

„I c h s e h e e r s t h i e r, wie gut Michael dran ist, wenn ich ihn mit allen anderen behinderten Kindern vergleiche; ich meine das so, Michael ist zufrieden, ja, glücklich, er leidet nicht an seiner Behinderung! Und ich sehe hier, was Geistigbehinderte alles zu lernen in der Lage sind, wie die hier den Kaffee-Service organisieren, jeder Tisch ist sauber, jeder der kommt, wird so freundlich begrüßt, das hätte ich nie zu glauben gewagt.“

– *Matthias Hope* (geistigbehinderter Jugendlicher, 18,0) in der Hobby-Aktion ‚Mitgemacht – Selbstgemacht – Spaßgemacht‘:

„Ich hab' Riesenspaß hier! Mir gefällt das, und ich freu mich, ich kann den Kindern alles zeigen, ich kann ihnen helfen, und wir freuen uns!"

Nichtbehinderte als Lernende der Zielgruppenarbeit wie als Animateure der infa urteilen in den Medieninterviews:

– *Karsten Kasting* (nichtbehinderter Junge, 12,4) nach der Hobby-Atktion ‚Mitgemacht – Selbstgemacht – Spaßgemacht':

  „Natürlich hat mir das auch Riesenspaß gemacht, und toll ist, daß ich den Leuchter selbst gedrechselt habe; aber wenn mir der Junge nicht so geholfen hätte, hätte ich das nie so schnell gelernt ... Nur eins kapiere ich nicht. Sie sagen, der soll geistigbehindert sein, das geht doch gar nicht. Geistigbehinderte sind hinter Gittern, der war doch wie ich auch!"

– *Jörg Traphagen* (nichtbehinderter junger Mann, 27,0) nach der Hobby-Aktion ‚Portraitzeichnen':

  „Ich hätte mich nie getraut, einen Behinderten so direkt anzusehen, schon gar nicht so ins Gesicht zu sehen, beim Portaitzeichnen mußte man das ja ..., und das war ganz merkwürdig, plötzlich habe ich die Behinderung vergessen, ich sah nur das Gesicht, ein schönes Gesicht, ich meine interessant; ich wollte plötzlich mit ihm reden, und dann hat er angefangen, und wir alle verloren diese komische Angst, anschließend gehen wir 'ne Runde zusammen trinken."

– *Ehepaar Petersen* (nichtbehindert, Pensionsalter) in der ‚Kaffee-Beratungs-Stube':

  „Wir wollten eigentlich nur Geld bringen, wissen Sie, 'ne kleine Spende für diese Sorgenkinder-Aktion; aber das ging irgendwie nicht, niemand nahm das Geld an, es sagte auch keiner richtig nein, 'ne, die haben uns einfach zum Kaffee, zum bißchen Ausruhen eingeladen, und dann waren wir plötzlich mitten drin im Klönen. Jetzt wollen wir das Geld zusammen verjubeln, eigentlich 'ne gute Idee, wir haben uns gut verstanden und wollen so weitermachen, das macht uns allen Spaß."

– *Ines Bauer* (nichtbehindertes junges Mächen, 15,0) nach der ‚Roll-in-Aktion' durch die Messehallen:

„Am Pranger stehen kann wohl nicht schlimmer gewesen sein, alle starren einen an, oder noch schlimmer, tun so, als ob man gar nicht da wäre, sie reden nur mit dem Begleiter! Das schlimmste, da drückte mir einer fünf DM in die Hand ‚Damit Sie sich auch was kaufen können' ..."

– *Messeaussteller* (nichtbehindert) aus Halle 19:

„Ja, ehrlich gesagt, am Anfang war's 'ne Katastrophe, wir haben uns bei der Messeleitung beschwert, überall Rollstuhlfahrer und leere Rollstühle oder Schlangen, die darauf warteten, Unmassen Menschen, und ... die wollten alle nicht zu uns, die stahlen uns die Schau! Aber die war'n total überfordert und dabei immer freundlich, sogar an Kaffee für uns haben sie gedacht, wissen Sie, da konnte man gar nicht anders, Sie glauben nicht, aber einer fing an und schließlich haben wir denen alle mitgeholfen, einfach nette Kerle, ja, Kameraden!"

– *Die Redakteure in Rundfunk und Fernsehen* urteilten in Abschluß-Kommentaren:

„Wen ich auch fragte auf dem Messegelände: alle sagten, sie hätten dazugelernt und wollten es 1976 noch besser machen. Daß diese Absicht nicht ganz einfach zu verwirklichen sein wird, liegt allerdings an dem hohen Niveau, das die „infa" im 22. Jahr ihres Bestehens erreicht hat. Ein verblüffend hoher Besucher-Zuwachs zwischen zehn und zwölf Prozent sowie lebhafte und kritische Anteilnahme am Informationsangebot in fünf Messehallen: damit könnten die Veranstalter und die Aussteller eigentlich mehr als zufrieden sein ...

Die Behinderten-Integrations-Aktion, die von ihrer tatkräftigen Initiatorin, der Volkshochschul-Abteilungsleiterin ..., gemeinsam mit Volkshochschulteilnehmern, Stadtschülerrat, Integra und anderen Selbsthilfeorganisationen durch die Integrations-Runde entwickelt wurde, zog Zehntausende von Besuchern an. Sie erhielten hier unmittelbare und eindrucksvolle Informationen über das Leben von Körper-, geistig, seelisch und Sinnes-Behinderten. Viele neue Kontakte und schriftlich gesammelte Besucher-Äußerungen lassen hoffen, daß mit Aktionen wie dieser allmählich mehr Aufmerksamkeit und Verständnis für die Belange von Behinderten entstehen."[423]

„Bahnbrechend und geradezu von bundesweiter Bedeutung für andere Volkshochschulen ist das Modell der Integration von Eltern behinderter zusammen mit nichtbehinderten Kindern."[424]

„Gemessen an den Besucherzahlen, gehörte der Behindertenstand auf dem Hannoverschen Messegelände während der „infa" zu den stärksten Magneten. Nicht allein die Tatsache, daß offenbar viele Besucher zum ersten Male derart unmittelbar mit den Problemen behinderter Menschen konfrontiert wurden, trug zum Erfolg dieses Versuches bei. Auch die Präsentation war dafür ein Grund.

Dieser Versuch sollte keine „Eintagsfliege" sein, sollte auch nicht als Alibi-Veranstaltung verbucht werden, um das Gewissen ein Jahr lang zu beruhigen und künftige Passivität zu bemänteln. Soviel immerhin hat das Hannoversche Beispiel gezeigt: die Behinderten allein überwinden nicht ihre Isolation und das Unverständnis oder Desinteresse ihrer Umgebung. Die Nichtbehinderten wiederum finden auf sich allein gestellt auch keinen Zugang zu Behinderten. Daran müssen beide Seiten interessiert sein. Und soviel Mut und gute Ideen haben wie dieses Mal in Hannover."[425]

Langzeitwirkungen der Zielgruppenarbeit:[426]
in den *Selbsthilfegruppen:*
- Eltern-Montagsschoppen-im Eck
- Kinder-Park-Platz
- Fünf-Uhr-Club
- Großmutter auf Zeit
- Animateur-Treff-Punkt

in der *Kommunalpolitik:*
- Umbau: ‚Behindertengerechte Volkshochschule'
- Entwicklung: ‚Behindertenplan der Stadt Hannover'
- Untersuchung: ‚Behinderte und Stadtumwelt in Hannover'

in den *Medien:*

- Abendstudio mit jungen Hörern:
  ‚Menschen wie wir! – Behinderte erzählen von ihren Problemen'
  NDR-Jugendfunk, 20.12.1975
- Kirche und Gesellschaft:
  ‚Warum nicht einen Behinderten heiraten?'
  NDR, 24.10.1975
- Reisemagazin:
  ‚Urlaub für und mit Behinderten – Chancen und Schwierigkeiten der Integration'
  NDR, 13.11.1976
- Eröffnungsveranstaltung der Woche des behinderten Kindes in Hannover durch die Nationale Kommission für das Internationale Jahr des Kindes: [427)]
  ‚Jeder ist ein Teil des Ganzen. – Wege zur Integration. Behinderte und ihre Familien unter uns'
  Fernsehprogramm des NDR/RB/SFB, 05.06.1979.

Zusammenfassung

Die vorliegende Arbeit befaßt sich mit

Sozialer Integration Behinderter

mit dem Ziel, Ursachenzusammenhänge zu erkennen und Lösungsalternativen zu erschließen sowie handlungsorientierte pädagogische Interventionen aufzuzeigen. Im Verlauf von drei Aufgabenschritten wurden zunächst *theoretisch* die Probleme sozialer Integration Behinderter entfaltet (Teil I), sodann wurde eine *empirische* Analyse anhand von Biographien erarbeitet (Teil II) und schließlich wurden *praktische* Konsequenzen für ein pädagogisches Modell in der Erwachsenen-/Weiterbildung gezogen (Teil III).

Die Arbeit ging von der *Annahme* aus, daß Behinderung nicht länger verkürzt als statisches Faktum physischer Defekte, sondern vielmehr als von zeitgültigen Normen und Wertvorstellungen dynamisch abhängige psycho-soziale Devianz betrachtet werden muß. Aus diesem Verständnis leitet sich ein Perspektivwandel ab, Behinderung wird nicht mehr eindimensional-kausal erklärt, sondern mehrdimensional-komplex verstanden. Probleme Behinderter erweisen sich demnach *primär als psycho-soziale Probleme* in den Interaktionen des Behinderten, im Vollzug seines unfreiwillig zugewiesenen und damit erworbenen *Behinderten – D a s e i n s* mit eingeschränkter sozialer Interaktion am Rande der Gesellschaft; sie erweisen sich erst *sekundär* als *physisch-individuelle Probleme* des *Behindert – S e i n s*. Dieser Verständniswandel spiegelt sich in Aussagen bzw. Situationsdefinitionen *Betroffener* – Behinderter und ihrer Bezugspersonen – als *typische Deutungsmuster* ihrer Alltagswissensbestände wider:

> *„Probleme Behinderter?! – bestimmt nicht das, was Sie meinen: meine Behinderung, das pack' ich schon, aber das verdammte Urteil über mich, das ist ein Fluch, das ist das, ewig so als Behinderter leben zu müssen. Das ist das Problem."*

> *„Behinderter, das ist man nicht, dazu w i r d man gemacht, das läuft so total: vorprogrammiert, vollautomatisch, non-stop bis zum Schrott!"*

„Behindert-Sein, das heißt lebenslänglich! – lebenslänglich verurteilt zur Rolle des Behinderten ohne Aussicht auf Freispruch oder Begnadigung – inhaftiert in das Dasein als Behinderter – das ist ein teuflischer Kreis, endlos, ausweglos, unentrinnbar ... !“ [428)]

Vor diesem Hintergrund sind die *Grundthesen* der Arbeit zu verstehen:

Probleme sozialer Integration Behinderter sind primär solche sozialer Interaktion:
Soziale Isolation Behinderter ist das Ergebnis *fehlender* oder *unangemessener Interaktion* im Sozialisationsverlauf, ihr Ausdruck sind *gestörte Interaktionen;*
Soziale Integration Behinderter ist das Ergebnis *vorhandener* und *angemessener Interaktion* im Sozialisationsverlauf, ihr Ausdruck ist *ungestörte Interaktionsfähigkeit.*

Die nachfolgend dargestellten *Ergebnisse* folgen dem Aufbau der Arbeit:

Teil I behandelt aus *vierfacher Perspektive theoretisch* die Problematik sozialer Integration Behinderter. Zunächst wird die Diskrepanz zwischen Anspruch und Wirklichkeit als Spannungsbogen zwischen Integration und Separation in der *Bildungspolitik* dargestellt mit folgendem Ergebnis:

– Die Diskrepanz zwischen Anspruch und Wirklichkeit spiegelt Defizite im gesellschaftlichen Bewußtsein wider. Bemühungen um die Beseitigung dieser Defizite lassen sich aus den Empfehlungen des Bildungsrates 1973 ablesen, deren Integrationskonzeption die fast zeitgleich vertretene Separationskonzeption der Kultusministerkonferenz 1972 ersetzte.
– Die schulpolitisch legitimierte Separationskonzeption, die die Behinderungsarten schulspezifisch einordnet, erschwert in ihrer isolierenden Tendenz soziale Interaktionen und praktiziert primäre Symptombehandlung.
– Demgegenüber ermöglicht die Integrationskonzeption Interaktionen und betreibt sowohl Symptom- wie Symptomträgerbehandlung, allerdings noch begrenzt auf den Elementar- bis Sekundarbereich, so daß Isolationstendenzen durch die

bildungspolitische Ausblendung des Tertiär- und Quartär-Bereiches noch verstärkt werden.

– Interaktionsstörungen im gesellschaftlichen Umfeld von Elternhaus, Nachbarschaft, Arbeitsplatz und Öffentlichkeit setzen sich kontinuierlich fort, es sei denn, sie werden durch intervenierende Korrektivmaßnahmen durchbrochen. In diesem Zusammenhang wurde die Chance komplementärer wie kompensatorischer Weiterbildung aufgezeigt.

In einem zweiten Schritt wird nach *Begründungen* für die tradierte bildungspolitische Diskrepanz gesucht. Dabei deckt die Analyse die These: ‚Der Behinderte braucht die Gesellschaft, um nicht desintegriert isoliert zu leben', mit dem das Integrationskonzept häufig begründet wird, als Fehlschluß auf. Dieses Integrationsverständnis ist auf Assimilation des Behinderten in die Gesellschaft des Nichtbehinderten im Sinne von Anpassung gerichtet und entspricht nicht der Urbedeutung von Integration im Sinne von wechselseitigem Voneinanderlernen zur gemeinsamen Erneuerung (Graphik I, S. 15). Diesen Vorstellungen wird – theologischer Argumentation folgend – die erweiterte These gegenübergestellt:

Der Behinderte braucht die Gesellschaft, und
die Gesellschaft braucht den Behinderten.

Zur Umorientierung des Denkens unterstellt die Zusatz-These ‚Die Gesellschaft braucht den Behinderten' das Angewiesensein auch des Nichtbehinderten auf den Behinderten als Korrektiv für zeitgültige Normen- und Wertvorstellungen: der Behinderte lebt vor, was es heißt, ganz allein aus sich selbst zu leben ohne jene für den Nichtbehinderten scheinbar unverzichtbaren Attribute der Leistungsgesellschaft wie Rolle, Position, Status. Der Behinderte als Korrektiv problematisiert in seiner Existenz die Kriterien der Leistung des Nichtbehinderten, er präsentiert komplementär andere Leistungskriterien: Akzeptation des individuellen Soseins der Behinderung und Entwicklung von Interaktionsfähigkeit unter erschwerten Bedingungen.

Unter einem dritten, *wissenschaftstheoretisch* orientierten Aspekt werden vorhandene *Erklärungsansätze der Sozialisationstheorien* im Hinblick auf ihre Funktion überprüft, Aussagen über die Entstehung, den Aufbau bzw. Abbau oder die Umstrukturierung von Einstellungs- und Verhaltensweisen im Verlauf der Lebens- und Lerngeschichte Behinderter wie Nichtbehinderter zu machen. Dabei ergibt sich erstens, daß der *symbolische Interaktionismus* gegenwärtig den überzeugendsten Erklärungsansatz darstellt, insofern er als Theorie des ‚Interaktionismus' jeweils allen an der Situation beteiligten Partnern gleichwertige Handlungsmöglichkeiten eröffnet und als ‚symbolische' Interaktion überdies reflexive sprachliche Deutung der Handlung zugrundelegt; dabei ergibt sich zweitens, daß der WB-Lehrende zusätzlich über eine *metakommunikative Kompetenz* verfügen muß.

Ein vierter *handlungstheoretisch-didaktischer* Abschnitt entwickelt die *Konzeption eines Interaktions-Modells* für Behinderte und Nichtbehinderte im Rahmen der Weiterbildung auf der Grundlage des symbolischen Interaktionismus. Hier folgt das Interaktions-Modell einer situations- und handlungsorientierten Didaktik vom Alltagswissen, die neben das traditionelle Antizipationsmodell von Unterricht das Realmodell der Konstitutionsanalyse in der Lernsituation stellt. Auf dieser Grundlage werden *konstitutive Elemente für das Lernen in der Weiterbildung* und *didaktische Merkmale der Lernsituation* im Interaktions-Modell zur Behindertenintegration erarbeitet mit dem Ziel, Kommunikationsfähigkeit aufzubauen, Kommunikationsstörungen abzubauen und Integration anzubahnen (vgl. Graphik II. S. 67)

Vor dem Hintergrund der Problemstellung werden in **Teil II** *die Lebenswelten und Deutungsmuster Behinderter und ihrer Bezugspersonen empirisch anhand von Biographien* unter der Fragestellung untersucht:

– Wie bauen Behinderte und ihre Begleiter aus ihren typischen Deutungsmustern und Situationsdefinitionen ihre Identität auf: entweder als sozial Integrierte mit ausbalancierter Interaktionsfähigkeit oder als sozial Isolierte mit unbalancierter Identität zur Interaktionsstörung?
– Lassen sich Strukturen typischer Interaktionsprozesse erschließen, die möglicherweise für Lernprozesse zur Behinderungsbewältigung bzw. *Krisenverarbeitung* nutzbar gemacht werden können und alternative Möglichkeiten pädagogischer Interventionen eröffnen?

Diese *doppelte Fragestellung* legimitiert Teil II als *Schwerpunkt der Arbeit,* dessen Ergebnisse hier folgen:

Einleitend führt eine *Problematisierung der biographischen Methode* (Kap. 1.1) zu der Erkenntnis, daß die Einzelfallstudie als autobiographische Quelle die Entwicklung einer sozialen Einheit widerspiegelt; sie signalisiert außerordentliche Ereignisse, Abweichungen und Brüche in Sozialisationsprozessen. Die Einzelfallstudie stellt einen spezifischen Forschungsansatz dar, der es durch die Wechselwirkung von Zeit und Prozeß neben der Breite der Angaben sowie den zusätzlichen Abstraktionsebenen zur Komplexität und der Bildung von Indices und Typen erleichtert, den ganzheitlichen Charakter des sozialen Gegenstandes – hier der Integrationsprobleme Behinderter – zu erfassen, allerdings unter der entscheidenden Voraussetzung, daß der kommunikative Kontext – die Reaktion des Biographen wie des Untersuchers – angemessen berücksichtigt wird. Das *Sample* der *Untersuchung* entspricht dem einer anfallenden Zufallsstichprobe von insgesamt 60 Biographien aus den Jahren 1900 - 1979, wobei sich über 50% (32) als Übersetzungen erwiesen, was zum Ausschluß weiterer fremdsprachiger Biographien veranlaßte, (vgl. Graphik III - VI, S. 76/77 und Spezialverzeichnis Autobiographien und Biographien, S. 467).

Die *Literaturaufbereitung der Theorieansätze von der Behinderungsbewältigung zur Krisenverarbeitung* (Kap. 1.2) führt - übergreifend für den deutsch- und englischsprachigen Raum - zu der Erkenntnis, daß ein Zusammenhang besteht zwischen der bildungspolitischen Zäsur um das Jahr 1970, das gesellschaftlich bedingtes ‚lifelong learning' in den Mittelpunkt rückte, und dem sich wandelnden Verständnis von Behinderung (vgl. Spezialverzeichnis Literatur *vor* 1970 zur Behinderungsbewältigung, S. 224 und Literatur *nach* 1970 zur Krisenverarbeitung, S. 228). Erste Arbeiten erforschen Prozeßstrukturen der Krisenverarbeitung bei ‚Normabweichungen' wie Sterben *(Kübler-Ross),* Tod *(Glaser/Strauss),* Trauer *(Spiegel)* und vereinzelt auch bei Behinderung *(Goffman/Sporken/Degen);* auch für letztere wird in der vorliegenden Arbeit – entsprechend einem dynamischen Verständnis von Behinderung – der Begriff Krisenverarbeitung verwendet.

Die Biographieanalyse erbringt einige *übergreifende Ergebnisse* typischer *Deutungsmuster Behinderter und ihrer Bezugspersonen* zur *Behinderungsbewältigung* bzw. *Krisenverarbeitung,* die summativ im Kapitel 1.3 vorangestellt werden, und zwar:

1. *Kernaussage: jede Behinderungsbewältigung,* hier als *Krisenverarbeitung* bezeichnet, erweist sich als ein *Lernprozeß* im Sozialisationsverlauf, der von dem Betroffenen – Behinderten oder deren Bezugspersonen – durcherlebt und erlernt werden muß (vgl. Graphik VII, S. 111).
2. *Erleben und Erlernen* dieses Lernprozesses ermöglicht *Interaktionsfähigkeit* und mündet ein in soziale *Interaktion. Nichterleben und -erlernen* der Prozesse (durch unzureichende oder fehlende Lernvoraussetzungen und -bedingungen) verhindert Krisenverarbeitung, führt zu *Interaktionsstörungen* und endet in sozialer *Isolation.*
3. Die erschlossene *Prozeßstruktur Krisenverarbeitung* differiert graduell nach Art, Dauer, Intensität u.a. in Abhängigkeit von variablen Bedingungsfaktoren; demzufolge liegt *kein intrapsychischer Entwicklungsprozeß* vor, sondern es handelt sich vielmehr um einen *interaktionsorientierten Lernprozeß.*
4. Der *Lernprozeß Krisenverarbeitung* läßt sich *nicht* auf eine *hierarchische Abfolge von Phasen* fixieren; vielmehr sind seine Erscheinungsformen als *interferierende wie interdependente Spiralphasen* beschreibbar, die sowohl aufeinander aufbauend wie nebeneinander parallelisierend als auch miteinander korrespondierend erlebt und erlernt werden können.
5. Die *Bezeichnung Spiralphasen* veranschaulicht plastisch sowohl das Moment der *Unabgeschlossenheit* als auch das der *Überlagerung* solcher Spiralphasen im Verlauf situativer Interaktionen; das heißt für die Krisenverarbeitung: einerseits bleibt der Lernprozeß – gemäß *lebenslangem Weiterlernen* – unabgeschlossen, andererseits führt er – entsprechend der *Lernzieloperationalisierung* – beim betroffenen Lernenden zu immer höheren Lernebenen, im kognitiven Bereich zur anwachsenden Komplexität, im affektiven Bereich zur graduell ansteigenden Internalisierung.

6. Die dynamisch-komplexe Interdependenz der Spiralphasen differenziert sich – nach der Komplementationsthese, derzufolge Bereiche in einer Wechselwirkung zueinander stehen – in *drei Stadien des Lernprozesses,* was sich aus der Dominanz der jeweils *akzentuierenden Dimension des Lernens* bestimmt:
   - die primär *kognitiv fremdgesteuerte* Dimension kennzeichnet das EINGANGS-Stadium I
   - die primär *emotional ungesteuerte* Dimension *prägt das* DURCHGANGS-Stadium II.
   - die primär *aktional selbstgesteuerte* Dimension bestimmt das ZIEL-Stadium III.
7. Der Lernprozeß Krisenverarbeitung wird in *acht Spiralphasen* erkennbar. Der betroffene Lernende – Behinderter oder Bezugsperson – erlebt situative Interaktionen im Verlauf seiner Krise:

   im EINGANGS-Stadium I primär kognitiv fremdgesteuertes Lernen

Ungewißheit	(1. Spiralphase)	: *„Was ist eigentlich los ...?"*
Gewißheit	(2. Spiralphase)	: *„Ja, aber das kann doch nicht ...?"*

   im DURCHGANGS-Stadium II primär emotional, ungesteuertes Lernen

Aggression	(3. Spiralphase)	: *„Warum gerade ich ...?"*
Verhandlung	(4. Spiralphase)	: *„Wenn ..., dann muß doch ...?"*
Depression	(5. Spiralphase)	: *„Wozu ..., alles ist sinnlos ...?"*

   im ZIEL-Stadium primär aktional selbstgesteuertes Lernen

Annahme	(6. Spiralphase)	: *„Ich erkenne jetzt erst ...!"*
Aktivität	(7. Spiralphase)	: *„Ich tue das ...!"*
Solidarität	(8. Spiralphase)	: *„Wir handeln ...!"*

   (vgl. Graphik VII, S. 113).

Die erschlossenen *typischen Deutungsmuster* Behinderter aus ihren Lebenswelten werden im Kapitel 2 auf *differenziertere Ausdrucksformen* bzw. *Situationsdefinitionen* in Abhängigkeit von unterschiedlichen *Alltagswelten* anhand der Biographien untersucht, und zwar:

8. Das EINGANGS-Stadium I läßt in seinem Übergang von der ersten zur zweiten Spiralphase, von der *Ungewißheit* (1) zur *Gewißheit* (2) drei *Zwischenphasen* erkennen:

Unwissenheit	(1. Zwischenphase) :	*„Was soll das schon sein?“*
Unsicherheit	(2. Zwischenphase) :	*„Soll das doch etwas sein?“*
Unannehmbarkeit	(3. Zwischenphase) :	*„Das muß doch wohl ein Irrtum sein?“*

Dabei besteht ein Zusammenhang zwischen der Intensität des Durcherlebens der drei Zwischenphasen im EINGANGS-Stadium I und der Fähigkeit zum Übergang ins DURCHGANGS-Stadium II. Überdies scheint ein Zusammenhang zu bestehen zwischen vorzeitiger Wahrheitsentdeckung und frühzeitiger impliziter Leugnungstendenz, die in denjenigen Fällen beobachtbar wird, in denen fehlende oder unangemessene Prozeßbegleitung die selbständige Wahrheitserkennung oder aber die dosierte Wahrheitsvermittlung verhindern.

9. Das DURCHGANGS-Stadium II läßt keine Zwischenphase, wohl aber Ausdifferenzierungen *typischer Deutungsmuster* innerhalb der einzelnen Spiralphasen erkennen, wobei in der dritten Spiralphase *Aggression* (3) acht, in der vierten Spiralphase *Verhandlung* (4) drei und in der fünften Spiralphase *Depression* (5) zwei typische Deutungsmuster erkennbar werden:

   – Die *acht typischen Deutungsmuster* bei der Spiralphase *Aggression* (3) lassen sich als innen- wie außengerichtete erschließen:

     Aggression als Schuldgefühl gegen das eigene Selbst
     Aggression als Suicidversuch gegen das eigene Selbst
     Aggression als Todeswunsch gegen das behinderte Kind
     Aggression als Lebensabsperrung gegen alle Menschen
     Aggression als Anschuldigung gegen den Partner
     Aggression als Flucht vor der Wirklichkeit
     Aggression als Fluch auf die Welt
     Aggression als Zorn gegen Gott

   – Die drei *typischen Deutungsmuster* bei der Spiralphase *Verhandlung* (4) lassen sich als alternative Strategien erschließen:

Verhandlung als Ärzte-Shopping im Ärzte-Welt-Warenhaus
Verhandlung als Wunderglaube auf Wunder-Such-Wegen
Verhandlung als Doppelstrategie mit Ärzten und Wundern

– Die *zwei typischen Deutungsmuster* der Spiralphase *Depression* (5) lassen sich als unterscheidbare Formen der Trauerarbeit erschließen:

  Depression als rezipierende Trauer über Aufgegebenes
  Depression als antizipierende Trauer über Aufgegebenwerden

10. Das ZIEL-Stadium III läßt aufgrund der zu geringen Repräsentanz in den biographischen Quellen – nur knapp ein Drittel der Biographen gelangt im autonomen Lernprozeß ohne jede Prozeßbegleitung bis ins ZIEL-Stadium – keine Aussagen über differenziertere typische Deutungsmuster zu. Die wenigen biographischen Beispiele angemessener oder thematisierter unangemessener Krisenverarbeitung belegen übereinstimmend unsere These, daß Behinderungsverarbeitung nicht allein ein intrapsychischer Entwicklungsprozeß der betroffenen Person, sondern vielmehr ein *interaktionsabhängiger Lernprozeß* ist, der die Gesamtheit der *Beziehungsstrukturen des Betroffenen* einschließt; das heißt, die Spiralphasen des ZIEL-Stadiums *Annahme* (6), *Aktivität* (7) und *Solidarität* (8) müssen gleicherweise vom Betroffenen wie von den Interaktionspartnern, den Eltern, Geschwistern, Nachbarn, Freunden, Kollegen erlernt werden, wenn Integration als Kommunikationsfähigkeit angebahnt und gelebt werden soll.

Faktoren zur *Krisenintervention und -prävention* im Spiralphasen-Lernprozeß Krisenverarbeitung analysiert Kap. 3 mit dem Ergebnis:

11. *Unabhängig von der je spezifischen Behinderungsart* zeigen alle Biographen übereinstimmend *analoge Lernprozeßverläufe* bei der Krisenverarbeitung. Differenzierungen ergeben sich bei der Sinnes-Behinderung durch einen doppelten Lernprozeßverlauf, unterschieden in einen vor-

und in einen nachsprachlichen Lernprozeß, und bei der geistigen Behinderung durch den stellvertretenden Lernprozeß der Bezugsperson für den Betroffenen. Das besagt, daß die existentielle Betroffenheit des Einzelnen gravierender ist als die sozialen Bedingungen, unter denen die Krisenverarbeitung erfolgt. Demgegenüber lassen sich aus den autobiographischen Quellen *keine schichtspezifischen Unterschiede* bei der Krisenverarbeitung ablesen. Es zeichnet sich lediglich als *Tendenz* ab:

- je niedriger der soziale Status ist, desto geringer das Anspruchsniveau und desto – relativ – reibungsloser die integrierte Einbeziehung des Behinderten in den Alltagsprozeß. Umgekehrt gilt entsprechendes:
- je höher die soziale Schicht und je größer das Anspruchsniveau und die damit verbundene kognitive Dissonanz, desto weniger selbstverständlich und separierender die Absonderung des Behinderten vom Alltagsprozeß.

12. Die dritte Spiralphase der *Aggression* im DURCHGANGS-Stadium II wirkt als *Katharsis* und stellt eine *Schlüsselfunktion* im Lernprozeß Krisenverarbeitung dar. Die Biographien weisen nach:
    - Im Falle der *Aussparung* der Spiralphase *Aggression* (3) als *‚Absenz'* besteht eine Tendenz zur *Nichtannahme* der Behinderung und damit zur *Depression* und zur sozialen *Isolation.*
    - Umgekehrt erleichtert *‚Präsenz'* der *Aggression* (3) die *Annahme* (6) der Behinderung und damit die Selbst-Annahme als Voraussetzung der Fähigkeit zu sozialer *Interaktion.*
    - *Krisen-Intervention* vermag fehlende ‚absente' *Aggression* präsent werden zu lassen oder Störungen der Interaktion abzubauen, um Interaktionsfähigkeit als Voraussetzung für soziale *Integration anzubahnen.*
13. *Glaube als Wertbestimmtsein kann Aggression im Lernprozeß Krisenverarbeitung kompensieren.* Dabei lassen sich anhand der Biographien – unter Verzicht auf theologische Grundsatzdiskussionen – zwei unterschiedliche Deutungsmuster in Abhängigkeit vom Alltagswissensbestand der Lebenswelten erkennen:

- Glaube als *‚passive' Einstellung* führt zur *‚a-pathischen' Lösung,* d.h. zur ungefragten *Annahme* (6) der Krise seitens der Betroffenen.
- Glaube als *‚kritische Reaktion'* führt zur religiösen *‚sympathischen' Antwort,* die im kritischen Dialog den Lernprozeß, mit der Krise leben zu lernen, bis zur *Annahme* (6) vollzieht.

Die Breite des empirischen Materials erscheint gegenwärtig noch nicht ausreichend; so bleibt diese Annahme als Hypothese der zukünftigen Weiterarbeit aufgegeben.

Teil III zieht *pädagogische Konsequenzen* für das *Lernen als Krisenverarbeitung;* auf der Grundlage des Lernprozesses Krisenverarbeitung wird ein *Integrations-Interaktions-Modell* mit Behinderten und Nichtbehinderten an einer Volkshochschule entwickelt, und aus dem Ablauf einer vierjährigen Erprobung werden Lernsituationen zur Krisenverarbeitung als Intervention und Prävention vorgestellt und überprüft:

Kapitel 1 diskutiert Zielgruppenarbeit (ZGA) für Behinderte und Nichtbehinderte im Rahmen der Weiterbildung (WB) mit dem Ergebnis:

- *ZGA* ist *Ausdruck* eines *Wandels im Aufgabenverständnis* von der sog. realistischen über die gesellschaftskritische zur sozialanthropologischen Wende; demzufolge ist WB gleicherweise in ihrer Dienstleistungs- wie Korrektivfunktion zu legitimieren in Abhängigkeit von der jeweiligen Position des Aufgabenverständnisses.
- Zur *Begriffsklärung* von ZGA wird die *These* vom *Prozeßcharakter* aufgestellt: ZGA lebt aus den drei Schritten *Stabilisierung* (1. Schritt), *Integration* (2. Schritt) und *Partizipation* (3. Schritt); danach wird ZGA prozessual definierbar einerseits als konsequentester Adressaten- und Teilnehmerbezug im Aufsuchen der Zielgruppen vor Ort und andererseits als prozessualer Verlauf vom teilnehmerorientierten zum teilnehmerproduzierten Lernen mit der Tendenz, sich selbst überflüssig werden zu lassen (vgl. Graphik IX, S. 336). Dabei erweist sich das Defizit an metakommunikativer Kompetenz des WB-Lehrenden als äußerst gravierend für ZGA.

Kapitel 2 leitet aus der Analyse von fünf unterschiedlichen *Konzeptionen* einer ZGA mit Behinderten und Nichtbehinderten an VHSn im Rahmen der Weiterbildung *zwei Grundtypen* ab.

- *Typ I* als ZGA *separat ‚für'* Behinderte, *Typ II* als ZGA *integriert ‚mit'* Behinderten und Nichtbehinderten. In Anwendung unserer These vom Prozeßcharakter der ZGA verharrt *Typ I* als ZGA im ersten Schritt in der *Stabilisierung* der Betroffenen, veranschaulicht anhand der Modelle Sonderpädagogik (Nürnberg), Clubarbeit (Ludwigshafen), Freizeitangebote (Bethel/Bielefeld); *Typ II* intendiert als ZGA im zweiten und dritten Schritt die *Integration* und *Partizipation,* veranschaulicht anhand der Modelle Umweltbewältigung (Frankfurt) und Interaktions-Modell Krisenverarbeitung (Hannover).
- Als weiteres Ergebnis wird am Interaktions-Modell Hannover dargestellt, wie der prozessuale Charakter der *ZGA* diese *als Teil der WB* und *des Gesamtbildungssystems* wieder einmünden läßt in eine durch sie veränderte Angebots- und Teilnehmerstruktur von WB (vgl. Graphik X, S. 350).

Kapitel 3 beschreibt *Planung, Durchführung und Evaluation von Lernen als Krisenverarbeitung* im Interaktions-Modell Hannover und kommt zu folgenden Ergebnissen:

- Die *Lernsituation* beim *1.Schritt der ZGA* (Stabilisierung) wird am Beispiel eines Eltern-Familien-Bildungsseminars *„Leben mit unserem behinderten Kind"* dargestellt; es wird gezeigt, wie mittels der Interventionsform Beratung der Lernprozeß Krisenverarbeitung bei den Lernenden vom EINGANGS-Stadium I der *Nichtannahme, d.h. von der Spiralphase* Gewißheit (2), bis zum DURCHGANGS-Stadium II, d.h. der Spiralphase *Aggression* (3), ausgelöst werden kann, so daß die Erreichung des ZIEL-Stadiums III angebahnt wird.
- Die *Lernsituation* beim *2. Schritt der ZGA* (Integration) wird im Rahmen eines Eltern-Kinder-Seminars gemeinsam für Eltern mit behinderten und unbehinderten Kindern analysiert: *„Behindert – wie soll man damit umgehen? Sprechen mit Nachbarn – spielen mit Nachbarskindern";* es wird gezeigt, wie Krisenprävention und -intervention durch

die Situationsanalyse der Lernsituation unter Einbeziehung von Rollenspiel, Tonbandaufzeichnungen, Selbstlerngruppen u.a. den Lernprozeß Krisenverarbeitung vom DURCHGANGS-Stadium II, d.h. von der Spiralphase *Depression* (5), bis zum ZIEL-Stadium III, d.h. der Spiralphase *Annahme* (6), auslösen kann.

– Die *Lernsituation* beim *3. Schritt der ZGA* (Partizipation) wird in der Öffentlichkeit einer Messeveranstaltung *„Behinderte unter uns – Menschen wie wir"* als Aktivitäten aller Zielgruppen-Teilnehmer aus vier Jahren Modellerprobung vorgestellt; es wird gezeigt, wie die Spiralphasen des ZIEL-Stadiums III *Annahme* (6), *Aktivität* (7) und *Solidarität* (8) von den Lernenden in der Öffentlichkeit selbst gestaltet werden.
– Die *Überprüfung des Lernprozesses Krisenverarbeitung* erfolgt einerseits anhand der *Erreichung* des ZIEL-Stadiums III, durch die *Messe-Öffentlichkeits-Aktionen* und andererseits durch eine *Begleituntersuchung* bei 2.167 Probanden, den Besuchern der *infa-Messe.*

Das Ergebnis verifiziert unsere *Thesen:*

> Integration Behinderter kann durch intensivere Interaktion angebahnt werden. Interaktion kann den Abbau von Informations- und Interaktionsstörungen bewirken und Interaktionsfähigkeit zwischen Behinderten und Nichtbehinderten aufbauen. Interaktion kann lernungewohnte Teilnehmer ansprechen und neue Bildungserwartungen wecken.

Die Ergebnisse der Begleituntersuchung werden erhärtet durch die *qualitativen Interviews* der Betroffenen im Echo der Medien. In ihnen stellen sich Behinderte sowohl als integrierte Lernende in der Weiterbildung als auch als Animateure in der Öffentlichkeit einer Messe nach angemessener Krisenverarbeitung in störungsfreier Interaktion dar.

Angesichts der vorgelegten Ergebnisse theoretischer Überlegungen, empirischer Biographieanalysen und pädagogischer Konsequenzen eines Interaktions-Modells wird letztendlich entscheidend sein, inwieweit es gelingen wird, *Probleme sozialer*

Integration – und zwar sowohl *bei Behinderten wie bei Nichtbehinderten* – nicht allein separiert als Aufgaben einer Sonderpädagogik/-andragogik zu sehen, sondern sie vorrangig integriert als gesamtgesellschaftliche und zunehmend als weltgesellschaftliche Probleme im Sinne einer *Herausforderung zum Umdenken* zu begreifen.

Es kann kein Zweifel darüber bestehen, daß wir trotz aller Problemlösungen an Grenzen stoßen: wir können Krisen/Leiden nicht abschaffen, wir können aber die Bedingungen, unter denen Menschen von Krisen/Leiden getroffen werden, verändern, und wir können uns selber ändern, darin liegt die Überschreitung der Grenzen.

Der Lernprozeß Krisenverarbeitung befähigt uns dabei zum Mit-leiden, Mit-gehen, Mit-erleben und Mit-gestalten; das aber ist Glück!

Es folgen die Anlagen:

Sonderschul-Konzeption im Urteil von Lehrern (Graphik);

Arbeitsplanauszug der VHS Hannover, Fachbereich Pädagogik – Psychologie – Philosophie;

Messe-Öffentlichkeits-Aktionen;

Einladung und Programm zur Woche des behinderten Kindes.

SCHUCHARDT, Erika: Sonderschul-Konzeptionen im Urteil von Lehrern.
Diplomarbeit. Hannover 1972.

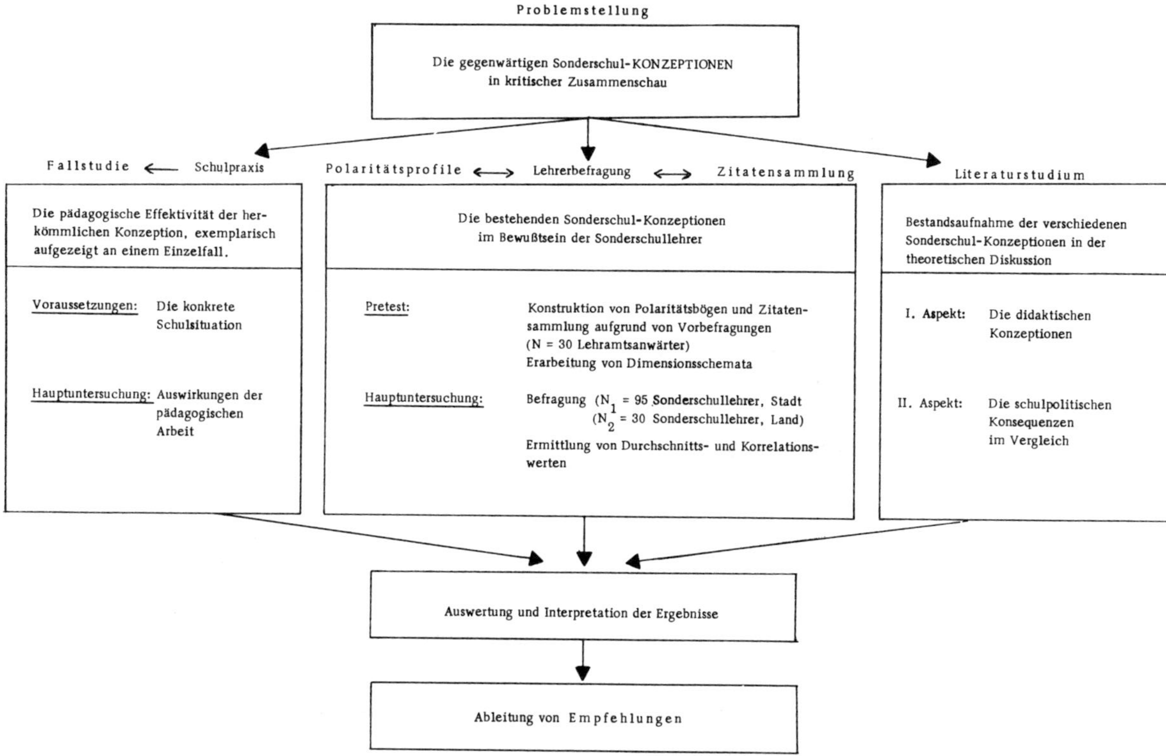

VOLKSHOCHSCHULE DER LANDESHAUPTSTADT HANNOVER

Fachbereich: Pädagogik — Psychologie — Philosophie

Abteilungsleiterin: Diplom-Pädagogin Erika Schuchardt,
Sprechstunden montags von 16.30–18.00 Uhr,
Tel. 168–59 36/168–60 52, Raum 205 a II, Raum 108 I

Stadt Hannover Volkshochschule Friedrichswall 13

Information/Beratung

Kursus-Nr.		Seite
3001	**Eröffnung — Information — Beratung für Eltern und Mitarbeiter behinderter und gesunder Kinder** Dr. Maneke/Erika Schuchardt	31
3002	**Tanzabend für Eltern und Mitarbeiter behinderter Kinder** Vorbereitung: Ehepaarkreis der Paulusgemeinde	31

Eltern-Kinder-Seminare für behinderte und gesunde Kinder mit ihren Eltern

Erika Schuchardt

Kursus-Nr.		Seite
3003	**Wochenend-Eltern-Kinder-Seminar** Katharina Lindenberg/Erika Schuchardt	31
3004	**Spielerisches Musizieren,** Irmhild Kopfermann	32
3005	**Plastisches Gestalten in Ton,** Franz-Joseph Bonse, Karl-H. Beck	32
3006	**Werken: Flecht-, Holz- und Mosaikarbeiten,** Friedrich Wichmann	32
3007	**Bewegungserziehung und Rhythmik,** Elisabeth Jass	32
3008–3009	**Sprecherziehung und Atemschulung,** Wera Steiner	33
3010–3011	**Schwimmen,** Renate Körbitz	33

Offene Arbeit

Kursus-Nr.		Seite
3012	Wochenendseminar: **Warum nicht einen Behinderten heiraten? Partnersuche — Partnerfindung entgegen einer negativ eingestellten Umwelt,** Helene und Fredi Saal	34
3013	**Singen und Musizieren in der Behindertenbegegnungsstätte,** Irmhild Kopfermann	34
3014	**Tanz und Spiel in der Behindertenbegegnungsstätte,** Elisabeth Jass	34
3015	**Englisch in der Behindertenbegegnungsstätte,**	34

Elternseminare

Kursus Nr.		Seite
3016	Wochenendseminar: **Behinderungen aus medizinischer Sicht** Dr. Ursula Knaack/Dr. Siede	34
3017	**Lebenspraktische Erziehung geistig behinderter Kinder vom Säuglingsalter bis zum frühen Schulalter** Regina Schumann	35
3018	**Sprachentwicklungshilfen für geistig behinderte Kinder** Felicitas Deuter	35
3019	**Hilfen für Eltern sprachgestörter Kinder** Hildegard Schneider	35
3020	**Hilfen für Eltern von Kindern mit Gaumenspalte** Hildegard Schneider	35
3021	**Sexualerziehung geistig Behinderter,** Dr. Fritz Stöckmann	35
3022	**Die beruflichen und sozialen Probleme stark intelligenzgeminderter Jugendlicher,** Norbert Langen	36
3023	**Die Methoden der Behindertenpädagogik II,** Norbert Langen	36

Fortbildung – Behindertenpädagogik

Kursus Nr.		Seite
3025	**Lernprogramm für Mitarbeiter an Einrichtungen für Behinderte** Dr. Fritz Stöckmann	36
3026	**Orientierungsseminar — Musiktherapie für Eltern und Mitarbeiter in der Behindertenpädagogik,** Maria Schüppel	36
3027	**Werkpädagogik/Werkpraktikum: Keramisches Werken für Mitarbeiter in der Behinderten-, Jugend- und Altenarbeit** Waldemar Engelhardt	37
3028	**Sprachstörungen bei Vor- und Grundschulkindern für Sozialpädagogen, Grundschullehrer und andere Fachkräfte** Hildegard Schneider	37
3029	**Einführung in die rhythmisch-musikalische Erziehung/Grundkursus für Mitarbeiter in der Vorschul-, Sozial- und Behindertenpädagogik,** Karin Oswald	37
3030	**Einführung in die rhythmisch-musikalische Erziehung/Aufbau-**	38

ZEITUNGSAUFRUF

infa für alle:

Behinderte und Nichtbehinderte

VHS sucht Schüler und Rollstuhlfahrer

INTEGRATION

MESSE

Brücke zwischen

Behinderten + Nichtbehinderten

VOLKSHOCHSCHULE

Möchten Sie dabei sein, sicherlich!

Haben Sie einen Menschen, der Sie zur INFA bringt?

Wenn nicht, dann rufen Sie uns doch einfach an:

Telefon 5354289, von 9.00 – 12.00 Uhr und 17.00 – 20.00 Uhr.

Sie, ein Rollstuhlfahrer, der Begleiter braucht,
Sie, Schülerin oder Schüler, die Rollstuhlfahrbegleiter sein wollen an den infa-Wochenenden am 13./14. und 20./21. September 1975. Wir holen Sie ab, zeigen Ihnen auf Wunsch die infa und bringen Sie danach sicher wieder nach Hause.

Die infa zeigt Ihnen nicht nur Nahrungs- und Genußmittel, hauswirtschaftliche Geräte und Textilien, Freizeitartikel, Schmuck und Möbel, sie ermöglicht auch Integration, baut Brücken zwischen Behinderten und Nichtbehinderten; bietet gemeinsame Aktionen für alle:

10.00 Uhr	Wir spielen – machst Du mit? Sie fragen – wir antworten!
15.00 Uhr	Mitgemacht – Selbstgemacht – Spaßgemacht! Portraitzeichnen und Hobby – Basteleien
Non Stop	20 – VHS – AKTIONEN für Sie!

Wer wir sind?
Behinderte und Nichtbehinderte, die unter der Trägerschaft der VHS die Möglichkeiten der Behinderten in unserer Stadt ausweiten wollen,

- durch Aktionen auf der infa und
- durch Seminare in der VHS.

Vielleicht kennen Sie uns schon durch das Fernsehen?
Egal ob Sie uns kennen oder nicht, **machen Sie mit in Halle 19.**

VOLKSHOCHSCHULE HANNOVER

Erika Schuchardt

INTEGRATION MESSE
Brücke zwischen Behinderten + Nichtbehinderten
VOLKSHOCHSCHULE

Behinderte auf der infa-Messe in Halle 19 ?

Behinderte in der Volkshochschule (VHS) ?

Behinderte und S i e ?

Mitten unter uns leben 6 Millionen Bundesbürger als Behinderte, dazu werden jährlich 60 000 aller Kinder mit Behinderungen körperlicher, geistiger und seelischer Art geboren, steigt diese Zahl Jahr für Jahr um weitere 200 000 Frauen und Männer an, die durch Verkehrs- oder Arbeitsunfälle, Krankheit oder Verschleißerscheinungen vorzeitig aus dem Erwerbsleben ausscheiden.

6 Millionen Behinderte, das ist mehr als die Schweiz Einwohner hat, nur mit dem einen entscheidenden Unterschied:
Die Behinderten in unserem Land sind weitgehend unbekannt, sie sind größte und zugleich ergebenste Randgruppe.

S i e w i s s e n das alles ?

Dann sollten S i e es auch selbst e r l e b e n !

Wir wollen nicht nur darüber reden, sondern auch die eigenen wie die gesellschaftlichen Konflikte bewußt machen und Anstöße geben.

Wagen S i e Experimente !

○ **T ä g l i c h von 9.00 – 18.00 Uhr VHS-infa-Aktionen für S i e in Halle 19:**

– *1* – *Setzen Sie sich 5 Minuten in einen Rollstuhl,*
erfahren Sie die infa im Roll-in als ein Behinderter,
erleben Sie die 1000-fache Behinderung durch die Umwelt.

– *2* – *Sprechen Sie mit uns über Ihre Erfahrungen, Ängste und Lösungen,*
schreiben Sie Ihre Erlebnisse auf unserer Wandzeitung an.

– *3* – *Erobern Sie im Roll-in-Spiel die Stadt Hannover,*
trainieren Sie auf der Messe-Modell-Treppe,
entdecken Sie eine behindertenfreundliche oder -feindliche City.

– *4* – *Handeln Sie mit Ihrer Unterschrift,*
fordern Sie behindertengerechtes Bauen, Wohnen und Leben.

– *5* – *Diskutieren Sie mit Stadtrat, Schülerrat und Journalisten*
über Schwerpunkte im Behindertenplan der Stadt Hannover.

– *6* – *Trainieren und kämpfen Sie mit uns auf der Rollstuhl-Olympiade*
draußen im Freigelände.

– *7* – *Bedienen Sie sich unseres Blinden-Schreib-Service,*
im non-stop-Tempo erledigen wir Ihre Schreibarbeiten.

INTEGRATION
MESSE
Brücke zwischen
Behinderten + Nichtbehinderten
VOLKSHOCHSCHULE

– 8 – *Wählen Sie die Blinden-Telefon-Auskunft, sie vermittelt Informationen und Kontakte.*

– 9 – *Erlernen Sie das Lormsche Handalphabet, unser Verständigungsmittel mit Taubblinden.*

– 10 – *Testen Sie das Telefon der Taubblinden, den Braillomaten, fühlen Sie Ihre Sprache am Monofonator.*

– 11 – *Blasen Sie über Multicom bewegungs- und sprachlos die Tastatur einer Schreibmaschine für schwerstbehinderte Kindergelähmte.*

– 12 – *Erleben Sie Sprachtherapie am language-master und phonic-mirrow, spielen Sie mit uns Kasper- und Rollenspiele.*

– 13 – *Gewinnen und verlieren Sie beim Schach – Musik- und Quizturnier behinderter und nichtbehinderter Partner.*

– 14 – *Besuchen Sie unsere Infothek, 40 Kassetten von, mit und über Behinderte sprechen zu Ihnen.*

– 15 – *Sehen und sprechen Sie über Filme, Behindertensein im ZDF, ARD und anderen Medien.*

– 16 – *Entdecken Sie die 500 Ideen in der Spielothek, als Spiel-, Lehr-, Lern- und Arbeitsmaterialien.*

– 17 – *Stöbern Sie in der 100-Titel-Bibliothek, Behindertsein im Kinder-, Jugend- und Elternbuch.*

– 18 – *Trinken Sie Kaffee, denken, diskutieren, handeln Sie mit uns.*

○ **T ä g l i c h um 10.00 und um 15.00 Uhr in Halle 19 :**

– 19 – *Wir spielen – Machst Du mit? Sie fragen – Wir antworten !*

– 20 – *Mitgemacht – Selbstgemacht – Spaßgemacht? Portraitzeichnen und Hobby-Basteleien .*

○ **G a n z j ä h r i g in der VHS-Volkshochschule, Friedrichswall 13, für S i e :**

- Eltern–Kinder–Seminare
- Offene Arbeit mit Jugendlichen
- Eltern–Familien-Bildung
- Fort- und Weiter-Bildung

Nähere Angaben im Arbeitsplan der Volkshochschule, Beginn 13. Oktober 1975

W o z u infa- und VHS-Aktionen mit Behinderten und Nichtbehinderten ?

Vorurteile abbauen – Brücken aufbauen
Mitleid aufgeben – Solidarität entwickeln
Verstehen suchen – Leben teilen
S i e sind ein Teil der öffentlichen Meinung
Verändern S i e :
durch neues Wissen, Verstehen und Verhalten !

INTEGRATIO
MESSE
Brücke zwischen
Behinderten + Nichtbehindert
VOLKSHOCHSCHULE

W a r u m ?

Wissenschaftliche Untersuchungen stellten fest:

– Die *Forschungs-Gemeinschaft* „Das körperbehinderte Kind" untersuchte 1971 das spontane Verhalten des Normalbürgers gegenüber Contergan-Kindern, Fazit:

90 % wissen nicht,
wie sie sich Behinderten gegenüber verhalten sollen,

85 % zeigen sich uninteressiert
am Schicksal der Behinderten,

73 % sind dagegen, behinderte Kinder
durch ärztliche Bemühungen am Leben zu erhalten,

71 % fordern die Sondererziehung der Behinderten
in separaten Einrichtungen,

63 % möchten die Behinderten ins Heim verbannen,

56 % lehnen die Hausgemeinschaft mit Behinderten ab.

– Das Meinungsforschungsinstitut *Infratest* bestätigt:

nur ein Bruchteil der Bevölkerung weiß um die wahren Gründe von Behinderungen

13 % nur nennen die häufigste Ursache, eine schwierige Geburt.

– Die jüngste Untersuchung der *Universität Marburg* über die vermeintlichen Ursachen geistiger Behinderung erhärtet diese Ergebnisse:

70 % geben – unwissend – den Eltern die Schuld an der Behinderung

2/3 der Befragten entscheiden sich für eine Verbannung ins Heim, und zwar in entlegenen, abgeschiedenen Orten

1/3 nur ist bereit, das eigene Kind mit einem behinderten Kind spielen zu lassen.

– Ein *spastisch Gelähmter*, einer von 6 Millionen, äußert:

„Es ist nicht die Behinderung, die lähmt, sondern die Rolle des Outsiders nimmt uns die Möglichkeit der Bewährung: Nicht das Mitleid tötet, sondern daß man es als Anmaßung empfindet, so wie die anderen sein zu wollen.
Hierin liegt auch der Grund für jenes irrationale Schuldgefühl gegenüber . . .,
der Gesellschaft:
Unser Wunsch, so zu sein wie die anderen . . .
gibt uns jene eiskalte Lebensangst zu tragen auf, die in einer so reichen Industriegesellschaft nur schwer begreifbar ist."

W a s alle, auch S i e , tun können ?

Machen Sie mit. Wagen Sie Experimente.

Hier auf der infa. Ganzjährig in der VHS.

Denken, diskutieren, handeln S i e mit uns.

VHS-Volkshochschule Hannover
Fachbereich: Pädagogik – Psychologie – Philosophie

Leitung: Akademische Rätin Erika Schuchardt
Pädagogische Hochschule Hannover

INTEGRATION
MESSE
Brücke zwischen
Behinderten+Nichtbehinderten
VOLKSHOCHSCHULE

Was meinen Sie zur infa?

Sprechen Sie doch 'mal mit uns!

Kommen Sie zur Brücke in Halle 19:

Wir erwarten Sie mit
Quizz, Kaffee, Kontakten!

Wollen Sie mitbestimmen?

Dann kreuzen Sie doch einfach Ihre Antwort an:

1. Wie erleben Sie die infa mit Behinderten?
   - lehne ich ab ( )
   - stören mich ( )
   - sind mir egal ( )
   - begrüße ich ( )
   - beteilige ich mich ( )

2. Haben Sie schon mal Kontakte mit Behinderten gehabt? ja ( ) nein ( )
   Wenn ja, wo?
   - Familie ( )
   - Nachbarschaft ( )
   - Schule ( )
   - Öffentlichkeit ( )
   - Weiterbildung VHS ( )
   - Arbeitsplatz ( )

3. Wissen Sie, wieviele Behinderungsarten es gibt?
   - 3 ( )
   - 6 ( )
   - 10 ( )

4. Vermuten Sie, welche Behinderungsarten kommen am meisten vor?
   - körperbehindert ( )
   - geistigbehindert ( )
   - mehrfachbehindert ( )

5. Schätzen Sie, wieviel % der Bevölkerung mit Behinderungen lebt?
   - 1 ( )
   - 6 ( )
   - 12 ( )
   - 18 ( )

6. Nennen Sie die Ihrer Meinung nach häufigste Ursache für Behinderungen:
   - fehlerhaftes Verhalten der Eltern ( )
   - schwierige Geburt ( )
   - Vererbung ( )
   - Unfall / Verschleiß ( )

7. Wie begegnen Sie Behinderten?
   - mitleidig ( )
   - helfend ( )
   - partnerschaftlich ( )
   - ausweichend ( )
   - ablehnend ( )

MESSE
Brücke zwischen
Behinderten + Nichtbehinderte

8. Haben Sie bei infa-Aktionen mit Behinderten mitgemacht?
   Wenn ja, an wieviel Aktionen?
   1 ( )
   2 – 5 ( )
   6 – 9 ( )
   10 und mehr ( )
   auch am ‚Roll in' ja ( ) nein ( )

9. Welche Erfahrungen haben Sie gemacht?
   – Ich weiß jetzt mehr über Behinderte? ja ( ) nein ( )
   – Ich bin im Umgang mit Behinderten etwas sicherer geworden ja ( ) nein ( )
   – Ich will mit Behinderten in Ruhe gelassen werden ja ( ) nein ( )
   – Ich meine Behinderte gehören auf die infa ja ( ) nein ( )
   – Ich bin dabei, meine Einstellung gegenüber Behinderten zu ändern ja ( ) nein ( )

10. Wie verhalten Sie sich nach diesen Erfahrungen?
   – Lassen Sie Ihr Kind mit einem behinderten Kind spielen? ja ( ) nein ( )
   – Gehen Sie von sich aus selbst aktiv auf Behinderte zu? ja ( ) nein ( )
   – Nehmen Sie teil an gemeinsamen Veranstaltungen für Behinderte und Nichtbehinderte (z.B. in der Weiterbildung der Volkshochschule)? ja ( ) nein ( )
   – Bejahen Sie eine Hausgemeinschaft mit Behinderten? ja ( ) nein ( )
   – Stimmen Sie für einen gemeinsamen Schulbesuch von Behinderten und Nichtbehinderten? ja ( ) nein ( )
   – Fördern Sie Kontakte zwischen Behinderten und Nichtbehinderten, z. B. in der VHS? ja ( ) nein ( )

11. Soll die infa 1976 oder andere Messen Aktionen mit Behinderten anbieten? ja ( ) nein ( )

12. Vermuten Sie, daß durch solche Aktionen auf Messen ein aufgeschlosseneres Verhalten zu Behinderten wächst? ja ( ) nein ( )

13. Wer soll überhaupt Veranstalter von Aktionen mit Behinderten sein?
   Messeleitungen ( )
   Staatl. Erwachsenenbildungseinrichtungen, z.B. VHS ( )
   Freie Erwachsenenbildungseinrichtungen z.B. Kirchen ( )
   Pädagogische Hochschulen ( )
   Behindertengruppen/vereine/verbände ( )
   Einzelpersonen ( )

14. Hätte die Volkshochschule etwas anderes machen sollen auf der infa, als Aktionen mit Behinderten oder mit anderen Randgruppen? ja ( ) nein ( )
   wenn ja, welche?
   Schreibmaschine / Steno ( )
   Modenschau ( )
   Sprachen ( )
   Schulabschlüsse ( )
   Ausländerarbeit ( )

15. Was hat Ihnen bei Aktionen mit Behinderten gefehlt?
   ____

16. Was hat Ihnen bei Aktionen mit Behinderten gefallen?
   ____

17. **Daten zur Person:**
   zufällig ( ) Ansprache ( ) VHS-Arbeitsplan ( ) Zeitung ( ) Rundfunk ( )
   Geschlecht: Mann ( ) Frau ( ) behindert ( ) behindert ( )
   Alter: unter 25 J. ( ) 25 – 34 J. ( ) 35 – 49 J. ( ) über 50 J. ( )
   Schule: Hauptschule ( ), Realschule ( ), Höh. Schule ( ), Hochschule ( )
   Erlernter Beruf: ______________ Ausgeübter Beruf: ______________

Wir danken Ihnen!
Integrations – Kooperations – Runde an der VHS

VOLKSHOCHSCHULE

Woche des behinderten Kindes vom 5. bis 12. Juni 1979

Einladung und Programm

Hannover, im Mai 1979

Liebe Leserin, lieber Leser,

die Stadt Hannover hat im Internationalen Jahr des Kindes eine besondere Aufgabe übernommen. Im Auftrage der Nationalen Kommisssion wird sie den Auftakt zur „Woche des behinderten Kindes" gestalten. Die Vorsitzende der Nationalen Kommission, Bundesfamilienminister Antje Huber, wird die Woche am Dienstag nach Pfingsten, dem

5. Juni 1979, um 10 Uhr im Theater am Aegi

gemeinsam mit Oberbürgermeister Herbert Schmalstieg eröffnen. Mittelpunkt dieser Veranstaltung soll ein Gespräch mit kritischen Fragen eines Behinderten an einen Sozialwissenschaftler werden. Außerdem werden Integrationsmodelle im Vorschulalter vorgestellt und diskutiert. Dies alles verspricht recht interessant zu werden.

Ab 12 Uhr können sich behinderte und nichtbehinderte Kinder auf einer „Spielstraße für alle" vor dem Rathaus tummeln. Informationsstände und verschiedene Aktivitäten vermitteln Erwachsenen und Jugendlichen Einblicke in die Arbeit mit Behinderten.

Diese Veranstaltungen sind der Auftakt zu vielfältigen Aktivitäten in der gesamten Bundesrepublik. In Hannover selbst wollen verschiedene Organisationen und die Stadt bis zum 12. Juni Probleme von behinderten Kindern und deren Eltern den Mitbürgern bewußt machen und zu Lösungsmöglichkeiten anregen.

Bitte helfen Sie dabei. Wir rechnen fest damit, daß Sie verschiedene Veranstaltungen besuchen. Aber unsere Bitte geht noch weiter. Sprechen Sie Bekannte und Nachbarn an, laden Sie sie ein, mitzukommen, denn diese Veranstaltungen sind nicht nur – wie so oft – für einen bestimmten Kreis von Interessierten da, sondern gehen alle Menschen an.

Das Programm für die Woche des behinderten Kindes finden Sie auf den nächsten Seiten. Achten Sie aber bitte auch auf Hinweise in Zeitungen, Rundfunk und Fernsehen.

Wir freuen uns auf Ihren Besuch.

Mit freundlichen Grüßen

Für die Veranstalter:

Wilhelm Bläsig Martin Maneke
Martin Rutz Erika Schuchardt

Woche des behinderten Kindes

Eröffnungsveranstaltung am 5. Juni

10 Uhr Theater am Aegi:

Offizielle Eröffnung durch Bundesminister Antje Huber und Oberbürgermeister Herbert Schmalstieg. Musikalische Umrahmung durch die Musikgruppe des Rehabilitationszentrums Annastift (Leitung Wiebke Braun) und durch Kinder der „Lebenshilfe".

„Jeder ist ein Teil des Ganzen – Wege zur Integration"

Hinführung zum Thema — *Martin Maneke*
Szene aus dem Film „Behindert"
Dialog-Referat:
Kritische Anfragen eines Behinderten an einen Sozialwissenschaftler — *Klaus Kiesenthal und Christian von Ferber*

„Behinderte und ihre Familien unter uns"

Integrationsmodelle im Vorschulalter werden in Bild und Wort vorgestellt:

- Hausfrüherziehung — *Regina Schumann*
- Integrative Erziehung im Kindergarten — *Harald von Zimmermann, Achim Stuckert*
- Kinder- und Elterngruppe in der Volkshochschule Hannover — *Erika Schuchardt*

Gesprächsrunde der Vortragenden über die Probleme integrativer Eingliederung

Moderation und Gesprächsleitung — *Martin Rutz*

Vor und nach der Veranstaltung spielt die Band der Niedersächsischen Landesblindenschule im Eingang des Theaters.

Für Kinder, deren Eltern die Veranstaltung im „Aegi" besuchen, ist die Spielstraße bereits ab 9.30 Uhr geöffnet.

12 Uhr Rathausvorplatz:

„Spielstraße für alle" und Informationen

Informationsstände und andere Aktivitäten verschiedener Verbände und Einrichtungen

Ab 13 Uhr: Erbsensuppe aus der Gulasch-Kanone (1,– DM)

Die Spielstraße findet bei Regen am gleichen Ort in Zelten statt.

Für behinderte Besucher stehen Parkplätze am Rathaus, Ostseite, zur Verfügung.

Beförderungsdienst für Behinderte: Telefon 0511/71 60 60

Sonstige Informationen: Telefon 0511/168-27 91

Anmerkungen:

270) Vgl. dazu: ZAHRNT, Kap. 9: Leiden – wie kann Gott das zulassen? In: ZAHRNT, H.: Warum ich glaube. Meine Sache mit Gott. München/Zürich 1977, S. 304 ff.

271) d'AMBROSIO, R.: Der stumme Mund. Bern 1971, S. 26. Manche Ärzte glaubten, ihr Reaktions- und Adaptionsmangel sei das Ergebnis von Schwachsinn schlechthin, andere vertraten die Ansicht, daß sie sich in der Welt nicht zurechtfand, d.h. unter Schizophrenie litt.

272) Vgl. dazu: Die These der Theologin D. SÖLLE:
Leben ist ohne Leiden möglich in A-pathie des lebendigen Totseins; Erleben aber setzt Pathos, Leiden voraus, das immer der Leidenschaft zugehörig ist. In: SÖLLE, D.: Leiden. Stuttgart, Berlin 1973. Vgl. auch Teil I, Kap. 2 Interdisziplinäre Begründungen der Integrationskonzeption S. 14 ff.

273) a.a.O., S. 185.

274) a.a.O., S. 202.

275) d'AMBROSIOs Schlußbemerkung: „Das also ist Lauras Geschichte.
Die Geschichte des Erwachens ihrer Stimme und des Verschwindens dieser Stimme aus meinem Ohr – eine Abwesenheit, die irgendwie immer spürbar sein wird. Aber es ist auch die Geschichte des Schicksals, wie es jedes einzelne Kind erwartet, das unter Vernachlässigung, Armut und seelischer Krankheit zu leiden hat.
Und es ist die Geschichte von ein paar Außenseitern, die nicht aufgeben wollten. Vergessen und unbeachtet mühen sich die Schwestern, die ich jetzt verließ, weiter ab. Und als ich weiterging, klangen mir die Stimmen im Ohr: ‚Herr, Dr. ..., da ist Anne ...!' "

276) Vgl. dazu: VULPIUS, A.: Weiterbildung statt Erwachsenenbildung. – Ein Beitrag zu den Gründen für die Begriffswahl. In: Hess. Blätter für Volksbildung, 29. Jg., H. 1, 1979, S. 63 ff.

277) SIEBERT, H., JAGENLAUF, M.: Die Volkshochschule im Urteil ihrer Mitarbeiter. Braunschweig 1970.

278) DEUTSCHER BILDUNGSRAT: Strukturplan für das Bildungswesen. Stuttgart 1970.

279) BUNDESMINISTER für BILDUNG und WISSENSCHAFT: Bildungsbericht '70. Bonn 1970.

280) BUND-LÄNDER-KOMMISSION: Bildungsgesamtplan für Bildungsplanung bis 1985. Bonn 1973.

281) DEUTSCHER AUSSCHUSS für das ERZIEHUNGS- und BILDUNGSWESEN: Zur Situation und Aufgabe der deutschen Erwachsenenbildung. Stuttgart 1960.

282) DEUTSCHER VOLKSHOCHSCHUL-VERBAND, DVV (Hrsg.): Stellung und Aufgabe der Volkshochschule. Frankfurt 1966.

283) Vgl. dazu die Untersuchung: SCHULENBERG, W.: Ansatz und Wirksamkeit der Erwachsenenbildung 1957.
GÖTTE, U.: Volkshochschule in einer Industriegroßstadt. 1959.
PRAGER, H.: Die Erwachsenenbildung in der westfälischen Industriestadt Marl. 1960.
STRZELEWICZ, W., RAAPKE, H., SCHULENBERG, W.: Bildung und gesellschaftliches Bewußtsein. 1966.
SCHRÖDER, E.: Außerschulische Jugendbildung. 1977.

284) Vgl. dazu insbesonders die Literaturexpertise, die wichtige Untersuchungen vorstellt und diskutiert, so daß auf Nennungen verzichtet werden kann:
HOLZAPFEL, G., NUISSL, E., SUTTER, H.: Soziale Defizite in der Weiterbildung. Heidelberg 1977.

285) PICHT, G., EDDING, F. u.a.: Leitlinien der Erwachsenenbildung. Braunschweig 1972.
SPIESS, W., BRUNS, H., SCHICK, K.: Verschulung oder Befreiung? Braunschweig 1973.
STRZELEWICZ, W.: Demokratisierung und Erwachsenenbildung. Braunschweig 1973.
DIECKMANN, A., u.a.: Gesellschaftsanalyse und Weiterbildungsziele. Braunschweig 1973.
CUBE, F. v., u.a.: Kompensation oder Emanzipation. Braunschweig 1974.

286) SIEBERT, H.: Positionen zum Aufgabenverständnis der Erwachsenenbildung. Sonderdruck des Landesverbandes der Volkshochschulen Niedersachsens. Hannover 1975.

287) SIEBERT, H.: Erwachsenenbildung. In: HIERDEIS, H. (Hrsg.): Taschenbuch der Pädagogik. Baltmannsweiler 1978, S. 218.

288) DAUBER, H., VERNE, E. (Hrsg.): Freiheit zum Lernen. Reinbek 1976.

289) AXMACHER, D.: Erwachsenenbildung im Kapitalismus. Frankfurt 1974.

290) ÖKUMENISCHER RAT der KIRCHEN, ÖKR, Genf und LUTHERISCHER WELTBUND, LWB, Genf: Modellentwicklungen. 1979.

291) DER BUNDESMINISTER für BILDUNG und WISSENSCHAFT: Bildungspolitische Zwischenbilanz. Bonn 1976, S. 77.

292) DEUTSCHER VOLKSHOCHSCHUL-VERBAND: Stellung und Aufgabe der Volkshochschule. Weinheim 1978, S. 10.

293) GERHARD, R., KRÜGER, W., SANDBRINK, D.: Analyse der Weiterbildungsforschung in der BRD 1973 - 1977. In: SIEBERT, H.: Taschenbuch der Weiterbildungsforschung. Baltmannsweiler 1979, S. 35/36.

294) Daß gerade den Randgruppen auch eine politische Lobby fehlt, wird im Zusammenhang der Praxiskonzeptionen diskutiert werden, vgl. Teil III, Kapitel 2: ‚Konzeptionen von ZGA an VHSn', S. 340 ff.

295) Vgl. dazu MADER, W., WEYMANN, A.: Zielgruppenentwicklung, Teilnehmerorientierung und Adressatenforschung. In: SIEBERT, H.: Taschenbuch der Weiterbildungsforschung. Baltmannsweiler 1979, S. 347

296) TIETGENS, H.: Adressatenorientierung der Erwachsenenbildung. In: Hess. Blätter für Volksbildung. 27. Jg., H. 4, 1977, S. 283 ff.

297) TIETGENS, a.a.O., S. 284/285.

298) MADER, W., WEYMANN, A.: Zielgruppenentwicklung, Teilnehmerorientierung und Adressatenforschung. In: SIEBERT, H.: Taschenbuch der Weiterbildungsforschung. Baltmannsweiler 1979, S. 348/349.

299) Ebda, S. 350.

300) DEGEN-ZELAZNY, B.: Zielgruppenarbeit als Mittel zur Demokratisierung der Volkshochschule. In: Hess. Blätter für Volksbildung. 24. Jg., H. 3, 1974, S. 200.

301) TIETGENS, H.: a.a.O., S. 287.
Vgl. dazu auch Programme für Minderheiten, – für nichtberufsreife Jugendliche, für arbeitslose Mädchen, für Behinderte, für Jugendliche im Strafvollzug –. In: Volkshochschule im Westen. 29. Jg., H. 4, 1977.
desweiteren: MADER, W.: Großeltern als Erzieher. In: Materialien zur politischen Bildung. H. 1, 1977, S. 79.

302) SENZKY, K.: Management der Erwachsenenbildung. In: PÖGGELER (Hrsg.): Handbuch der Erwachsenenbildung. Bd. 2, Stuttgart 1974.

303) MADER, W., WEYMANN, A.: a.a.O., S. 352 ff.

304) SCHUCHARDT, E.: Zielgruppenarbeit. In: Wörterbuch der Pädagogik. Freiburg 1977, S. 338 ff.

305) NEGT, O.: Soziologische Phantasie und exemplarisches Lernen. Frankfurt 1974.
GIESECKE, H.: Politische Aktion und politisches Lernen. München 1970.

306) TIETGENS, H.: a.a.O., S. 285.
Vgl. dazu auch PÄDAGOGISCHE ARBEITSSTELLE des DVV: Handbuch für die Praxis, Loseblatt-Sammlung, Nr. 53.100 Zielgruppenarbeit. Bonn 1972.

307) TIETGENS, H.: a.a.O., S. 285.

308) MADER, W.: a.a.O., S. 359.

309) SCHUCHARDT, E.: a.a.O., S. 339.

310) SCHUCHARDT, E.: 5. Kongreß der Deutschen Gesellschaft für Erziehungswissenschaft (DGfE). Interaktion und Organisation in pädagogischen Feldern, vom 29.-31. März 1976. Arbeitsgruppe, MADER, W.: Adressatenbezug in der Erwachsenenbildung. In: Z. f. Päd., 23. Jg., 13. Beiheft, 1977, S. 262 ff.

311) PÖGGELER, F.: Kongreßbericht. In: Z. f. Päd., 23. Jg., 13. Beiheft, 1977, S. 266 ff.
derselbe: Erwachsenenbildung – Einführung in die Andragogik. Stuttgart 1974.

312) Ebda, S. 266 ff.

313) TIETGENS, H.: Minderheitenprogramme, a.a.O., S. 157.

314) Interviewergebnisse mit skandinavischen Lehrern im SS 1978 in der Volkshochschule Bethel bei Bielefeld anläßlich eines Modellseminars mit Geistigbehinderten aus Skandinavien und aus Bethel.
Vgl. dazu auch DIAKONISCHE AKADEMIE STUTTGART: Protokoll der Studienreise nach Dänemark und Schweden vom 5.-13.5.1977, Nr. B 17/1977, S. 75 ff.

315) SENZKY, K.: Kongreßbericht, a.a.O., S. 267.
derselbe: Systemorientierung der Erwachsenenbildung. Stuttgart 1977.

316) TIETGENS, H.: Minderheitenprogramme, a.a.O., S. 156/157.

317) TIETGENS, H.: Adressatenorientierung, a.a.O., S. 285.

318) Vgl. dazu MADER, W.: Er fordert den Ausbildungsschwerpunkt ‚Beratung' für den zukünftigen Andragogen. In: Erwachsenenbildung, a.a.O., S. 121.

319) Wir entscheiden uns für den Begriff ‚metakommunikative Kompetenz', weil wir Beratung – in Übereinstimmung mit der Arbeitsgruppe für empirische Bildungsforschung (AfeB) – „auf einem Kontinuum zwischen Information und Psychotherapie" lokalisieren, demzufolge uns Tietgens' Vorschlag ‚therapeutischer Kompetenz' zu einseitig festgelegt erscheint.
Vgl., AfeB (Heidelberger): Aufgaben und Aufbau von Weiterbildungsberatungsstellen. Bonn 1974.

320) Vgl. Teil I, Kap. 1: Integration oder Separation in der Bildungspolitik. S. 4-13.

321) Vgl. in dieser Arbeit S. 334.

322) Die Auswahl der Modelle folgt der von der DGfE für den Kongreß 1975 ausgewählten Praxisbeispiele. Vgl. dazu Z.f.Päd., 23. Jg., H. 13, 1977.

323) Vgl. oben S. 80, HAMBITZER, M.: Schicksalsbewältigung – Daseinsermöglichung – Körperbehinderter. Bonn 1962.

324) Vgl. oben S. 89, THOMAE, H.: Persönlichkeit. Eine dynamische Interpretation. Bonn 1951.

325) Vgl. S. 337 dieser Arbeit.

326) Vgl. dazu Gespräche mit dem Leiter Dr. Schwaiger, Bethel 04.02. 78 und Pressemitteilungen: Westfälisches Volksblatt, Paderborn, 27.04.78.

327) Diese Problematik von Konkurrenz und Kooperation zwischen unterschiedlichen Trägereinrichtungen ergibt sich u.a. aus dem Vorleistungsprinzip im Niedersächsischen Erwachsenenbildungsgesetz (EBG) vom 29.01.1970, nach dem die Finanzierung neuer Mitarbeiter durch das Land vom geleisteten Stundendeputat der Einrichtung abhängig ist.

328) Vgl. dazu Frankfurter Bund für Volksbildung (Hrsg.): Dokumentation. Kurse und Veranstaltungen der VHS Frankfurt. ‚Bewältigung der Umwelt'. Zur Integration der Körperbehinderten. Frankfurt 1975, S. 17/18.

329) KLEE, E.: Behinderten-Report. Frankfurt 1974.
ders.: Behinderten-Report II. Frankfurt 1976.

330) Vgl. dazu GIESECKE, H., u.a.: Politische Aktion und politisches Lernen. München 1973.

331) „Die Volkshochschule kann als Bildungseinrichtung die Teilnehmer nur zu bestimmten Verhaltensweisen anleiten. Sie kann als Bildungsinstitution aber nicht an sich sinnvolle demonstrative Aktionen durchführen." In: Frankfurter Bund für Volksbildung, a.a.O., S. 5.

332) Vgl. dazu KLEE als Initiator und Journalist: a.a.O., 1974 und 1976.

333) SIEBERT, H.: Positionen zum Aufgabenverständnis ..., a.a.O., S. 15.

334) Vgl. Anhang, Auszug aus dem Arbeitsplan der VHS Hannover 1975, S. 446.

335) Daß trotz aller Schwierigkeiten solche Ansätze ein Faktum in der WB werden und den regionalen Rahmen zu sprengen vermögen, beweist der folgende Tatbestand: Für das Internationale Jahr des Kindes 1979 wurde zur bundesweiten Vorbereitung und Eröffnung der ‚Woche des behinderten Kindes vom 5.-12. Juni 1979' Hannover als die vorbildlichste Stadt für die Entwicklung und Realisierung von Integrations-Modellen von der Nationalen Kommission ausgewählt.

336) Der Darstellung der nachfolgenden Lernsituation liegen Unterrichtsaufzeichnungen zugrunde, die z.T. als Video- oder Tonbandaufzeichnungen im Einverständnis der Teilnehmer erstellt und als Unterrichtsvor- und -nachbereitungen protokolliert wurden.

337) Vgl. Teil I, Kapitel 3: Symbolischer Interaktionismus als Erklärungsansatz für Integrationsprozesse. S. 25 ff.

338) Das Beratungsgespräch wurde als Gedächtnis-Protokoll aufgezeichnet. Diese Protokolle von Gesprächen sind Bestandteil der gesprächstherapeutischen Ausbildung, ihre Anzahl wuchs zwischenzeitlich auf ca. 300 Gesprächsprotokolle an.

339) Vgl. Teil II, Kapitel 3: Faktoren zur Krisenintervention und -prävention im Lernprozeß Krisenverarbeitung, S. 235 ff.

340) Vgl. Teil II, Kap. 1: Soziale Integration als Lernprozeß Krisenverarbeitung. Kap. 1.3.3: Agression S. 102 und Kap. 2: Darstellung des Lernprozesses Krisenverarbeitung. Kap. 2.2.1: Aggression S. 129 ff.

341) Es soll an dieser Stelle angemerkt werden, wohin der Lernpropeß führte: Frau K. und ihr Mann besuchten gemeinsam einen Integrationskursus der VHS und hatten nach zwei Jahren Mut für ein zweites Kind, besuchten eine genetische Beratungsstelle, erlebten die Geburt eines nichtbehinderten Kindes und leben heute zu viert integriert.

342) Vgl. dazu SCHUCHARDT, E.: Erziehungsberatung. In: Wörterbuch der Pädagogik. Freiburg 1977, S. 251.

343) MADER, W.: Erwachsenenbildung, a.a.O., S. 123.

344) Vgl. dazu BUNDESMINISTER für JUGEND, FAMILIE und GESUNDHEIT (Hrsg.): Modellseminare ‚Eltern mit Kindern'. Band 61, Stuttgart 1978.
THIMM: Modellseminar ‚Behinderte unter uns'. In: Erwachsenenbildung, H. 4, Münster 1977.
WÖRMANN u.a.: Zum Beispiel: Eltern von behinderten und nichtbehinderten Kindern („Bildungsurlaub"). In: Mitteilungen des Sozialamtes der Ev. Kirche von Westfalen, Nr. 26, Schwerte 1979, S. 21-50.

345) Vgl. Teil II, Kap. 2: Darstellung des Lernprozesses Krisenverarbeitung anhand ausgewählter Biographie-Analysen, CARLSON, S. 153 ff., KILLILEA, S. 160 ff., BROWN, S. 267 ff.

346) MADER, a.a.O., Kap. 4: ‚Möglichkeiten der Überlagerung von Handlungen: Interferenzhypothesen', S. 49.
Nach Mader besagt das Paradigma der Interferenzhypothesen, daß mehrere verschiedene Wellen sich auf einem Träger ausbreiten, sich durchdringen und zu bestimmten Erscheinungen führen ..., die erklärt werden können, wenn man die zugrunde liegende Wirklichkeit als Welle definiert.

347) Vgl. dazu MADER, a.a.O., Kap. 7: ‚Interferenzhypothesen zur Lernsituation Familie und Freizeit', S. 111 ff., denen in der folgenden Hypothesenaufstellung wegen der Präzision der Formulierungen Maders weitgehend gefolgt wird.

348) Ebda, S. 48.

349) Ebda, S. 34.

350) Ebda, S. 112.

351) CLAESSENS/MILHOFFER: Familiensoziologie. Frankfurt 1973. HORKHEIMER: Autorität und Familie in der Gegenwart. In: CLAESSENS (Hrsg.): Familiensoziologie, S. 79-94. HORKHEIMER erklärt diesen Widerspruch der Familie mit der Autoritätsentleerung der Familie im Zuge der Privatisierung: ,,wie die Familie weitgehend aufgehört hat, die ihr eigene Form der Autorität über ihre Mitglieder auszuüben, so ist sie zum Übungsplatz für Autorität schlechthin geworden," a.a.O.,S. 85.

352) RICHTER, H.: Patient Familie. Hamburg 1970.
RICHTER, H., STROTZKA, H., WILLI, J. (Hrsg.): Familie und seelische Krankheit. Hamburg 1976.

353) Vgl. Teil I, Kap. 3.3.2: Metakommunikative Kompetenz. S. 35 ff.

354) MADER: a.a.O., S. 114.

355) Ebda, S. 114.

356) JUNGBLUTH, U.: Bildungsurlaub für Hausfrauen. Bonn 1973, S. 68 ff: „Schwieriger als die Beteiligung an der inhaltlichen Gestaltung ist die Mitsprache der Teilnehmer bei der Wahl der Methoden. Sie können nur wünschen, was sie kennen, was sie schon positiv erfahren haben. Entsprechend ihrem Bildungsverständnis möchten die meisten zunächst mit Hilfe der Fachleute ihren Wissensstand verbessern. Sie glauben an die Möglichkeit, ‚richtige Antworten' von ihnen zu bekommen und damit ihre Probleme lösen und ‚es richtig machen' zu können."
Vgl. auch KERN, R., SCHUCHARDT, E. u.a.: Bildungssoziologische Materialien und ihre Relevanz für den Bildungsurlaub. In: SIEBERT, H. (Hrsg.): Bildungsurlaub. Düsseldorf 1972, S. 93 ff.

357) SEYWALD, A.: Körperliche Behinderung. Frankfurt 1977, S. 43 ff.
Die Grundannahme der Seywald-Studie lautet: „Die Existenz einer Irrelevanzregel bezüglich physischer Abweichungen zeigt, daß die betreffenden Eigenschaften in dieser Gesellschaft affektiv abgelehnt und negativ bewertet werden, ohne daß ideologische Rechtfertigungen hierfür zur Verfügung stünden. Nicht jeder, der die Irrelevanzregel befolgt, muß selbst die Ablehnung teilen, aber sein gewolltes Nichtbeachten beweist zumindest, daß ihm peinlich bewußt ist, wie negativ andere die physische Abweichung bewerten."

358) Vgl. Teil I, Kap. 4.2: Didaktische Merkmale der Lernsituation; 4.2.2: Verhältnis von Identitätskrise und Lernmotivation beim WB-Lernenden, S. 56 ff.

359) Vgl. Teil I, Kap. 3: Symbolischer Interaktionismus als Erklärungsansatz, S. 25 ff.

360) MADER: a.a.O., S. 115.

361) Ebda, S. 39.

362) Vgl. Teil I, Kap. 4.2: Didaktische Merkmale der Lernsituation. 4.2.5: Verhältnis von Alltagswissen und Handlungsperspektiven im WB-Prozeß, S. 63 ff.

363) Vgl. Teil I, Kap. 4.2: Didaktische Merkmale der Lernsituation. 4.2.4: Verhältnis von metakommunikativ-therapeutischer und fachwissenschaftlich-pädagogischer Kompetenz beim WB-Lehrenden, S. 61 ff.

364) MADER: a.a.O., S. 39.

365) WATZLAWICK u.a.: a.a.O., S. 68.

366) Ebda, S. 56.

367) PAROW, E.: Die Dialektik des symbolischen Austausches. Frankfurt 1973, S. 15, bei MADER: a.a.O., S. 39.

368) Ebda, S. 39.

369) Ebda, S. 115.

370) Vgl. Teil I, Kap. 4.2: Merkmale der Lernsituation.
4.2.3: Verhältnis von Konstitutions- und Strukturanalyse in der WB-Situation, S. 57 ff.

371) MADER: a.a.O., S. 116.

372) Ebda, S. 116.

373) Vgl. Teil I, Kap. 3.2.: Metakommunikative Kompetenz, S. 35 ff.

374) RICHTER, H., STROTZKA, H., WILLI, J. (Hrsg.): Familie und seelische Krankheit. Hamburg 1977, S. 131.

375) LAING, R.D.: Die Politik der Familie. Köln 1974, S. 14 ff.: „Es geht ... um die Beziehung zwischen den wahrnehmbaren Strukturen der Familie und den Strukturen, die als Teil der ‚Familie' als ein Set von Beziehungen und Operationen zwischen ihnen fortbestehen (verinnerlichte Familie)."
S. 25 ff: „Die ‚Familie' (verinnerlichte Familie) wird auf das Geschäft übertragen ..."

376) MADER: a.a.O., S. 118.
Vgl. auch Teil I, Kap. 4.2: Didaktische Merkmale der Lernsituation.
4.2.1: Verhältnis von Lern- und Lebenssituationen im WB-Angebot. S. 54 ff.

377) MADER: a.a.O., S. 118.

378) Ebda, S. 118.

379) Vgl. Teil I, Kap. 3.2.: Metakommunikative Kompetenz, S. 35 ff.

380) MADER: a.a.O., S. 46 und vgl. Teil III, Kap. 1.2: Zielgruppenarbeit in ihrem Prozeßcharakter, S. 333 ff.

381) MADER: a.a.O., S. 118.

382) Vgl. Teil I, Kap. 4.2: Merkmale der Lernsituation.
4.2.5: Verhältnis von Identitätskrise und Lernmotivation beim WB-Lernenden, S. 56 ff.

383) Vgl. dazu in Teil III, Kap. 2: Konzeptionen von ZGA an VHSn. Kap. 2.5: Interaktion mit Behinderten und Nichtbehinderten. Hannover, S. 345 ff.
Wie bereits erwähnt, repräsentiert die Ankündigung im VHS-Arbeitsplan ‚Behindert – wie kann man damit leben?' das Ergebnis einer fortschreitenden Zielgruppenarbeit, die zunächst nur als ZGA für Eltern behinderter Kinder im W S 72 begann (vgl. Kap. 3.1: ZGA im ersten Schritt: Stabilisierung).

Erst nachdem die Eltern Stabilisierung und Problematisierung ihrer Situation gemeinsam geleistet hatten, forderten sie für das WS 1973 gemeinsame Seminare mit Eltern nichtbehinderter Kinder. Die Folgeseminare entwickelten sich alsbald zu einem Lernfeld sowohl für das Erziehungsverhalten als auch für die Interaktionsfähigkeit, so daß die Betroffenen für das SS 1974 den vierzehntägigen Wechsel zwischen Eltern-Kinder-Seminar und Elternseminar forderten. Schließlich beantragten die Teilnehmer für das SS 1975 die Organisationsform eines Wochenend-Seminars, um so auch die Väter intensiver beteiligen zu können. Aus diesem zwölf Einheiten umfassenden Eltern-Kinder-Blockseminar werden hier die vierte und fünfte Einheit analysiert.

384) Diese Aussage hatte Frau B. bereits spontan in der Fernsehsendung BILDUNGSZENTRUM am 5.6.1975 im III. Fernsehprogramm des NRD/RB/SFB über das VHS-Integrations-Modell gebracht, als sie befragt wurde, warum sie teilnehme: dennoch zögerte sie hier erneut.

385) Vgl. Teil II, Kap. 1: Soziale Integration als Lernprozeß Krisenverarbeitung, 1.3.5: Depression, S. 105 ff. und Kap. 2: Darstellung des Lernprozesses, 2.2.3: Depression, S. 152 ff.

386) LAING: a.a.O., S. 38.

387) BUNDESAUSSTELLUNG des DEUTSCHEN HAUSFRAUEN-BUNDES DHB (Hrsg.): infa-Information '76, Hannover 1976, S. 7.

388) Ebda, S. 12.

389) HECKMANN-AUSSTELLUNGEN (Hrsg.): infa-Messe '75. Hannover 1975.
Besonders anzuerkennen sind hier das ausgezeichnete Einfühlungsvermögen und die außerordentliche Einsatzbereitschaft sowie die Unterstützung der Messeleitung: Frau LIESLOTT ZIEG und Herrn Sepp HECKMANN.

390) Vgl. dazu Teil I, Kap. 1: Integration oder Separation Behinderter in der Bildungspolitik. S. 1-13.

391) Vgl. dazu Anlagen: Messe-Aktionen: „Wagen Sie Experimente auf der infa", S. 447-452.

392) Vgl. dazu Anlagen: Zeitungsaufruf „infa für alle – auch für Behinderte", S. 447.

393) Vgl. Anlagen: „Messe – Brücke zwischen Behinderten und Nichtbehinderten", S. 448-450.

394) Vgl. Anlagen: Fragebogen infa-Messe '75, S. 451/452.

395) Zielsetzung der infa war die Steigerung konsumbewußter Verbraucherhaltung, der eine passive Erwartungshaltung korrespondierte. Demgegenüber reflektierte Bildungswerbung unterrepräsentierter Zielgruppen auf eine Konfrontation mittels Interaktion, um Vorurteile aus wechselseitigen Deutungen ansatzweise abzubauen und neue Lernerwartungen zu wecken.

396) Die Auswertung der 2.167 Fragebogen erfolgte durch Kreuztabellierungen mittels EDV im Rechenzentrum der Universität Hannover.

397) Durchschnittlich 4 Animateure waren bei 20 Aktionen in jeweils 3 Schichten von 9.00 - 12.00, 12.00 - 15.00, 15.00 - 18.00 Uhr tätig.

398) Anlagen: Fragebogen zur infa-Messe '75, S. 451/452.

399) Vgl. Fragebogen, a.a.O., Frage 17.

400) Die Strukturierung nach Beruf veranschaulicht ein Histogramm der infa-Informationen: 41% Arbeiter und Angestellte, 25% Hausfrauen, 18% Schüler und Studenten, 9% Selbständige, 7% Beamte.
In: BUNDESAUSSTELLUNG des DEUTSCHEN HAUSFRAUEN-BUNDES (Hrsg.): infa-Informationen '76, Hannover 1976, S. 12.
Auch unser Versuch einer differenzierteren Einteilung nach MOORE/KLEINING würde diese Übergewichtung der Mittelschicht bei den Befragten ergeben:
40,1% untere Mittelschicht, 11,4% mittlere Mittelschicht und 1,2% obere Mittelschicht, gegenüber 23% Schülern und 19% Studierenden.
Vgl. dazu MOORE, H., KLEINING, G.: Das soziale Selbstbild der Gesellschaftsschichten in Deutschland.
In: Kölner Zeitschrift für Soziologie und Sozialpsychologie. Köln 12. Jg., 1960, S. 86 ff.

401) Fragebogen, a.a.O., Frage 2.

402) Fragebogen, a.a.O., Frage 8.

403) Fragebogen, a.a.O., Frage 2.

404) Fragebogen, a.a.O., Frage 8, Frage 1.

405) Fragebogen, a.a.O., Frage 10, Frage 8, Frage 1.

406) Forschungsgemeinschaft das körperbehindete Kind, 1971, vgl. auch JANSEN, W., ESSER, O.: Empirische Korrelate zwischen Einstellungen der Umwelt und dem Verhalten körperbehinderter Kinder. Köln 1968.

407) Marburger Untersuchung. BRACKEN, H. v.: Vorurteile gegen behinderte Kinder, ihre Familien und Schulen. Berlin 1976, S. 230.

408) Fragebogen, a.a.O., Frage 9, Frage 10, Frage 2.

409) Fragebogen, a.a.O., Frage 1, Frage 15, Frage 16.

410) Marburger Untersuchung. BRACKEN, H. v., a.a.O., S. 303.

411) UNTERRICHTUNG durch die BUNDESREGIERUNG: Anhang zum Bericht über die Lage der Psychiatrie in der Bundesrepublik Deutschland.
– Zur psychiatrischen und psychotherapeutischen Versorgung der Bevölkerung. – Deutscher Bundestag, 7. Wahlperiode, Drucksache 7/4201, Bonn 1974.

412) BAUER, U.: a.a.O., S. 1126 ff.

413) FINZEN, A.: a.a.O., S. 1137 ff.

414) SCHERER, K.-R.: a.a.O., S. 1159 ff.

415) Vgl. dazu SCHUCHARDT, K.: Schriftenreihe zur Öffentlichkeitsarbeit seit 1914. ‚Geschichten und Bilder aus Hephata'. Hrsg. vom Begründer der Anstalt Hephata: Pfarrer Schuchardt.

416) INSTITUT für KOMMUNIKATIONSFORSCHUNG: Grundlagen für methodische Öffentlichkeitsarbeit, Wuppertal 1975, unveröffentlichtes Manuskript. Forschungsteam Kaluschke/Fenner. FENNER, P., WOHLHÜTER, H.: Akademiekurs Öffentlichkeitsarbeit in der Behindertenhilfe. In: Diakonie, Jahrbuch des Diakonischen Werkes, Stuttgart 1975, S. 162 ff.

417) INSTITUT für KOMMUNIKATIONSFORSCHUNG: Grundlagen für methodische Öffentlichkeitsarbeit. Wuppertal 1975.

418) Ebda, S. 29.

419) Ebda, S. 42.

420) Ebda, S. 42.

421) INSTITUT für KOMMUNIKATIONSFORSCHUNG: a.a.O., S. 59/60. Dort werden zur Realisierung einer Kommunikationsstrategie hypothetisch fünf Schritte unter Berufung auf Hofstätter entwickelt.
1) Steigerung des gegenseitigen Verständnisses mit zunehmender Ähnlichkeit der Selbstbilder.
2) Verringerung der Differenz zwischen Hetero- und Autostereotypen.
3) Verringerung der Differenz zwischen den wechselseitigen Heterostereotypen und Autostereotypen.
4) Verringerung der Differenz zwischen vermutetem Fremdbild und eigenem Selbstbild.
5) Verringerung der Differenz zwischen vermutetem Fremdbild und dem tatsächlichen Fremdbild.

Da aber die Schwierigkeit darin besteht, daß Nicht-Behinderte Informationen über Behinderte ‚normalisieren', d.h. den gewohnten Ordnungsformen des Erlebens und Handelns anpassen, und dadurch die Kommunikation zwischen beiden Gruppen über den ersten dieser fünf Schritte nicht hinauszukommen droht, bedarf es methodischer Steuerungen in diesem Kommunikationsprozeß zwischen Behinderten und Nicht-Behinderten. Ziel dieser Kommunikationsstrategie muß es sein, daß Nicht-Behinderte außerhalb des Bezugsfeldes ‚Behindertenhilfe' die alternativen Ordnungsformen des Erlebens und Handelns in der Interaktion mit Behinderten schrittweise erproben und erfahren können."

422) Vgl. dazu Kap. 22: Zur Strategie des Kampfes gegen Behinderten-Vorurteile, S. 313-351. In: BRACKEN, H. v.: Vorurteile gegen behinderte Kinder, ihre Familien und Schulen. Berlin 1976.

423) BIER, P.: Funkbilder aus Niedersachsen, NDR 1, 20.09.1975, 11.00 Uhr.

424) VOGEL, G.: Bildungszentrum, III. Fernsehprogramm des WDR, RB, SFB, 05.10.1975, 20.00 Uhr.

425) GEBHARD, P.: Pop und Politik, NDR 2, 20.09.1975, 17.00 Uhr.

426) Dokumentationen, Manuskripte der Sendungen sowie Tonband oder Videoaufzeichnungen bei der Verfasserin.

427) Vgl. Anlage S. 453/454.

428) Aussagen aus MEDIEN-INTERVIEWS im Rahmen einer Lernsituation bei der ‚Messe-Öffentlichkeitsaktion' des WB-Interaktions-Modells.
Vgl. Teil III, Kap. 3: Zielgruppenarbeit im dritten Schritt: Partizipation S. 404 ff. Außerdem dokumentiert in einer Fernsehaufzeichnung des NRD/WDR vom 13.12.1975.

Autobiographien und Biographien

AMBROSIO, Richard d': Der stumme Mund. Bern, München und Wien 1971, 1973[3]. Amerikanischer Originaltitel: No language but a cry. o.J.

ARMES, Jay J., NOLEN, Frederick: Das wachsamste Auge der Welt. München 1977.

AXLINE, Virgina M.: Dibs. Die wunderbare Entfaltung eines menschlichen Wesens. Bern, München und Wien 1971[6]. Amerikanischer Originaltitel: Dibs in Search of Self. o.J.

BAUER, Ernst W.: Ein Stuhl zwischen den Stühlen. München 1974.

BROWN, Christy: Mein linker Fuß. Berlin 1970, 1976[7]. Englischer Originaltitel: My left Foot. o.J., m.E. 1954.

BROWN, Christy: Ein Faß voll Leben. Bern, München und Wien 1974, 1975[2]. Englischer Originaltitel: Down all the days. 1970.

BUCK, Pearl S.: Geliebtes unglückliches Kind. Wien 1952. Amerikanischer Originaltitel: The child who never grew. o.J.

CARDINAL, Marie: Schattenmund. Roman einer Analyse. Der autobiographische Bericht einer Frau über die Heilkraft der Psychoanalyse. München 1977. Französischer Originaltitel: Les mots pour le dire. Paris 1975.

CARETTE, Jeanine: Ich hab dich auf die Welt gebracht. Freiburg 1974. Französischer Originaltitel: Te mettre au monde. 1973.

CARLSON, Earl R.: So geboren. Der Lebensbericht eines Arztes und Heilpädagogen. Stuttgart 1963. Amerikanischer Originaltitel: Born that way! o.J.

CARSON, Mary: Ginny. Eine Mutter gibt nicht auf. Hamburg 1973. Englischer Originaltitel: A true story. 1971.

EARECKSON, Joni, MUSSER, Joe: Joni. Der erschütternde Bericht über Kampf und Sieg einer durch Unfall gelähten jungen Frau. Wetzlar 1977. Amerikanischer Originaltitel: Joni. Michigan 1976.

EARECKSON, Joni, STEVE, Estes: Joni. Der nächste Schritt. Wetzlar 1979. Amerikanischer Originaltitel: A Step Further. Michigan 1978.

EGGLI, Ursula: Herz im Korsett. Tagebuch einer Behinderten. Gümligen, Bern 1977.

FALISSE, Gaston und Marie-Françoise: Unser behindertes Kind. Luzern 1964. Französischer Originaltitel: Nos enfants handecapes.

FREDRIKSSON, Dorrit: Lennart starb jung. Göttingen 1977.

FRITZE-EGGIMANN, R.: Du bist mir anvertraut. Ludwigshafen. o.J.

GAUCHAT, Dorothy: Geliebtes Sorgenkind – Eine ungewöhnliche Familie. Freiburg 1977. Amerikanischer Originaltitel: All God's Children.

GÖRRES, Silvia: Leben mit einem behinderten Kind. Mit einem Nachwort von GÖRRES, Albert. Zürich, Köln 1974. Vgl. dazu GÖRRES, Albert: Kennt die Psychologie den Menschen? Fragen zwischen Psychotherapie, Anthropologie und Christentum. München 1979. (GÖRRES stellt als Vater zweier geistig behinderter Kinder und als Forscher die Frage nach dem Sinn des Leidens).

GREEN, Hannah: Ich hab dir nie einen Rosengarten versprochen. Stuttgart 1973, 1977^6. Rowohlt Taschenbuch 1978^1, 1979^2. Amerikanischer Originaltitel: I never promised you a rose garden. New York 1964.

GREEN, Hannah: Mit diesem Zeichen. Stuttgart 1975. Amerikanischer Originaltitel: In this sign. New York 1970.

HABEL, Luise: Herrgott, schaff die Treppen ab! Erfahrungen einer Behinderten. Stuttgart 1978.

HÄUSLER, Ingrid: Kein Kind zum Vorzeigen? Bericht über eine Behinderung. Reinbek Rowohlt Taschenbuch 1979.

HAUN, Ernst: Jugenderinnerungen eines blinden Mannes. Stuttgart 1918.

HERMANN, Nina: Ich habe nicht umsonst geweint. Zürich 1977.

HOCKEN, Sheila: Emma und ich. Die erstaunlichen Erlebnisse einer jungen blinden Frau mit ihrer Hündin. Düsseldorf 1978.

HONG, Edna: Tal der Liebe. Ein Junge entdeckt in Bethel das Leben. Wuppertal 1978.

HOURDIN, Georges. Das Leid der Unschuldigen. Düsseldorf 1979.

JURGENSEN, Genevieve: Die Schule der Ungeliebten. Als Kindertherapeutin bei Bruno Bettelheim. München 1976.

KELLER, Helen: Die Geschichte meines Lebens. Stuttgart 1903.

KELLER, Helen: Mitten im Lebensstrom. Neue Erinnerungen von Helen Keller. Stuttgart o.J., m.E. 1935.

KELLER, Helen: Meine Lehrerin und Freundin Anne Sullivan. o.J.

KELLNER, Jakob: Zwiesprache und Ziwjah – Das Werden einer neuen Identität. Tagebuch einer Behandlung. Freiburg 1972. Hebräisches Originalwerk. The Hebrew University of Jerusalem 1969.

KILLILEA, Marie: Karen. Bern, München 1973. Amerikanischer Originaltitel: Karen. o.J.

KOBBE, Ursula: Die Brücke ohne Geländer – Tagebuch einer Heilpädagogin. Freiburg 1974, 1976.

KRÜGER, Barbara: Mein Sohn Andi. Freiburg 1979.

LEE, Laurel: Wenn du durchs Feuer gehst, sollst du nicht brennen. Gütersloh 1978. Amerikanischer Originaltitel: Walking through the fire. New York 1977.

LEFRANC, Alain: Es lohnt sich zu leben. Freiburg 1977. Französischer Originaltitel: Le courage de vivre. Paris 1976. ders.: Les mal heureux. Paris 1978.

LEGRIX, Denise: Und doch als Mensch geboren. Freiburg 1963, Berlin 1977. Französischer Originaltitel: Nee comme ça. Paris. o.J.

LUND, Doris: Eric. Der wunderbare Funke Leben. Bern und München 1976. Knaur Taschenbuch 1978. Amerikanischer Originaltitel: Eric. 1974.

LUSSEYRAN, Jacques: Das wiedergefundene Licht. Stuttgart 1963, 1975[7]. Amerikanischer Originaltitel: And there was Light. o.J.

LUSSEYRAN, Jacques: Das Leben beginnt heute. Stuttgart 1976. Französischer Originaltitel: Le monde commence aujourd'hui. Paris 1959.

MAC CRACKEN, Mary: Lovey. Die Verwandlung eines ‚schwierigen' Kindes druch die befreiende Kraft der Liebe. Bern, München 1977.

MARX, Annemarie: Die heile Insel. Hamburg 1975.

MAURINA, Zenta: Denn das Wagnis ist schön. Geschichte eines Lebens. Memmingen 1953.

MEISINGER, Edith: Über die Schwelle. Darstellung der Lebensbewältigung einer Spastikerin. Berlin. o.J., m.E. 1957.

MENNINGER, Dieter: Belügt uns nicht! Stuttgart 1978.

MEYER, Olga: Das war Martin. Bern 1957.

MÜLLER-GARNN, Ruth: ... und halte dich an meiner Hand. Würzburg 1977.

MUHR, Caroline: Depressionen. Tagebuch einer Krankheit. Köln 1970. Fischer Taschenbuch 1978.

PARK, Clara C.: Eine Seele lernt leben. Bern, München und Wien 1973. Amerikanischer Originaltitel: The Siege. 1967.

PIECHOWSKI, Joachim: Der Mann ohne Arme. Dokumentar-Roman über Carl Hermann UNTHANS. Hamburg o.J.

PREKOP, Irina: Wir haben ein behindertes Kind. Eltern geistig behinderter Kinder berichten. Stuttgart 1979.

REED, David: ... als flöge sie nach Haus. Bericht über Anna. Düsseldorf 1978. Englischer Originaltitel: Anna. London 1976.

RUPPERT, Johanna: Warum gerade ich? – Eine Mutter überwindet Resignation und Verzweiflung. Trier 1972.

RUPPERT, Johanna: Mehr als ich erwarten durfte. Auch Behinderte werden erwachsen. Trier 1979.

SCHIFF, Harriet S.: Verwaiste Eltern. Stuttgart 1978. Amerikanischer Originaltitel: The bereaved parent. New York 1977.

SCHLETT, Christa: ... Krüppel sein dagegen sehr – Lebensbericht einer spastisch Gelähmten. Wuppertal-Barmen 1970^2.

SCHLETT, Christa: Babs. Eine Mutter entscheidet sich für ihr behindertes Kind. Wuppertal-Barmen 1975. Gütersloher Taschenbücher Siebenstern 1978.

SCHLETT, Christa: Ich will mitspielen. Behinderte: Falsches Mitleid und falsche Hilfe. Wuppertal 1978.

SEGAL, Marilyn M.: Lauf doch, mein Kind! Freiburg 1967. Amerikanischer Originaltitel: Run Away, Little Girl! New York 1966.

SHAVE, Marjorie: Aus dem Leben eines geistig behinderten Kindes. Hannover 1961. Englischer Originaltitel: The story of a backward child. o.J.

SIGNER, Martha: Im Rollstuhl um die Welt. Neuburgweiler 1970.

STEENBUCH, Rikke: Ich bin auch da. Stuttgart 1960. Schwedischer Originaltitel: Jeg lever ogsa. o.J.

SULLIVAN, Tom, GILL, Derek: Wenn ihr sehen könntet, was ich höre. Ein Blinder besiegt sein Schicksal. Freiburg

1976. Rowohlt Taschenbuch 1979. Amerikanischer Originaltitel: If You Could See What I Hear. New York 1975.

TAHARA, Yoneko, PALMER, Bernhard: Yoneko – Tochter des Glücks. Wetzlar 1978. Amerikanischer Originaltitel: Yoneko – Daughter of Happiness. Chicago 1976.

TAITL-MÜNZERT, Irene: Jeder hat ein Gesicht. Stuttgart 1976.

THIEME, Gerda: Leben mit unserem autistischen Kind. Möglichkeiten und Grenzen einer Hilfe im Elternhaus. Ein Bericht über die ersten 12 Lebensjahre. Lüdenscheid. o.J., m.E. 1971.

THIEME, Gerda: Dirk lernt verstehen. Ein Bericht über weitere 4 Lebensjahre. Lüdenscheid 1974.

TOBIAS, Rainer: Die großen und die kleinen Hände. Briefe an den Vater eines unheilbaren kranken Kindes. München 1959, 1968[3].

UDE, Anneliese: Betty – Protokoll einer Kinderpsychotherapie. Stuttgart 1975. Deutscher Taschenbuch-Verlag 1978.

VOLLMER-JENSEN, Regina: Wohin mit Katja? Göttingen 1972.

VRIES-KRUYT, Truus de: Jan. Die Lebensgeschichte eines mongoloiden Kindes. Frankfurt 1977.

WALLACE, Marjori, ROBSON, Michael: Terry Wiles Story. Düsseldorf und Wien 1977. Englischer Originaltitel: On Giants Shoulders. o.J.

WEBER-GAST, Ingrid: Weil du nicht geflohen bist vor meiner Angst. Ein Ehepaar durchlebt die Depression des einen Partners. Mainz 1978.

WILSON, Dorothy C.: Um Füße bat ich und er gab mir Flügel. Biographie der indischen Ärztin Mary Verghese. Kassel 1964. Wuppertal 1977[12]. Amerikanischer Originaltitel: Take my hands. o.J.

ZICKGRAF, Cordula: Ich lerne leben, weil du sterben mußt. Ein Krankenhaustagebuch. Berlin 1979.

ZORN, Fritz: Mars – „Die ungeweinten Tränen." München 1977. Fischer Taschenbuch 1979.